情報処理技術者試験対策書

合格論文の書き方・事例集

第⑥版

ITサービスマネージャ

岡山昌二［監修・著］
粕淵　卓・庄司敏浩・鈴木　久・長嶋　仁・森脇 慎一郎［著］

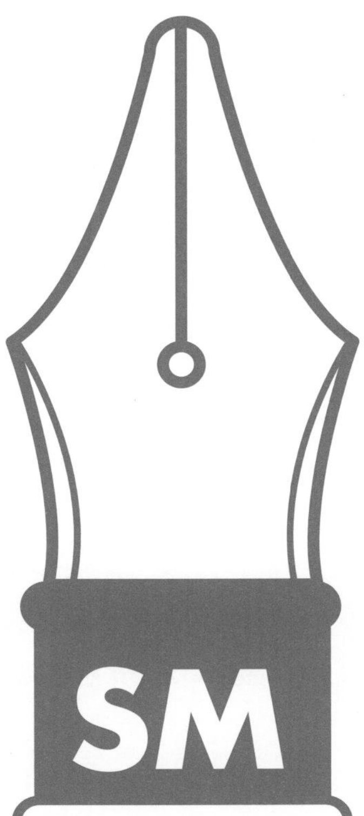

iTEC
人間力を、企業力に

はじめに

筆者が仕事として初めて文章を書いたのは，1980 年のことです。当時はワープロなどもまだ普及しておらず，手書きの文章を何度も書き直して上司にレビューをお願いしました。書類を見たときの上司の顔，短い文章にもかかわらずコメントするまでの時間の長さは，今でも忘れられません。

情報処理技術者試験対策のセミナの案内を見て，システム監査技術者試験の受験勉強を始めたのは，今から 35 年ほど前です。添削用の論文を 1 本書けばよいのに 3 本も書いて講師を困らせていました。

その後，ワープロが現れて，「おまえは字が汚いから書類はワープロで書け」と上司に言われ，システム本部に 1 台しかないパソコンを占有して仕事をしていました。日本語を知らない，あるいは，字が汚いにもかかわらず，論文対策の講義や，論文の書き方の本を出版するという仕事がいただけるのは，情報処理技術者試験のおかげです。試験勉強は，情報処理に関する能力の向上にとどまらず，日本語力や他人を納得させる力も併せて向上させ，社外における人間関係も広がりました。このような効果は筆者だけでなく，他の受験者にも当てはまると思います。毎年，情報処理技術者試験をきっかけにして勉強が好きになり，試験に合格した方からメールをいただいています。

近年，情報処理技術者試験の受験者数が低下しました。この試験によって，社会に出てからの勉強の楽しさを知った者にとって，この状況は残念なことです。受験者数の低下については，筆者の力の及ぶところではありませんが，論述式試験のもつイメージの敷居を低くすることによって，既に情報処理技術者試験に合格している方に，さらに上級の試験にチャレンジしてもらいたいと考え，この本を執筆しています。上級の情報処理技術者試験の合格者が増え，合格者が組織で活躍することによって，この試験が見直され，受験者数の上昇傾向に貢献することを願っています。

字がきれいに書けない方も安心してください。筆者の講師経験から 100 人中 98 人は，筆者よりも読みやすい字を書きます。普段はパソコンを使っていて，手書きで文章を書くことに慣れていない方も安心してください。本書の演習では，作文を書いて手首の動作を柔らかくするところから始めます。実務経験の少ないチャレンジャー精神旺盛な方も，少し安心してください。筆者が書いた第 2 部の論文の中には，実務経験の少ない読者のために記述式問題を参考にして論述した論文もあります。

本書をしっかりと読み，書かれた訓練を繰り返すことによって，本書を読む前と読んだ後で違う皆さんになってください。そうなれば，合格レベルの論文が書けるようになっていると，筆者は考えています。筆者の講師経験から，本書を読んだことが明らかに分かる論文を書く受講者は，残念ですがまれです。ただし，そのまれな受講者の合格率は高いです。そのような人は，この試験を合格した後に，他の試験区分を受験しても合格率は高いです。したがって，本書を試験前日の土曜日に初めて手に取ったとしてしても，急がば回れです。本書をしっかりと読んでください。

本書は，通勤時などの電車内での学習を考慮し，必要な章だけを切り離して読んでも支障がないように，重要なポイントを各章で繰返し書いています。電子書籍でない読者の方は，本書をばらばらにして持ち歩いてください。第 2 部では，本試験問題に対応した，専門の先生方による論文事例を収録しています。一つの問題に対して専門知識，経験，専門家としての考えなどを，どのように表現すればよいか，ぜひ参考にしてください。

最後に，この本を出版するに当たって，論文事例を執筆してくださった先生方，並びにアイテックの皆様に感謝します。

2022 年 8 月吉日

岡 山 昌 二

目 次

はじめに

第1部 合格論文の書き方

第1章 本書を手にしたら読んでみる

1.1 効果を出すことに急いでいる方は読んでみる …… 14
1.2 大人の学習を後押しする理由をもってみる …… 22
1.3 情報処理技術者試験のマイナスイメージを払拭してみる …… 24
1.4 “論文なんて書けない”について考えてみる …… 27
1.5 本書の第一印象を変えてみる …… 29

第2章 論述式試験を突破する

2.1 論述式試験とは何なのか …… 32
2.2 採点者を意識して論述する …… 37
2.3 論述式試験突破に必要な要素を明らかにする …… 42
2.4 論文を評価する …… 46

第3章 基礎編

3.1 五つの訓練で論文が書けるようになる …… 54
3.2 【訓練1】「作文」や「論文風」の文章を書く …… 55
3.3 【訓練2】トピックを詳細化して段落にする …… 60

第4章 論文を作成する際の約束ごとを確認する

4.1 試験で指示された約束ごとを確認する …… 66
4.2 全試験区分に共通する論述の約束ごとを確認する …… 72

第5章 論文を設計して書く演習をする

5.1 【訓練３】問題文にトピックを書き込む ･･････････････････････････ 76
5.2 【訓練４】ワークシートに記入する ･･････････････････････････ 91
5.3 【訓練５】ワークシートを基に論述する ･･････････････････････ 101

第6章 添削を受けて書き直してみる

6.1 2時間以内で書く論文の設計をする ･･････････････････････････ 114
6.2 添削を受けてみる ･･････････････････････････････････････ 115
6.3 論文を書き直してみる ･･････････････････････････････････ 120

第7章 午後Ｉ問題を使って論文を書いてみる

7.1 問題の出題趣旨を確認する ･･････････････････････････････ 128
7.2 論述式問題を確認する ･･････････････････････････････････ 135
7.3 論文ネタの収集演習をする ･･････････････････････････････ 137
7.4 論文ネタを確認する ････････････････････････････････････ 139

第8章 本試験に備える

8.1 2時間で論述を終了させるために決めておくこと ･･････････････ 146
8.2 試験前日にすること ････････････････････････････････････ 150
8.3 本試験中に困ったときにすること ････････････････････････ 152

第9章 受験者の問題を解消する

9.1 学習を始めるに当たっての不明な点を解消する ････････････････ 156
9.2 学習中の問題を解消する ････････････････････････････････ 161
9.3 試験前の問題を解消する ････････････････････････････････ 170
9.4 不合格への対策を講じる ････････････････････････････････ 172

第2部 論文事例

第1章 サービスマネジメント

平成30年度　問1
ITサービスマネジメントにおけるプロセスの自動化ついて・・・・・・・・・・・・180
論文事例1：岡山　昌二・・・・・・・・・・・・・・・・・・・・・・・・181
論文事例2：長嶋　仁・・・・・・・・・・・・・・・・・・・・・・・・・186

平成28年度　問2
プロセスの不備への対応について・・・・・・・・・・・・・・・・・・・・・・・・・192
論文事例1：岡山　昌二・・・・・・・・・・・・・・・・・・・・・・・・193
論文事例2：庄司　敏浩・・・・・・・・・・・・・・・・・・・・・・・・198

第2章 サービスマネジメントシステムの計画及び運用

令和4年度　問1
災害に備えたITサービス継続計画について・・・・・・・・・・・・・・・・・・・・204
論文事例1：岡山　昌二・・・・・・・・・・・・・・・・・・・・・・・・205
論文事例2：森脇　慎一郎・・・・・・・・・・・・・・・・・・・・・・210

令和3年度　問1
事業関係管理におけるコミュニケーションについて・・・・・・・・・・・・・・・・216
論文事例1：岡山　昌二・・・・・・・・・・・・・・・・・・・・・・・・217
論文事例2：森脇　慎一郎・・・・・・・・・・・・・・・・・・・・・・222

令和3年度　問2
サービス可用性管理の活動について・・・・・・・・・・・・・・・・・・・・・・・・228
論文事例1：岡山　昌二・・・・・・・・・・・・・・・・・・・・・・・・229
論文事例2：粕淵　卓・・・・・・・・・・・・・・・・・・・・・・・・・234

平成28年度　問1
ITサービスを提供する要員の育成について・・・・・・・・・・・・・・・・・・・・240
論文事例1：岡山　昌二・・・・・・・・・・・・・・・・・・・・・・・・241
論文事例2：長嶋　仁・・・・・・・・・・・・・・・・・・・・・・・・・246

平成27年度　問2
外部サービス利用における供給者管理について・・・・・・・・・・・・・・・・・・252
論文事例1：粕淵　卓・・・・・・・・・・・・・・・・・・・・・・・・・253
論文事例2：森脇　慎一郎・・・・・・・・・・・・・・・・・・・・・・258

平成26年度　問1
ITサービスの移行について……264
論文事例1：鈴木　久……265
論文事例2：庄司　敏浩……270

平成25年度　問1
サービスレベルが未達となる兆候への対応について……276
論文事例1：岡山　昌二……277
論文事例2：粕淵　卓……282

平成25年度　問2
外部委託業務の品質の確保について……288
論文事例1：長嶋　仁……289

第3章　パフォーマンスの評価及び改善

令和4年度　問2
ITサービスの運用品質を改善する取組について……296
論文事例1：岡山　昌二……297
論文事例2：庄司　敏浩……302

令和元年度　問1
環境変化に応じた変更プロセスの改善について……308
論文事例1：岡山　昌二……309
論文事例2：森脇　慎一郎……314

平成30年度　問2
ITサービスの運用チームにおける改善の取組みについて……320
論文事例1：岡山　昌二……321
論文事例2：粕淵　卓……326

平成29年度　問1
ITサービスの提供における顧客満足の向上を図る活動について……332
論文事例1：長嶋　仁……333
論文事例2：鈴木　久……338

平成29年度　問2
継続的改善によるITサービスの品質向上について……344
論文事例1：岡山　昌二……345
論文事例2：長嶋　仁……350

平成27年度　問1
ITサービスに係る費用の最適化を目的とした改善について……356
論文事例1：岡山　昌二……357
論文事例2：粕淵　卓……362

第4章　サービスの運用

令和元年度　問2
重大なインシデント発生時のコミュニケーションについて …………… 368
論文事例1：岡山　昌二 ……………………… 369
論文事例2：長嶋　仁 ……………………… 374

平成26年度　問2
ITサービスの障害による業務への影響拡大の再発防止について ……… 380
論文事例1：岡山　昌二 ……………………… 381
論文事例2：森脇　慎一郎 ………………… 386

事例作成者の紹介と一言アドバイス ……………………………… 393

参考文献

巻末ワークシート

■無料Webサービスのご案内■

論述マイルストーン

第１部　8.1 2 時間で論述を終了させるために決めておくことの（1）「論述のマイルストーンと時間配分を決める」で紹介している，筆者が設定しているマイルストーン表に基づいて論述問題を演習できる，「論述マイルストーン」をご用意いたしました。試験時間の感覚を養うのにご活用ください。

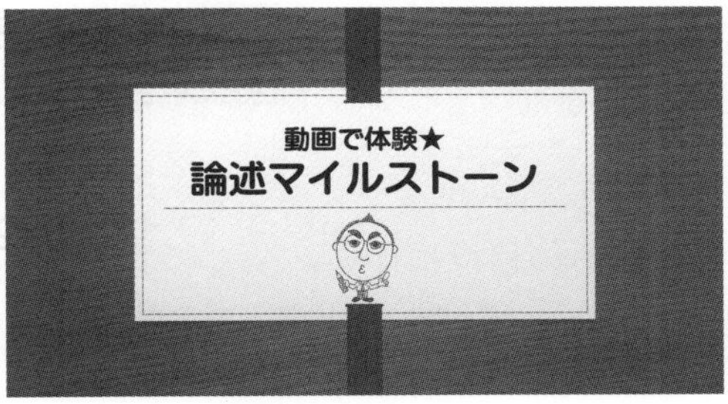

時間の経過とともに，
ペンが移動します。

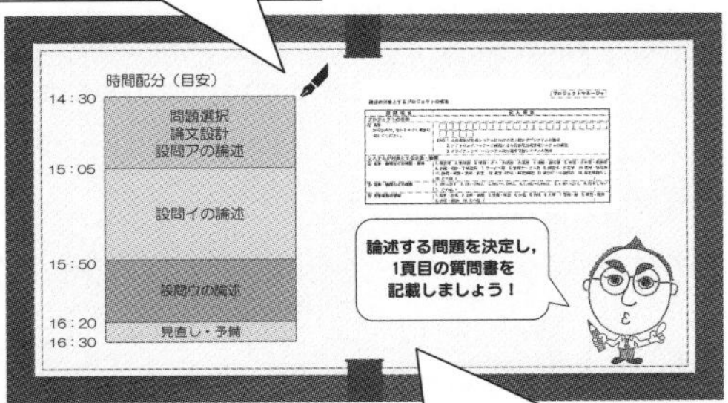

論述ポイントを音声でナビゲート
（デバイスの音量にご注意ください）

ご利用方法

① https://questant.jp/q/sm_ronbun_6にWebブラウザからアクセスしてください。

② 本書に関する簡単なアンケートにご協力ください。
　アンケートご回答後，「論述マイルストーン」に移動します。

③ 移動先のURLを，ブラウザのブックマーク／お気に入りなどに登録してご利用ください。

・こちらのコンテンツのご利用期限は，2025 年 9 月末です。

・毎年，4月末，10月末までに弊社アンケートにご回答いただいた方の中から抽選で10名様に，Amazonギフト券3,000円分をプレゼントしております。ご当選された方には，ご登録いただいたメールアドレスにご連絡させていただきます。当選者の発表は，当選者へのご連絡をもって代えさせていただきます。

・ご登録いただきましたメールアドレスは，当選した場合の当選通知，賞品お届けのためのご連絡，賞品の発送のみに利用いたします。

・プレゼント内容は，2022年9月現在のものです。詳細は，アンケートページをご確認ください。

■内容に関するご質問についてのお願い

この度は本書籍をご購入いただき誠にありがとうございます。弊社では本書の内容に関するご質問を受け付けております。書籍内の記述に，誤りと思われる箇所がございましたら，お問い合わせください。

正誤のお問い合わせ以外の，学習相談，受験相談にはご回答できかねますので，ご了承ください。

恐れ入りますが，質問される際には下記の事項を確認してください。

ご質問の前に

弊社Webサイトで「正誤表」をご確認ください。
最新の正誤情報を掲載しております。

https://www.itec.co.jp/learn/errata/

ご質問の際のお願い

弊社ではテレワークを中心とした新たな業務体制への移行に伴い，全てのお問い合わせを Web 受付に統一いたしました。お電話では承っておりません。ご質問は下記のお問い合わせフォームより，書名（第○版第△刷），ページ数，質問内容，連絡先をご記入いただきますようお願い申し上げます。

アイテックWebサイト　お問い合わせフォーム

https://www.itec.co.jp/contact/

回答まで，1 週間程度お時間を要する場合がございます。
あらかじめご了承ください。

本書記載の情報について

本書記載の情報は 2022 年 9 月現在のものです。

情報処理技術者試験に関する最新情報は，「独立行政法人 情報処理推進機構」の Web サイトをご参照ください。

https://www.jitec.ipa.go.jp/

■商標表示について

第 1 部

合格論文の書き方

第1章

本書を手にしたら読んでみる

“積ん読く”の気持ちは分かります。ですが，合格に向けて動機付けができていない方には，この章だけでも読んでいただきたいです。それほど時間はかかりません。お願いします。動機付けができている方，及び，本書をしっかりと読んでみようと決意された方は，その時点で第２章に読み進めていただいて結構です。

このように，この章の内容は，本書を手にした方の中で，全員に該当する内容ではありません。自分には関係ないと思った方は，どうぞ次の章に進んでください。

1.1 効果を出すことに急いでいる方は読んでみる……………14
1.2 大人の学習を後押しする理由をもってみる………………22
1.3 情報処理技術者試験のマイナスイメージを払拭してみる……24
1.4 “論文なんて書けない”について考えてみる…………27
1.5 本書の第一印象を変えてみる……………………………29

1.1 効果を出すことに急いでいる方は読んでみる

本書を手にしている皆さんの中には，“明日が試験の本番なので初めて本書を手にしている”，“通信教育で添削してもらうための論文を急いで書かなければならない”，という方がいると思い，第１章を書いてみました。

（1）顧客体験価値の向上

顧客体験価値が上がる理由を二つ書いておきます。一つは論文を書き終えたら“－以上－”で締めくくることです。情報の出どころは書けませんが，**“－以上－”がないと減点**される可能性があるようです。もう一つは，①問題文の趣旨の内容，②本試験の解答用紙にある“論述の対象とする IT サービスの概要”において問われている“あなたの担当業務”の選択内容，③論述内容，以上の**三つの整合性**が確保されていないと，問題冊子にある“項目に適切に答えていないと減点される”という内容に該当する可能性があります。“あなたの担当業務”にある選択肢については，変更される可能性があるので，具体的に挙げることはできませんが，**論述する問題を選択した後に**，三つの整合性を確認するとよいでしょう。

たとえ明日が本試験日であっても，急がば回れです。時間が許す限り本書を読んでみてください。本書を買った半分の方が本書を買ってよかったと思っていただけるはずです。

（2）最重要事項の確認

問題冊子には太字で“問題文の趣旨に沿って解答してください”と書かれています。これが最重要事項です。この意味を確認してみましょう。次に IT サービスマネジメント試験の令和３年春午後Ⅱ問２を示します。

問題の後半を見ると，設問ア，イ，ウで書き始めている“設問文”があります。“問題文の趣旨”とは問題の始めから設問文の直前までとなります。問題文の趣旨に沿って解答するためには，この問題文の趣旨のうち，**主に各段落の最後の文章に着目する**とよいでしょう。ここでは，“IT サービスマネージャ”が含まれる，最初の段落に着目します。

ITサービスマネージャ試験　令和3年春　午後Ⅱ問2

問題文の趣旨

問2　サービス可用性管理の活動について

IT サービスマネージャには，顧客とサービス可用性の目標を合意した上で，サービス可用性を損なう事象の監視，課題の抽出，改善策の実施など，サービス可用性の目標を達成するための活動を行うことが求められる。

サービス可用性の目標及び目標値については，IT サービスの特徴を踏まえて，例えば，サービス稼働率99.9%などと顧客と合意する。

サービス可用性の目標を達成するために，次のような活動を行う。

① サービス可用性を損なう事象を監視・測定する。
　故障の発生などサービス可用性を損なう事象を監視して，事象の発生回数と回復時間などを測定する。また，評価指標を定めて測定結果を管理する。

② 測定結果を分析して，課題を抽出し，改善策を実施する。
　例えば，インシデントによって，MTRS（平均サービス回復時間）が悪化している場合は，拡張版インシデント・ライフサイクルでの検出，診断，修理，復旧及び回復のどこで時間を要していたかを分析する。復旧段階の時間が長く，手順の不備が原因であった場合は，復旧手順を整備する。
　また，サービス停止には至らないが，平均応答時間が増加している場合は，原因を分析して改善策を実施し，将来のサービス拡大などの環境変化に備える。

あなたの経験と考えに基づいて，設問ア～ウに従って論述せよ。

設問文

設問ア　あなたが携わった IT サービスの概要と，サービス可用性の目標及び目標値，並びにそれらと IT サービスの特徴との関係について，800字以内で述べよ。

設問イ　設問アで述べたサービス可用性の目標を達成するために重要と考えて行った活動について，監視対象とした事象と測定項目は何か。測定結果の評価指標は何か。また，測定結果をどのように分析したか。800 字以上 1,600 字以内で具体的に述べよ。

設問ウ　設問イで述べた分析の結果から，サービス可用性の目標を達成するために対応が必要と考えた課題と改善策は何か，又は，将来の環境変化に備えて対応が必要と考えた課題と改善策は何か。いずれか一方の観点から，600 字以上 1,200 字以内で具体的に述べよ。

“IT サービスマネージャは，顧客とサービス可用性の目標を合意した上で，サービス可用性を損なう事象の監視，課題の抽出，改善策の実施など，サービス可用性の目標を達成するための活動を行うことが求められる”，“また，サービス停止には至らないが，平均応答時間が増加している場合は，原因を分析して改善策を実施し，将来のサービス拡大などの環境変化に備える”という文章から，趣旨に沿って解答するためには次の条件を満足する必要があることが分かります。

①IT サービスマネージャの立場での論述

一言で言うと，IT サービスマネージャの業務は，IT サービスの特徴を踏まえて，サービスマネジメントシステムの計画，運用，評価及び改善を行うことです。ここでいう IT サービスは情報システムが提供するサービスやサービスデスクサービスを指します。問題文の趣旨の第 2 段落に“IT サービスの特徴を踏まえて”とあることから，特徴を踏まえる展開が重要であることが分かります。

なお，システム開発者が IT サービスマネージャ試験を受験するときの留意点ですが，IT サービスマネージャの視点で論じればよい，ではなくて，初めから終わりまで IT サービスマネージャになりきって論述してください。根拠は趣旨に“IT サービスマネージャ”と書かれているからです。

②設問文に沿って章立てをする

言い換えると，設問文にあるキーワードを解答者の都合で書き換えないということです。章立ての例を次に示します。

第 1 章　IT サービスの概要とサービス可用性管理

1.1 IT サービスの概要

1.2 サービス可用性の目標及び目標値並びに IT サービスの特徴との関係

第 2 章　監視対象，測定項目，評価指標，測定結果の分析

2.1 監視対象とした事象と測定項目，及び，測定結果の評価指標

2.2 測定結果の分析

第 3 章　サービス可用性の目標を達成するために対応が必要と考えた課題と改善策

3.1 サービス可用性の目標を達成するために対応が必要と考えた課題

3.2 改善策

以上のような設問文に沿った章立ては趣旨に沿って論じるためには必須と考えてください。

③問題文の趣旨にあるキーセンテンスを抽出して，それに沿って論じる

当該問題におけるキーセンテンスは，次の二つです。

“例えば”の後に示される内容は例なのでキーセンテンスの理解を解答者に深めてもらうための文章と考えてください。

IT サービスマネージャには，顧客とサービス可用性の目標を合意した上で，サービス可用性を損なう事象の監視，課題の抽出，改善策の実施など，サービス可用性の目標を達成するための活動を行うことが求められる。

また，サービス停止には至らないが，平均応答時間が増加している場合は，原因を分析して改善策を実施し，将来のサービス拡大などの環境変化に備える。

この内容に沿って論じることで，趣旨に沿った論文として採点者から評価されます。

④単発的な改善ではなく，例えばサービス可用性管理などのサービスマネジメントプロセスからサービスマネジメントシステムの改善に寄せて論じる

単発的な改善としては，サーバを冗長構成にして可用性を向上させた，差分バックアップを採用してバックアップ時間を短縮した，などがあります。問題文の趣旨の②に，“復旧手順を整備する”という記述があります。これはインシデン

ト管理における改善です。このように，IT サービスマネージャ試験では，“以上のように私は，サービス可用性管理をインシデント管理やサービスレベル管理にまで拡張してサービスマネジメントシステムの全体最適を行った”など，サービスマネジメントシステムの改善に寄せて論じることが求められていると考えてください。

（3）読みやすい論文

論文を設計して論述する際に，次の点に留意して論述する必要があります。

①採点者にアピールしたい内容は簡潔に表現

採点時間は採点者によって異なりますが，皆さんが考えているような時間でなく，もっと短いと考えてください。できるだけ，第三者に分かりやすく簡潔に論じる必要があります。特に設問イにおける施策などの表現において，読んでいて具体的な内容が分かりにくい論文が多いです。

アピール内容を説明するときは，表現の仕方を工夫するとよいです。次の例から，**概要を説明してから“具体的には～”と展開している点，“なぜならば～”と展開して考えをアピールしている点**，を確認してください。

X 社と Z 社の間で SLA を締結

今後，X 社の保守拠点について更に統合が進む可能性がある。その点について統合の停止など，Z 社からの要望を聞き入れた場合であっても，一時的である可能性が高いと考えた。X 社には X 社の経営面での事情があるからである。そこで私は，今回のインシデントをサービスレベル管理にまで拡大する必要がある考え，X 社と Z 社の間で POS レジの修理時間に関する SLA を締結することにした。具体的には，POS レジの目標修理時間を 60 分として設定して両社で合意することにした。なぜならば，X 社側の一方的な理由によってサービスの停止時間が長引いたとしても，X 社側に損害を請求することで Z 社の販売機会の損失分を補えると考えたからである。

分かりにくいことはあえて書かない，分かりやすい表現の仕方で IT サービスマネージャとしての施策をアピールすることが重要です。

②採点時間がかかる論文は読みにくいという低い評価

筆者は設問文に沿った章立てを推奨しています。問題文の趣旨と設問文から章立てをする方法です。この方法のメリットは，採点者が評価したい内容が論文のどこに書いてあるか一目瞭然であるため，採点時間が短くてすみ，読みやすさという点で高評価が期待できるという点です。設問文に沿った章立て以外の章立ては，どのようなものでしょうか。大雑把に言うと，設問文にない言葉が章立ての中にあるということです。例えば，設問文に沿った章立てでは“3.2 改善策”という節になる代わりに，“3.2 X 社と Z 社の間で SLA を締結”などと章立てをした場合です。

設問文に沿った章立てでは論文が書きにくいという読者がいると考えます。読みやすさという評価項目で採点者から高評価を得たいのならば設問文に沿った章立てを薦めます。

（4）合格論文の書き方の概要

本番の試験では，設問文に沿って章立てをします。第1部第1章の終わりに，受験中に書く論文設計の例（図表 1-3）を示します。いろいろ記入されていますが，設問文に着目すれば，設問文に沿った章立ての仕方が分かるでしょう。「1.2」などと記入している意味は，「第1章 第2節」という章立てであると考えてください。なお，詳細は本書で詳しく説明しています。

論述の方向性としては，自分の経験を当てはめる努力をするより，趣旨に沿って，設問に答えるように，かつ自分の経験や専門知識を使って，問題文の趣旨を膨らませるように書くことです。その際，専門家としての考えや，そのように考えた根拠を採点者にアピールすることが重要です。論文ですから，**①「思う」は使わない，②段落を構成し，段落の書き始めは字下げをして読みやすくする，③行の1字目が句読点になる場合は，前行の最終の1マスに文字と句読点の両方を入れる禁則処理をする，④二重否定を使わない，**などに気をつけましょう。

もう少し，合格論文の書き方について学習してみましょう。論文試験を突破できない論文と突破できる論文の傾向について，図示しながら説明します。

(5) 論述式試験を突破できない論文の傾向

皆さんの多くが理想とする論文の書き方は，既に経験した，論文の題材となる，ある一つの“継続的改善による IT サービスの品質向上”の事例を，問題文の趣旨に沿いながら，設問ア，イ，ウの内容に合わせるように書くことではないでしょうか。しかし，**現実にあった継続的改善の内容を，論文に当てはめようとすると，IT サービス部門などが置かれた状況などの説明に時間がかかり，時間内に書き，設問には答えていても，問題文の趣旨に沿っていない，合格は難しい論文になる**ことがあります。

自分の経験した事例をそのまま書こうとすると，状況説明のための論述に時間がかかって，IT サービスマネージャとしての能力を十分にアピールできないなどの弊害が生まれます。これについて，少し考えてみましょう。図表 1-1 に“時間切れになる論文や問題文の趣旨に沿わない論文の書き方”を示します。どうでしょうか。このような書き方をしていないでしょうか。

採点者に対して合格をアピールするための論述では，もう一つ，注意すべき点があります。過去に出題された設問イの多くは，前半と後半の問いに分けることができます。例えば，前半では“管理指標と方策立案時の考慮点”，後半では“立案した方策”があります。このような場合，多くの受験者は，前半に注力して早く 800 字を越えようとします。その結果，採点者が重視する“立案した方策”などの後半の問いに対する論述が手薄になり，その結果，合格が難しくなります。多くの問題の**設問イでは，前半ではなく後半に注力する**ことが重要です。

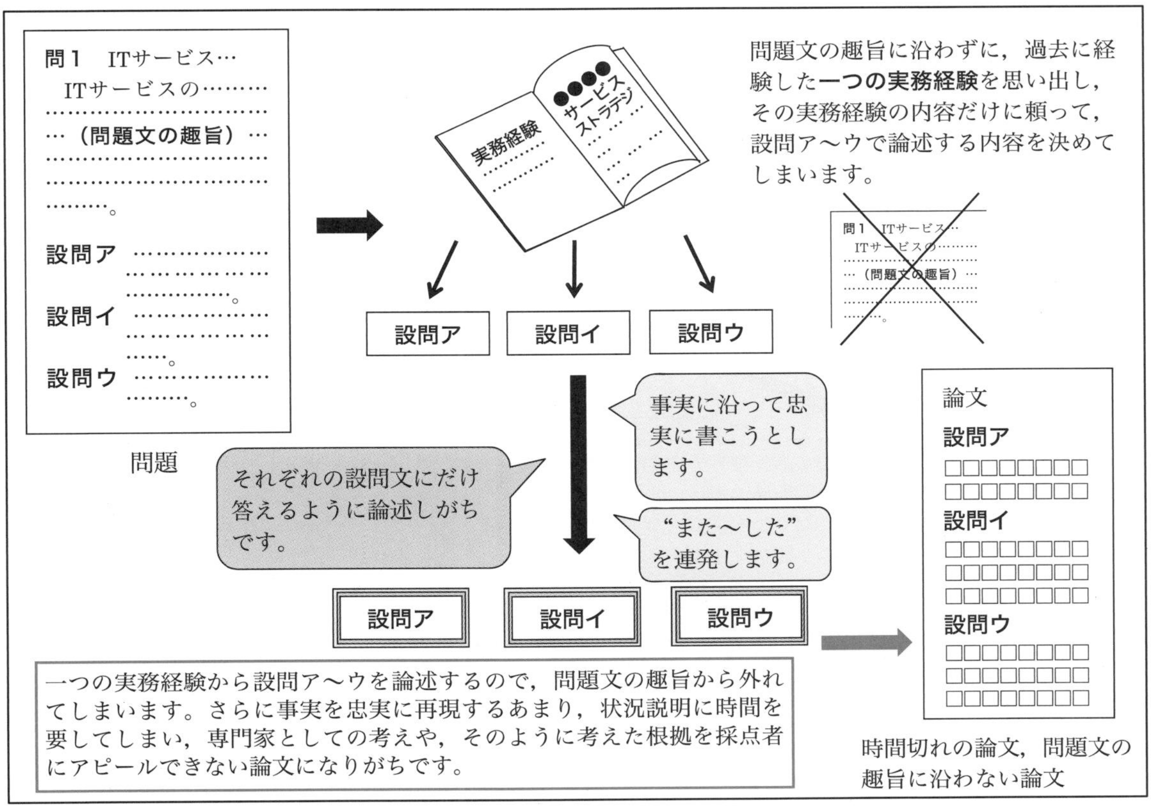

図表 1-1　時間切れになる論文や問題文の趣旨に沿わない論文の書き方

（6）論述式試験を突破できる論文の傾向

論述式試験を突破する方法は複数あります。本書では，複数あるうちの一つを紹介しています。

図表 1-2 に“問題文の趣旨に沿う論文の書き方”を示します。章立てをしながら，設問の内容と，問題文の趣旨の各文章を対応付けします。すなわち，問題文の趣旨を参考にして，各設問で書く内容，すなわち，トピックを決めます。なお，トピックとは，話題，テーマ，論題を意味します。本書では，「PDCA サイクルは 3 か月間とし，継続的改善の期間は 3 年間として，3 年間で達成する KPI を設定した」など，論述のネタと考えてください。次に，経験に基づいた論文の題材，専門知識を使って，トピックを詳細に書きます。このように，論文の題材は，皆さんが経験した複数の事例や専門知識の中から使えるところを引用してもよいでしょう。なお，論文としての一貫性については，設計時ではなく，論述の際に確保します。

多くの過去問題の設問イでは，後半に合格を決めるポイントがあります。したがって，設問イの終盤で専門家としての考えや，そのように考えた根拠を採点者に示すことが重要です。

その他にも，合格のために皆さんに伝えたいことはたくさんあります。第 2 章以降にも書いてありますので，しっかりと学習しましょう。

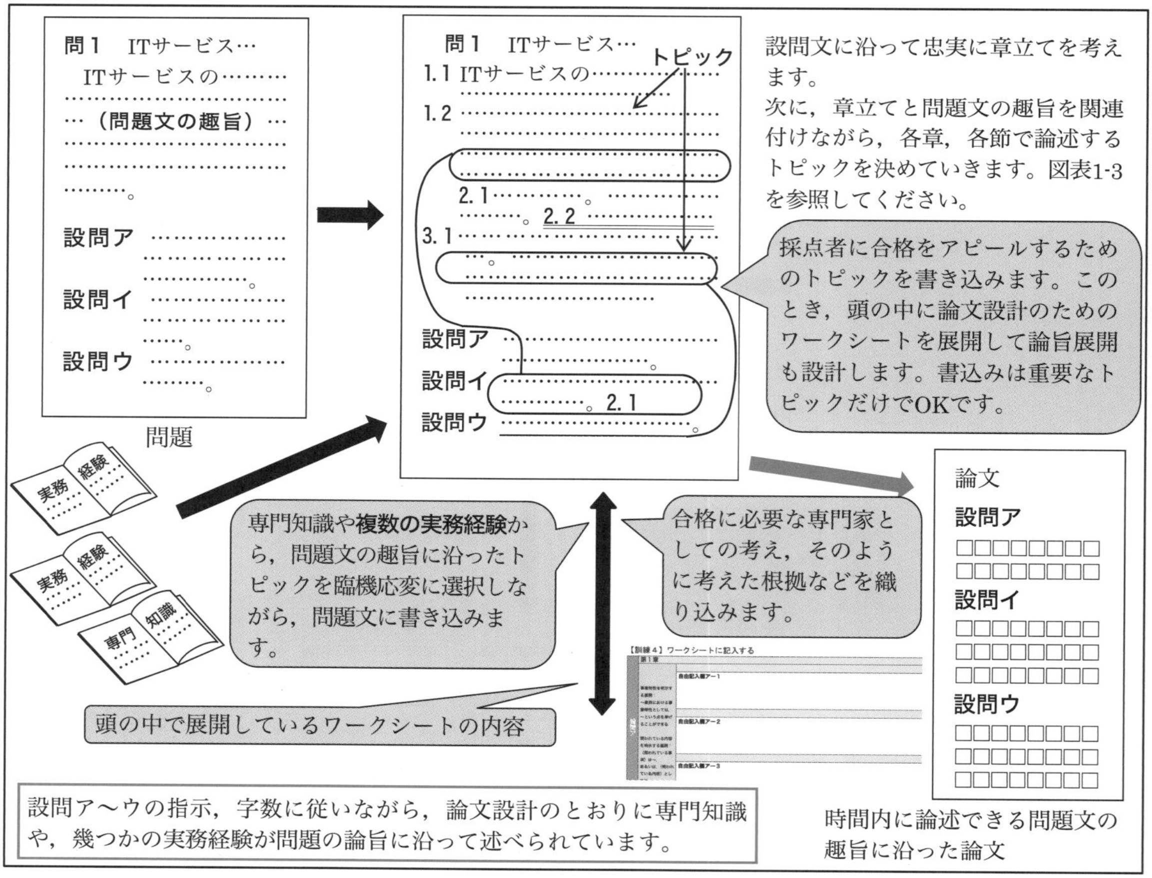

図表 1-2　問題文の趣旨に沿う論文の書き方

（7）学習における効率的かつ効果的な時間の使い方

この項目は，**通信教育で添削してもらう論文を，さしあたって書いてみようと考えている方に向け**て書いてみました。

システム開発を企画する際に，現状業務の把握は重要なプロセスです。これを論文の対策に当てはめると，現状の皆さんの力で論文を書いてみたくなる気持ちは分かります。でも，「さしあたって論文を書いてみる」ことだけはやめてください。時間の浪費です。

本書では論述テクニックを習得して論述式試験を突破することを目指しています。筆者は，その論述テクニックの習得プロセスには，①論述テクニックを説明できる，②論述テクニックを使うことができる，③論述テクニックを使って合格できる，という三つのプロセスがあると考えています。さしあたって書くということは，これらのステップのいずれにも該当しません。つまり，さしあたって書いても，効果的に能力が向上しないということです。

本書を読んでから，論文を書いた場合を考えてみましょう。本書を読んだという時点で「①論述テクニックを説明できる」というステップに達しています。その上で書くということは，「②論述テクニックを使うことができる」ということにトライしていることになります。「③論述テクニックを使って合格できる」に近づいていますよね。

もし，あなたが，さしあたって論文を書いてみたいと思ったら，思いとどまってください。時間の許す限り，しっかりと本書の演習をしてから書いてみてください。その方が論述式試験の突破に向けて，効率的かつ効果的です。

コーヒーブレーク
「踊る論文指導」

初心に戻って勉強しましょう。

論文を添削していると，本書を読んでいることが分かるアウトプットが他の受講者と違う論文に出会います。そういうときは，本当にうれしい気持ちになります。当然，その受講者は SA に一発合格しました。なぜ，“一発”と分かるのか，合格したのが入社1年目だったからです。

その受講者に，AU や ST 試験対策を順次行いました。AU は残念な結果でした。ST は結果待ちです。最後に，その受講者の論文を読んだとき，初心に戻って一から勉強してほしい，と思いました。できましたら，皆さんも，一から本書を勉強してみてください。

後日，ST 合格の連絡がありました。初心に戻ったと確信します。次は PM 合格です。

1.2 大人の学習を後押しする理由をもってみる

20 年以上前ですが，私は「ペン習字」を通信教育で受講したことがあります。結局，字が上手になったのは，私の妻でした。このように大人の学習には，学習の前に解決すべき課題があります。そのお手伝いをしたいと思い，次のトピックを書いてみました。

(1)勉強する気がしないことを克服する
(2)仕事が忙しいことを理由から除外する

ここではっきりと言います。ここまで読んだだけでも，私よりも皆さんは立派です。理由は，受講中に私はペン習字の本を一度も開かなかったからです。では，(1)，(2)のトピックについて皆さんと一緒に考えてみましょう。

(1) 勉強する気がしないことを克服する

本書を手にしたけど，勉強する気がしないという皆さん，本書を手にした理由を考えてみてください。例えば，次のような理由があるでしょう。

①会社の上司から「情報処理技術者試験に合格しなさい」と言われたから
②会社の同期や同僚に受験を誘われたから
③仕事が暇でやることがないから

では，このような理由では，なぜ勉強する気がしないのでしょうか。勉強する気がしない理由の共通点として，これらが“外的な要因”である点を挙げることができます。会社の上司，同期や同僚からのプレッシャー，指示や誘い，仕事が暇，これらは外的な要因です。そうです。大人は外的な要因では，学習することができないのです。

外的な要因では学習意欲がわかないことは分かりましたから，内的な要因を探してみましょう。

皆さんは，午後Ⅰ記述試験の問題を読んでみて，「解けるようになったら面白そう」，あるいは，「情報処理技術者試験に合格したら，私の人生は変わる」などと思いませんか？ あるいは，「会社に入って，このままでよいのかなぁ」などという心配ごとはありませんか？ このような“興味”，“期待”，“心配”といった感情は，誰からも強制されていない，内なる自分から出た感情です。「情報処理技術者試験に合格して自分の人生を少し変えてみたい」，「客観的に評価される実力を身に付けることで心配ごとを早く解決したい」などの思いは，大人の学習を後押しする“理由”になります。

皆さん，内なる思いを探して，それを基に大人の学習の理由付けをしてみてください。

（2）仕事が忙しいことを理由から除外する

筆者の受講者の一人に，自家用車で出社して，帰宅は出社した日の次の日，という方がいました。休日はあったとしても，終日，家事に追われるそうです。確かに勉強する時間がないことは分かりました。話はそれで終わりました。このように，“仕事が忙しくて勉強できない”ことについて他人を納得させても，何も進歩しません。

本当にそのような状況で満足していますか。内なる思いを探して，それを基に大人の学習の理由付けをしてみてください。

コーヒーブレーク

「踊る論文指導」

DX 白書を読んでいると，DX 戦略の立案の始めに“DX 推進によって達成すべきビジョンを定める”と書かれています。ビジョンとは，例えば“我々は SDGs のために電池を売りたい”です。その会社では，そのために今は電気自動車を作って売っているそうです。DX 時代の今，皆さんもビジョンを定めてはどうでしょうか。

筆者のビジョンは“芸は身を助ける”です。“芸”とは情報処理技術者試験合格を指します。筆者は30歳の頃，仕事が嫌いで仕方ありませんでした。仕事から逃げるためにシステム監査技術者試験対策講座の DM が目に留まり，その講座を受講することにしました。その後，勤めている会社が買収されて私は解雇されました。そのとき，既に情報処理技術者試験に合格していたので，電子部品製造業出身の私にコンピュータ関連の会社から誘いがありました。当時，一般企業からコンピュータ会社への就職は稀でした。資格があると就職に有利だったのです。ただし，試験対策講座で知り合った方のおかげで今の仕事を副業としていました。そのために，現在に至ります。これが私の“芸は身を助ける”です。

仕事をしながらの受験勉強は大変です。私もそうでした。皆さんの情報処理技術者試験合格が，困ったときの助けになるかもしれない，いや，きっとなる，と考えて，私は今の仕事をしています。そのために私たちは，頑張って合格を目指したいと考えています。

1.3 情報処理技術者試験のマイナスイメージを払拭してみる

学習意欲がわかない原因の一つに情報処理技術者試験のマイナスイメージがあるかもしれません。ここでマイナスイメージを払拭しておきましょう。代表的なマイナスイメージを次に列挙してみました。

(1)合格してもメリットがない？
(2)情報処理技術者試験に合格しても仕事ができるとは限らない？
(3)情報処理技術者試験なんて流行（はや）らない？

それぞれ，次のように考えてマイナスイメージを払拭してみましょう。

（1）合格してもメリットがない？

情報処理技術者試験に合格していると，どのようなメリットがあるのでしょうか。ある事例を基に考えてみましょう。

A 係長の上司 B 課長は「A 係長は A ランクの仕事ができる」と評価して課長昇進を推しています。一方，X 係長の上司である Y 課長は「X 係長は A ランクの仕事ができる」と評価して課長昇進を推しています。A 係長か X 係長かのどちらか一人を課長に昇進させることになりました。昇進の判断は B 課長と Y 課長の共通の上司である Z 部長がします。さて，Z 部長はどのように判断するでしょうか。

この場合，A 係長と X 係長のどちらが課長に昇進しても，B 課長と Y 課長との間などに心理的なわだかまりが残りそうです。Z 部長はこの点を考慮しなければなりません。ここで“仕事ができる”などの評価は，会社などの組織における，“組織内部からの主観的な評価”である点に着目します。

情報処理技術者試験に合格すると“組織外部からの客観的な評価”を得ることができます。仮に，A 係長だけが情報処理技術者試験に合格しているとします。このケースでは，「どちらも優秀であり，甲乙つけがたいが，A 係長は情報処理技術者試験に合格しており……」という話の展開ができ，心理的なわだかまりも減らすことができそうです。

以上のように情報処理技術者試験に合格しておくと，“人生の岐路や節目に役立つ，あるいは，有利に働くことがある”ということがいえます。合格のメリットは，実際には目立たないですが，役立つポイントが人生の岐路や節目なので，長い目で考えれば絶大なメリットといえます。

皆さんの会社や組織でヒアリングして，年収と情報処理技術者試験の合格の関係を調べてみてください。

もう一つ，合格のメリットについて説明してみます。

皆さんの中には，仕事はあって当然と思っている方もいるかもしれませんが，筆者のような世代になると，仕事があるということは重要です。皆さんにとっても，それは同じと考えています。仕事をしてお金を稼ぎたいと考えているときに，仕事があるということは重要です。

私が担当している企業の教育担当者は，「情報処理技術者試験に合格していないと，スキルが高くて経験があっても，顧客から十分な金額をいただけない」，「スキルも経験もこれからだが，情報処理技術者試験に合格していると，顧客から信用してもらえる」と言います。この会社では，情報処理技術者試験に合格していると，有利に仕事にありつけることが分かります。一方，情報処理技術者試験を考慮しない会社もあると思います。

ここで言いたいことは，長い人生において，情報処理技術者試験に合格していると仕事にありつける可能性が高い，ということです。合格証書は一生ものです。今はメリットがないかもしれません。長い人生の中には「あのとき，試験に合格しておいてよかった」と感じる日が訪れるかもしれません。

情報処理技術者試験に合格すると，一時金がもらえる会社が多いと思います。会社によっては基本給がアップすることもあります。そうなると，残業代やボーナスもアップします。システムアーキテクト試験，IT ストラテジスト試験，IT サービスマネージャ試験など，試験区分によって異なる会社もありますから，しっかりと調べておくとよいでしょう。

(2) 情報処理技術者試験に合格しても仕事ができるとは限らない？

筆者は，情報処理技術者試験に興味をもち始めた 1987 年ごろから「情報処理技術者試験に合格していても仕事ができるとは限らない」，「A さんは情報処理技術者試験に合格しているのに仕事ができない」という意見を聞きます。例えば，筆者の知人に汎用コンピュータの OS を開発していた方がいて，そのような意見を私に漏らしていました。当然，私は聞き流していました。

その方が現場を離れて人事担当になったときです。「岡山さん，情報処理技術者試験の合格者の輩出，本当に，よろしくお願いします」と，深々と頭を下げて私に言いました。ここで言いたいのは，“情報処理技術者試験に対して否定的な意見というのは，意見を言う人の立場によって，コロコロと変わる程度のもの”ということです。本書を手にしている皆さん，しっかりと学習して合格し，合格のメリットを享受できるようにしておきましょう。

(3) 情報処理技術者試験なんて流行らない？

情報処理技術者試験の全盛期には，試験区分別に合格者のネームプレートを作成して，目立つ場所に展示している会社がありました。経営者が情報処理技術者試験の合格者数に着目していた時代です。確かに，その頃と比べると盛り上がりが足りません。

しかし，皆と違うことをすると，予想外のメリットを享受できるのも事実です。筆者の家族に，保健学博士がいます。その保健学博士が言うには，「医学博士や工学博士に比べて保健学博士は人数が少ないので，学部の新設時などに重宝される」ということです。情報処理技術者試験なんて流行らないと思って合格を先延ばしにしていると，大きなチャンスを逃しかねないのです。

現在もシステムの発注時に，受注側のプロジェクトメンバに必須となる情報処理技術者試験の試験区分別の合格者数を指定して，それを発注条件に入れる組織があります。情報処理技術者試験に合格しておくことで，あなた自身の実績価値を更に高めることができるのです。

コーヒーブレーク

「踊る論文指導」

もし，皆さんが情報処理技術者試験の合格手当を毎月もらえる会社に勤務していたとしましょう。その場合，標準報酬月額が上がります。情報処理技術試験の収入上昇分の何割かは，年金として皆さんが生きている限りもらえるのです。仮にシステムアーキテクト試験合格の手当が月5千円，年間6万円の収入とします。年金としては半分の年間3万円とします。これだけの年金をもらうには，概算すると，筆者の年齢では一括60万円払う必要があります。

以上，会社から手当としてもらって，退職後も，年金としてもらえるというおいしい話でした。

1.4 “論文なんて書けない”について考えてみる

多くの受験者の方は，午後Ⅱ論述式試験の試験問題を読むと，“書けない”，“解けない”，“無理”と思ってしまうと思います。このような印象を“よし”として，受け入れてしまってください。これから本書を活用して学習したとしても，本番の試験のときに初めて見る試験問題に対して，今と同じように，“書けない”，“解けない”，“無理”と思うはずです。それでよいのです。

では，本書を活用して学習した結果，何が変わるのでしょうか。それは“専門家として考えをアピールできる点”です。本書で解説している論述テクニックを活用して，本番の試験では，初めて見る試験問題に対して，“書けない”，“解けない”，“無理”と思いながらも，一生懸命考えながら合格論文を仕上げることができるようになりましょう。

本書の前身は，午後Ⅱ論述式試験のある複数の試験区分の情報処理技術者試験を対象とした一冊の本でした。その本を一冊購入すると，システムアーキテクト試験，IT ストラテジスト試験，IT サービスマネージャ試験など，全ての試験区分の論述式試験をフォローすることができました。ここで言いたいことは，午後Ⅱ論述式試験突破のコツは，複数の試験区分の情報処理技術者試験に共通しているということです。実際に，ある会社のシステムアーキテクト試験の合格者は，翌年に行われたプロジェクトマネージャ試験に 2 年連続で全員合格していました。その午後Ⅱ論述式試験に共通する合格のコツを本書から学び取りましょう。

論文を書けない理由として，次のトピックについて考えてみます。

(1)経験がないから書けない
(2)論文に書くネタがないから書けない

なお，これらの他にも，字が汚いから自信がない，などありますが，字は汚くとも読めれば問題ありません。

(1) 経験がないから書けない

論文の書き方が分からない方は，“急がば回れ”です。本書の演習を飛ばさずに，始めから取り組み，論述テクニックを習得してみましょう。大変ですが，論文の書き方には共通点があります。苦労しても習得してしまえば，他の試験区分の受験勉強も楽になります。

“経験がないから書けない”について書いてみましょう。大丈夫です。実は，実務経験は必須ではありません。

筆者が試験対策を担当する会社では，入社する前から勉強を始めて，システムアーキテクト試験，プロジェクトマネージャ試験，IT ストラテジスト試験，システム監査技術者試験に連続合格という方が現れます。論述式試験は，実務経験が十分になくとも，論述テクニックを駆使して専門知識を基に書けば突破できます。

本書の第1部では論述テクニックを，第2部では事例を紹介していますので，それらを専門知識として論述に活用するとよいでしょう。

(2) 論文に書くネタがないから書けない

論文を書くネタは，皆さんがもっている事例の詳細，問題文の趣旨，専門知識から，本試験の場で，一生懸命考えます。その作業を支援するのが論述テクニックです。ネタはその場で考えることもあるでしょうが，事前に用意することも大切です。次の例のように，課題を明示してから，検討した内容を書くように整理しておくと，本試験の場で活用しやすくなります。

〔翌月以降は余裕をもってSLAを遵守するという課題〕

今月，SLA を遵守できたとして翌月もこのような状況では安定したサービスを提供できない。そこで，インシデント管理の目的である早急にサービスを復旧するという観点から，インシデントが発生しても，サービス停止時間が長引かないようにして翌月以降は余裕をもってSLAを遵守するという課題があった。

〔X社とZ社の間で新たにSLAを締結〕

翌月以降は余裕をもってSLAを遵守するという課題については，今後，POSレジの修理業者である X 社の保守拠点について更に統合が進む可能性がある。その点について統合の停止など，Z 社からの要望を聞き入れた場合であっても，一時的である可能性が高いと考えた。なぜならば，X 社には X 社の経営面での事情があるからである。そこで私は，今回のインシデントをサービスレベル管理にまで拡大する必要がある考え，X 社と Z 社の間で POS レジの修理時間に関する SLA を新たに締結することにした。具体的には，POS レジの目標修理時間を60分として設定して両社で合意することにした。なぜならば，今後は，X 社側の一方的な理由によってサービスの停止時間が長引いたとしても X 社側に損害を請求することで Z 社の販売機会の損失分を補えると考えたからである。

このような論文ネタは，専門雑誌から収集することができます。なお，このようなネタを中心に本書に書いてしまうと，試験委員も読んでしまい，何らかの対策が講じられます。結果として，本を読んでも合格できない要因になってしまいます。面倒ですが，各自で収集してみてください。ただし，本書では，収集の仕方の例を示しておきます。一つの収集方法としては，記述式問題から収集する方法があります。本書では第1部第7章で，記述式問題を使った論文ネタの収集について詳しく説明しています。

1.5 本書の第一印象を変えてみる

本書のページをめくったときの第一印象が悪いと，本書との出会いを有効に生かせず残念なことになります。本書を開くことも，何かの縁ですから，筆者としては，最後までしっかりと訓練して，皆さんに論述テクニックを習得してほしいです。英文の提案書を書くときに使っていたテクニックを流用しているので，実務でも役立つと考えています。

(1) 論述テクニックの例を見てみる

本書をめくるとワークシートの記入などについて書かれていて，"本番の試験向けのテキストではない"という第一印象をもつ方がいます。ワークシートは"ただの論旨展開のひな型"です。簡単に頭の中に入ってしまいます。論旨展開のひな型が頭に入ると，問題文を使った論文設計ができるようになります。

1.1 で示した令和 3 年春午後Ⅱ問 2 の論文設計の例を図表 1-3 に示します。なお，受験中に書いたものであり，第三者に分かるように書いたものではありませんから，内容については今の時点では分からないと思います。本書の演習を終えた時点で，7 割ぐらい分かると思います。残りの 3 割は設計内容ですから，私の頭にあるひな型の中にあります。

これなら，解答とともに 2 時間内に書ける設計内容だと，納得してもらえるはずです。

(2) "論文を難関とは思っていない"という考えを変えてみる

セミナでは，"論文がある他の試験に合格しているから，論文を難関とは思っていない"という人がいます。それでは本書との縁が台無しになってしまいます。読んでもらえません。

提案させてください。この本を手にしているのですから，以前の成功体験は忘れて，この本に書かれている論述テクニックを習得して合格してみてはいかがでしょうか。

既にシステムアーキテクト試験，システム監査試験などに合格している方が，IT サービスマネージャ試験の試験対策講座を受講したときの話です。「今回は，岡山先生の合格方法で合格してみたいと思います」と言っていました。いろいろな合格方法があり，筆者はそのうちの一つの方法を教えています。この受講者のように，自分の中にいろいろな引き出しをもつという姿勢は大切です。過去の成功体験は隅に置いておいて，筆者がこの本に書いている論述テクニックを，皆さんの引き出しの一つにしてやってください。

問2　サービス可用性管理の活動について　　(R3春-SM 午後Ⅱ問2)

ITサービスマネージャには，顧客とサービス可用性の目標を合意した上で，サービス可用性を損なう事象の監視，課題の抽出，改善策の実施など，サービス可用性の目標を達成するための活動を行うことが求められる。

サービス可用性の目標及び目標値については，ITサービスの特徴を踏まえて，例えば，サービス稼働率99.9%などと顧客と合意する。

サービス可用性の目標を達成するために，次のような活動を行う。

① サービス可用性を損なう事象を監視・測定する。

故障の発生などサービス可用性を損なう事象を監視して，事象の発生回数と回復時間などを測定する。また，評価指標を定めて測定結果を管理する。

② 測定結果を分析して，課題を抽出し，改善策を実施する。

例えば，インシデントによって，MTRS（平均サービス回復時間）が悪化している場合は，拡張版インシデント・ライフサイクルでの検出，診断，修理，復旧及び回復のどこで時間を要していたかを分析する。復旧段階の時間が長く，手順の不備が原因であった場合は，復旧手順を整備する。

また，サービス停止には至らないが，平均応答時間が増加している場合は，原因を分析して改善策を実施し，将来のサービス拡大などの環境変化に備える。

あなたの経験と考えに基づいて，設問ア～ウに従って論述せよ。

設問ア　あなたが携わったITサービスの概要と，サービス可用性の目標及び目標値，並びにそれらとITサービスの特徴との関係について，800字以内で述べよ。

設問イ　設問アで述べたサービス可用性の目標を達成するために重要と考えて行った活動について，監視対象とした事象と測定項目は何か。測定結果の評価指標は何か。また，測定結果をどのように分析したか。800字以上1,600字以内で具体的に述べよ。

設問ウ　設問イで述べた分析の結果から，サービス可用性の目標を達成するために対応が必要と考えた課題と改善策は何か，又は，将来の環境変化に備えて対応が必要と考えた課題と改善策は何か。いずれか一方の観点から，600字以上1,200

図表 1-3　受験中に書く論文設計の例

第2章

論述式試験を突破する

本章の 2.1 では，論述式試験について概要を説明します。

次の 2.2 では，採点者の立場になって論述式試験を考えてみましょう。“一方的に設問の問いに答えるように書いた論文”と“採点者の立場を知った上で書いた論文”では，得点に違いが現れるのは明らかです。

後半では，論文の採点基準や採点方法について説明しています。採点する側の立場を理解した上で論述すると，“合格”も更に近づいてきます。

2.1　論述式試験とは何なのか……………………………32
2.2　採点者を意識して論述する…………………………37
2.3　論述式試験突破に必要な要素を明らかにする…………42
2.4　論文を評価する………………………………………46

2.1 論述式試験とは何なのか

ここでは論述式試験についての概要を 5W2H で説明します。なお，試験の実施形態については，独立行政法人 情報処理推進機構（以下，IPA という）のホームページなどで，最新の情報を確認するようにしてください。

（1）What：論述式試験とは何なのか

①IT サービスマネージャ試験の実施形態

試験の実施形態を図表 2-1 に示します。

午前 I 9:30〜10:20 (50 分)	午前 II 10:50〜11:30 (40 分)	午後 I 12:30〜14:00 (90 分)	午後 II 14:30〜16:30 (120 分)
多肢選択式 （四肢択一） 30 問出題 30 問解答 （共通問題）	多肢選択式 （四肢択一） 25 問出題 25 問解答	記述式 3 問出題 2 問解答	論述式 2 問出題 1 問解答

図表 2-1　試験実施形態

午後 II 論述式試験（論文）の前に実施される，午前 I 多肢選択式試験，午前 II 多肢選択式試験，午後 I 記述式試験は，足切り試験と考えてください。例えば，午前 I 多肢選択式試験を 60 点以上得点すれば，午前 II 多肢選択式試験の解答は採点されます。60 点未満ならば，それ以降の試験の解答は採点されません。なお，午前 I 多肢選択式試験には，免除制度があります。詳しくは IPA のホームページで確認してください。

各試験形態の突破率については，免除制度があるために，試験実施年度によって異なります。

②午後 II 論述式試験（論文）の実施形態

午後 II 論述式試験（論文）では，2 問中から 1 問を選択して 120 分以内で解答することが求められます。試験では，問題冊子と答案用紙が配られます。

問題冊子には注意事項が記載されており，その中で最も重要なことは，**「問題文の趣旨に沿って解答してください」という文章です。設問に沿って論述するだけでは問題文の趣旨に沿わない論文になる**こともあるので，注意が必要です。

答案用紙では，設問ア，設問イ，設問ウの書き始める場所が指定されています。答案用紙については，**試験開始前に開いてよいことを確認した上で，解答箇所を確認するように**してください。

（2）Who：誰が採点するのか

論文は試験委員が採点します。試験委員の名前は IPA のホームページに公表されていますので，確認してみてください。知っている名前があるかもしれません。

同様に IPA のホームページに公表されている試験委員の勤務先分類別人数一覧を図表 2-2 に示します。多くは一般企業です。したがって，**試験委員の方には実務家が多い**といえます。

勤務先分類	人数	
情報通信業	267	60.4%
（うち情報サービス業）	245	55.4%
製造業	54	12.3%
（うち情報通信機械器具製造業）	26	5.9%
教育，学習支援業	39	8.8%
サービス業	39	8.8%
金融・保険業	12	2.7%
その他	31	7.0%
合計	442	100.0%

・この勤務先分類別人数一覧は，総務省統計局統計センターの“日本標準産業分類”に従って勤務先を分類し，全試験委員を対象に集計したものです。
（令和 4 年 5 月 1 日現在）

図表 2-2　試験委員の勤務先分類別人数一覧

ここで，図表の教育，学習支援業に着目してください。このような試験委員の多くは大学の教授やそれに準ずる方（以下，大学の教授という）と考えています。私は，**大学の教授**は論文の採点には厳しい視点で臨むと認識しています。そのように考える根拠は，私の知っている大学の教授は，大学の教え子の書いた修士論文を添削して“一面真っ赤”にしていたらしいからです。もちろん，その大学の教授は，かつて試験委員でした。

本書では，論文の体裁について，細かすぎる指示をしていると思う方もいるかもしれません。**私の知っている大学の教授が採点しても，論文の体裁上は問題のないように，本書では論文の書き方を細かく指示をしています。**

試験対策のセミナでは，受講者から「そのような細かいことをしなくとも，他の試験区分の論述式試験を突破できた」という意見をいただくことがあります。合格したときの採点者は実務者であったかもしれません。いつも実務者が採点するとは限りません。年に 1 回しか実施されない試験です。**どのような採点者であっても，合格できるようにしておきましょう。**

Point ここが ポイント！！！！！！！

★細かいことであっても論文の体裁を十分に確保して，論文に厳しい**大学の教授**が採点しても，午後Ⅱ論述式試験を1回目で突破できる論文を書きましょう。

★採点者である試験委員は，試験関連以外にも実務をもっていて多忙です。試験委員は貴重な時間を使って，問題を作り，解答を採点します。したがって，受験者も，試験委員に協力して採点しやすい解答を作成することが，合格への第一歩です。

（3）Why：なぜ，論述式試験があるのか

受験者が，対象者像に合致して，業務と役割を遂行でき，期待する技術水準に到達していることを確認するために論述式試験を行います。図表 2-3 に IPA 発表の対象者像及び業務と役割を示します。

論文ではこれらの業務と役割が遂行できることを採点者にアピールすることが重要です。したがって，**絶対に“今後，～をできるようになりたい”などと書かない方が無難です。“業務と役割”に書かれている内容を，受験した時点において遂行できないことを採点者にアピールしない**ことです。

ここで“業務と役割”の①について考えてみましょう。「サービスマネジメントシステムの計画，運用，評価及び改善を行う」とあります。サービスマネジメントプロセスには，インシデント管理，問題管理，変更管理などを挙げることができます。ここで着目すべき点は，サービスマネジメントシステムの改善と，サービスマネジメントプロセスの改善は異なるということです。具体的には，サービスマネジメントシステムの改善はインシデント管理の改善ではないということです。インシデント管理の改善を言い換えると，サービスマネジメントシステムの部分最適ということになります。IT サービスマネージャの業務と役割のポイントは，サービスマネジメントシステムの改善であり，各サービスマネジメントプロセスの全体最適を行うこと，と考えると他の受験者と差別化した論文になると考えます。

対象者像	高度 IT 人材として確立した専門分野をもち，サービスの要求事項を満たし，サービスの計画立案，設計，移行，提供及び改善のための組織の活動及び資源を，指揮し，管理する者
業務と役割	IT サービスマネジメントの業務に従事し，次の役割を主導的に果たすとともに，下位者を指導する。 ① サービスマネジメントシステムの計画，運用，評価及び改善を行う。 ② サービス運用チームのリーダーとして，安全性と信頼性の高いサービスを顧客に提供する。 ③ 新規サービス又はサービス変更について，変更を管理し，サービスの設計，構築及び移行を行う。 ④ 顧客関係を管理し，顧客満足を維持する。提供するサービスについて顧客と合意する。サービスの改善を行う。 ⑤ 顧客の設備要件に合致したハードウェアの導入，ソフトウェアの導入，カスタマイズ，保守及び修理を実施する。また，データセンター施設のファシリティマネジメントを行う。

図表2-3　IPA 発表の対象者像及び業務と役割

（4）When：いつ採点するのか

前述の試験委員の説明から実務家が多いことが分かりました。したがって，平日の仕事を終え夕食をとって，19 時ごろから始め，終電のある 23 時ごろまで採点すると考えています。

ここで 19 時と 23 時では採点者のコンディションに違いがあり，23 時の方が集中力は落ちていると考えるのが妥当です。一方，**採点者は論文において専門家としての考えや根拠を高く評価します。なぜならば，問題文の趣旨に“あなたの経験や考えに基づいて，設問ア～ウに従って論述せよ”と必ず全ての問題に書いてある**からです。これらの点を踏まえ，本書では，**“～ため”という表現よりも，集中力が落ちていても考えや根拠を示していることが分かりやすい“～と考え”や“なぜならば，～”という表現を推奨**しています。

（5）Where：どこで論文を採点するのか

試験委員は，セキュリティが確保された会議室のような場所で採点を行うと考えるのが妥当です。採点者全員がデスクライトを使っているとは限りません。更に，長時間の採点で目が疲れます。したがって，**論文は大きな字で，適切な筆圧で濃く書く**ことが重要です。

コピーされた答案用紙を採点することも考えられます。したがって，**コピーに負けない濃い字で書く**ようにしましょう。

（6）How：どのように採点するのか

IT サービスマネージャ試験では，多くの問題において，設問イの後半部分が IT サービスマネージャとしての考えをアピールする重要ポイントです。設問イの後半に採点者へのキラーメッセージが書いてあれば，最初の合格ポイントを無事にクリアしたことになります。ここで言う**キラーメッセージとは，採点者が“これが書いてあれば合格”と判定する“専門家としての考えや，そのように考えた根拠”**です。

（7）How many：どのくらいの時間をかけて採点するのか

2 時間で書かれた論文を，採点者は 30 分くらいで採点するのだろうと，皆さんは思っているかもしれません。採点時間に関して，いろいろな人の話を聞くと，驚くほど短い時間で採点しているようです。したがって，その短い時間内に専門家としての能力を採点者にアピールする書き方をする必要があることが分かります。

前述のとおり，本書では，専門家としての考えや，そのように考えた根拠を採点者に示すために“〜ため”という表現よりも，“〜と考え”や“なぜならば，〜”という表現を推奨しています。採点者が，終電を気にしながら，もう一部，論文を採点するケースを考えてみましょう。“〜ため”と書いていると見落としやすいのですが，“なぜならば，〜”と表現していると，目立つので，考えや根拠を示している箇所が採点者に分かりやすくなり，高い評価を得やすくなります。

採点者に合格論文であることをアピールするキラーメッセージは“なぜならば，〜と考えたからである”，“なぜならば，〜を根拠に〜と考えた”などと表現するとよいでしょう。

Point ここが ポイント！！！！！！！

★キラーメッセージは連発しない

設問イにおいて，“なぜならば〜”を二つほどに抑えるとよいでしょう。多くても三つにしましょう。“なぜならば〜”を連発しては，文章として読んでいて不自然なことがあります。“〜と考え”という展開は，文章中に多くても不自然とは感じません。専門家としての考えを，より採点者にアピールしたい場合に“なぜならば〜”を使うようにするとよいでしょう。

2.2 採点者を意識して論述する

筆者は，採点もコミュニケーションの一種であると考えています。採点は双方向ではなく一方向ですが，答案用紙に書かれた解答によって，採点者の評価を“未定”から“合格論文”あるいは“不合格論文”に変えるからです。

コミュニケーションでは，例えば，第一印象が大切です。したがって，採点者を意識して作成した解答と，そうではない解答では，得点に違いが表れると考えてよいでしょう。では，採点者を意識するには，どのようにすればよいかを考えてみます。

(1) 採点者に気持ちよく採点してもらう

試験委員には実務家が多く，多忙だということが分かりました。これはつまり，採点者に気持ちよく採点してもらう必要があるということです。具体的にはどのようなことか，考えてみましょう。

① 清潔な答案用紙を提出する

採点する際に，答案用紙の間に消しゴムの消しカスや頭髪が挟まれたままになっていたら，どうでしょうか。誰だって，そのような答案用紙を読んで，気持ちよく採点することはできません。論述後は，答案用紙の間のごみを取って，清潔な答案用紙を提出しましょう。

② 濃い大きい字で書く

試験の運営上，答案用紙はコピーをとってから採点されるかもしれません。採点者は，実務が終わってから採点作業に入ります。したがって，目が大変疲れます。コピーしても読みやすい濃い字で，疲れても見やすい大きい字で書くようにしましょう。

③ 短い文章で書く

長い文章は，理解するのに時間がかかります。接続詞を少なく，短い文章で書くと，読みやすい文章になります。

④ 問題に沿って，答えていることを明示する

読んでいる文章が，どの問いに対するものなのか分からないときがあります。これでは採点に時間がかかります。気持ちよく採点してもらうためには，どの問いに対する文章なのかを明示するために「章立て」をする必要があります。「章立て」の方法については後述します。

⑤ 不要な空白行の挿入や，過剰なインデントの設定をしない

設問イとウが指定した字数を少し超えたような解答の場合，採点者は，減算する字数をカウントします。不要な空白行の数や過剰なインデントの字数を数えるのです。減算して設問イとウが指定した字数以上でない場合は不合格にします。これでは，効率的な採点はできません。不要な空白行の挿入や，過剰なインデントの設定をしないようにしてください。

（2）採点者に安心して採点してもらう

これから，合格レベルの論文の書き方について学習していきますが，論文を読んでいて，「この論文を書いた受験者には対象者像にふさわしいという以前に改善すべき点がある」と思うことがあります。次の点には「絶対に」注意してください。

① プロフェッショナルらしい質問書を書く

試験を開始すると，最初に答案用紙の先頭に添付してある“論述の対象とするITサービスの概要”（以下，質問書という）に答える必要があります。この質問書において，「答えない項目」がある受験者がいます。上級エンジニアであるITサービスマネージャが，「記入漏れ」では，合格は難しいと考えてよいでしょう。

質問書を軽視しないで，プロフェッショナルらしさを採点者に与える回答に仕上げてください。

Point ここがポイント！！！！！！！

★“質問書の記入”を受験番号の記入や問題番号の選択と同様に重要と考える

アイテック公開模試の午後Ⅱ答案を採点する際，筆者は質問書の記入漏れを確認して問題がなければ“OK”と記入します。稀ですが“OK”ではなく，“Good”と記入してしまうことがあります。質問書を読んでいて解答者の合格への気合を感じて書いてしまいます。したがって，“Good”の判定基準を説明してくださいと言われても，具体的には説明できません。

本試験の採点者は，質問書から午後Ⅱ論述式試験における合否判定の第一印象を得ます。質問書の記入を後回しにして，記入を忘れてしまった場合を想定してみてください。採点者の第一印象は“不合格”となるでしょう。本試験では，受験番号の記入や問題番号の選択と同様に，質問書の記入についても見直すようにしてください。

② ある漢字について，誤字を書いたり，正しい字を書いたりの混在をしない

他人に文章を読んでもらう際に，書いたものを読み直して，必要に応じて修正するのは，社会人としての基本的なエチケットです。一つの論文の中で，ある漢字について，誤字を書いたり，正しい字を書いたりすることは，読み直しをしていないことを証明しています。問題に書いてある漢字を間違えることも同様です。基本を守れない受験者は合格できないと考えてください。

③　問題文に書かれている漢字を別の漢字やひらがなで書かない

基本的な注意力がない受験者と判断されても，仕方がありません。読み直しの際には，問題文を読んでから論文を読むとよいでしょう。

④　自分の専門分野のキーワードの字を間違えない

情報セキュリティに関する論文において「暗号」を「暗合」と書いたり，病院の医療システムを題材にした論文で「看護」を「患護」と書いたりして，自分の専門分野のキーワードの字を間違えて書いている論文があります。このような誤字がある論文は，採点者に対して「本当に専門家なのか」という不信感を抱かせます。

⑤　最後まで，一定の「ていねいさ」で字を書く

だんだん字が荒くなっていく論文を読んでいると，採点者は論文に不安定さを感じます。内容がよくても，不安定さを感じる論文に合格点をあげることはできません。一定の「ていねいさ」で字を書くようにしましょう。

（3）採点についての誤解を解く

最後に，採点者や論文への誤解について説明します。

理想は字がきれいで，設問ア，イ，ウで 2,800 字程度の論文が書けることです。しかし，そのような論文でなくとも，合格レベルの論文は多数あります。内容で勝負しましょう。

①　字がきれいでないと合格できないという誤解

字がきれいに書けなくても，採点者はしっかり読んでくれます。採点者には，教育に携わる方も多くいます。したがって，人を教育するという観点から解答を採点してくれます。字をきれいに書くのが苦手な方も，ぜひ，論文にチャレンジしましょう。

筆者は字がきれいではありません。20 名の受験者がいるとすると，1 名いるかどうかという低いレベルです。しかし，事実として論述式試験に複数回合格しています。おそらく，**筆者の字が「デッドライン」**と推測されます。第 1 章の図表 1-3 には筆者の字が掲載されていますから，その「デッドライン」を確認して安心してください。偶然ですが，筆者が知っている試験委員や採点者の中には筆者レベルの字を書く方もいます。きれいな字ではなくても OK ですが，読んでもらえる字を書く必要はあると思われます。

②　成功談を書かないと合格できないという誤解

論文は成功談を書くことが当たり前のようです。ただし，筆者を含めて多くの先生が「厳しく評価して問題点を今後の改善したい点に論旨展開する」ということを基本的に推奨します。筆者もこのような展開で論述し，合格しています。

失敗談でも，**きちんと問題点を挙げて，解決の方向性を示している論文は，読んでいて気持ちがいい**です。本当のことを書いている，本音で書いているという気持ちになれるからです。逆に，要求定義など，難易度が高い局面に関する評価を“十分満足のいく成功を収めた”と書かれると，読んでいて疑問に感じます。

Point ここがポイント！！！！！！！

★評価では，高度の情報処理技術者の視点の現れ，視座の高さを示せ

以前に入手した情報処理技術者試験のガイドブックによると，採点者の方は，受験者の論述から，「成功した」，「うまくいった」という気持ちが分かるそうです。また，成功した事例を探して論述しているかもしれないと考えるそうです。しかし，中には，これでどうして成功するのか分からないような論述に出会うこともあるそうです。「○○は問題にならなかったのだろうか」と疑問点に気付くことも多いそうです。

それらの課題を冷静に見つめて，論述した事例では問題にならなかったが，改善が必要だと認識した事項について淡々と書かれていると，「そうだよね。よく気が付いたね」と共感を覚えながら読むことになるそうです。これが，高度の情報処理技術者の視点の現れであり，視座の高さであろうと言っています。

③　設問ア，イ，ウで 2,800 字程度書かないと合格できないという誤解

合格者が 2,800 字論述していた経験を根拠にして，このようなことが書いてある本が多いのは事実です。筆者の著書でも同様のことを書いていました。しかしながら，字数については，問題冊子に書いてあるとおり，設問アが 800 字以内，設問イが 800 字以上 1,600 字以内，設問ウが 600 字以上 1,200 字以内書いてあれば，合格圏内と考えてください。ただし，**空白行や過剰なインデントについては減算**されますから，余裕をもった字数で論文を書き上げることは大切なことです。

④　設問ア，イ，ウで 2,800 字程度書くと合格できるという誤解

2,800 字クラスの論文を 2 時間で書ける受験者の合格率は，経験からいうと高いです。しかし，3,200 字程度の論文を 2 時間で書き上げても合格できない受験者がいることも事実です。このような受験者に共通している点は，論文が冗長的であるという点です。すなわち，対策を選択した根拠などで，いつも同じことを書いているということです。このような論文にならないためには，しっかりとした論文設計や，**重要なこと以外は繰り返して書かない**などの注意が必要となります。

⑤　設問アは 800 字の最後の行まで書かなければならないという誤解

筆者が 20 年以上前に論文指導を受けた際に，講師は，“設問アは 800 字の最後の行まで書かなければならない。なぜならば，自分が担当した業務について書くことがないとは，論述力がないことをアピールしていることと同じだからである”と説明していました。この影響を受け，筆者も，同じことを長い間，指導していました。しかし，受験者の立場に立つと，設問アを 800 字の最後の行まで書くことよりも，もっと重要なことがあります。**最後まで，論文を書き上げることです。**

設問アは簡潔に表現できていれば 700 字でも問題ありません。なぜならば，問題冊子にそのようなことは書かれていないからです。また，設問アの配点は少ないので，たとえ減点されたとしても，合否には大きく影響しません。それよりも，合格に必須となる**「最後まで書き上げること」の方が重要です。**予定した時間どおりに設問アを終了して，時間内に最後まで論文を書き上げるようにしてください。これが何よりも重要なことです。

そして，**論述に慣れてきたら，設問アは 800 字の最後の行まで書いてください。なぜならば，合格レベルの論文の多くは，設問アがしっかり書かれているからです。**

コーヒーブレーク

「踊る論文指導」

試験会場で論述する公開模試の論文などには見られませんが，自宅で受験した公開模試の論文や，通信教育の論文で，設問ア800字，設問イ1,600字，設問ウ1,200字と各設問の制限字数までしっかりと論述されたものに，採点・添削する立場として出会うことがあります。これは最近の傾向です。この論文のように3,600字を2時間以内で論述し，箇条書きなどを活用して整理がされ，趣旨に沿って専門家としての工夫や考えなどがアピールされていれば，問題ありません。「本試験では，箇条書きの項目数を減らすなどして，2時間という制限時間切れのリスクを回避するとよいでしょう」などとコメントすればよいからです。

問題は，自信満々な“ものがたり”が書かれている場合です。懸命に3,600字を書いた解答者に，例えば，“趣旨に沿って，専門家としての考えや，そのように考えた根拠をもっと鮮明に採点者にアピールしましょう”とコメントを書いても伝わらないことは明らかです。本人は“絶対に合格論文だ”と思っているからです。そして，私の考えを率直にコメントしたら，解答者は絶対に憤慨すると思い，解答者の社会的立場や，解答者の学習効果を最大にするという点を重視して，柔らかいコメントにします。

でも，あるとき，自信満々な“ものがたり”の中に，解答者が優秀な実務者であることが伝わってくる論文を添削することになりました。15分ほど考えた挙句，“解答者は合格できなくて，きっと困っているはず”と決断し，私の考えを率直にコメントしたことがありました。それに対する解答者の反応については，ここでは書けません……。皆さんの想像にお任せします。今は，「字数が多いので時間切れのリスクを懸念していること」を伝えるくらいにした方がよい場合もあると，そのときのことを思い返しています。

趣旨に沿って，工夫や専門家としての考えや，そのように考えた根拠をアピールしていれば，設問ア800字，設問イ850字，設問ウ650字でも，合格できるでしょう。

字数を多く論述するよりも，論文設計に注力しましょう。

2.3 論述式試験突破に必要な要素を明らかにする

論述式試験突破に必要な要素を，もう一度分かりやすく，段階的に解説します。

（1）論述式試験の答案を採点してもらうために必要な要素を明らかにする

第一歩は記述式試験を突破することです。論述式試験の答案が採点されるという方は，記述式試験を突破できる実力がある方です。筆者が言いたいのは，記述式試験を突破できた段階で，論文を書くために必要な，ある程度の実力が備わっているはずなのですから，**記述式試験を突破する実力を生かして論述式試験を突破しないことは，「もったいない」**ということなのです。

（2）合否判定の対象となるために必要な要素を明らかにする

合否判定の対象となるために必要なこととして，「2 時間で，設問アを 800 字以内，設問イを 800 字以上 1,600 字以内，設問ウを 600 字以上 1,200 字以内の字数で書いて，問題に書かれている全ての問いに答え，論文を最後まで書き終える」ことです。その他にはどのようなことがあるでしょうか。考えてみましょう。

①　「である」調で統一して書く

「ですます」調で書かれた論文もありますが，ほとんどの論文が論述の途中で，「ですます」調と「である」調の混在となってしまいます。これでは，論文として失格です。「ですます」調を最後まで貫くことは，どうやら難しいようです。

論文は，「である」調で書くと決まっているわけではありません。「ですます」調では合格できないのなら，問題冊子にその旨が書かれているはずです。しかし，経験的に言うと，「ですます」調で書かれた論文は合格レベルに達しないものが多いです。したがって，「である」調で書くようにしましょう。

②　守秘義務を遵守する

顧客名に関する固有名詞については，明示しないようにしてください。守秘義務違反として，採点は中止になると考えられます。「○○株式会社」，「○○銀行」は，「A 社」，「A 銀行」としましょう。想像してしまうイニシャルによる表現もやめた方がよいです。

③　試験区分とあなたの立場を一致させる

あなたが受験する試験区分の対象者像に合った立場で，論文を書くことが求められています。例えば，IT サービスマネージャ試験において，システム開発者の立場で論述して，すばらしい論文を書いても合格することはできません。

IT サービスマネージャ試験は，顧客からのサービス要求を基にして，サービスマネジメントプロセスを整備・運営しながら，IT サービスを提供するためのサービスマネジメントシステムの構築や改善を行う方が受験する試験区分です。例えば，システムアーキテクト試験との違いは，システムではなく利用者への**IT サービスの専門家の視点で書く**ということです。サービスマネジメントプロセスの改善などを論じます。

④　ローカルな言葉を使わない

これは，「あなたが勤めている会社でしか通じない言葉を論文で使わない」ということです。あなたの会社以外の，第三者が読むということを意識して書くようにしてください。基本的には本試験の午前Ⅰ・Ⅱや午後Ⅰ・Ⅱの問題で使用されるキーワードを使って書くと考えるとよいでしょう。

（3）論述式試験合格を確実にする要素を明らかにする

採点者による合格判定の対象となった論文に，どのようなことが書いてあると合格と判定されるのでしょうか。これまでに，次の二つは分かりました。

①　問題文の趣旨に沿って，簡潔で分かりやすい文章を書く

②　専門家として工夫した点，専門家としての考えやそのように考えた根拠を書く

このうち，②について詳しく説明します。

・課題を明示する

状況を説明しただけでは，課題は相手に伝わりませんし，課題を挙げたことにもなりません。例えば，「A さんのセキがとまらない」という状況だったとします。これは解決すべき問題でしょうか。その日，A さんは，会社に行きたくなかったのです。したがって，「A さんのセキがとまらない」という状況は，課題ではないのです。

課題を挙げるには，状況と理想を挙げてからそれらのギャップである課題を示すか，状況を説明して課題を示す必要があります。状況を説明しただけで，対策を講じるという展開の論文がありますが，それでは対策の妥当性に採点者が納得できない場合があります。それを回避するために，**対策について論じる前に“～という課題があった”と書いて，課題を明示する**ようにします。

・論文というコミュニケーションによって，相手の考えや行動が変わるようにする

コミュニケーションの一つの要素として，「相手の考えや行動が変わる」ということがあります。「土用の丑（うし）の日」のニュースを見た後に，「うなぎ」を食べたくなるということは，よくある話です。これもコミュニケーションによって，「相手の考えや行動が変わる」という一例です。

論文はコミュニケーションの一つです。したがって，論文を読んだ後に，相手の考えや行動が変わることは論文の大切な要素です。そのためには，論文の中に主張を盛り込むようにします。**主張を述べ，その後に，“なぜならば，～”と書いて根拠を示すこと，あるいは“～と考え”と書いて，専門家としての考えや，そのように考えた根拠を示すことが重要です**。

・**試験に出題されるキーワードを使う**

本試験の午前Ⅰ・Ⅱや午後Ⅰ・Ⅱの問題で出題されているキーワードを使って，簡潔に書くということです。冗長な表現や稚拙な表現は，プロフェッショナルな印象を採点者に与えませんから注意しましょう。

・**工夫したことをアピールする**

IPA が発表した論述式試験の評価項目として「論述の具体性」があります。これについては，事例の詳細，専門家としての創意工夫（以下，工夫という），結果などが明確に論文に示されていることが重要な要素になります。公開模試や論文添削で数多くに論文を読んでいると，工夫のアピールの有無が合否を決める要素になることが分かります。多くの受験者は工夫を意図的に論文に盛り込んでいないからです。なお，工夫には，問題文の趣旨や設問において高い頻度で問われる「検討」も含まれていると考えてください。

“工夫”とは，辞書を引くと“いろいろ考えてよい手段を見つけ出すこと”とあります。したがって，**工夫をアピールする展開としては，課題を明示した後に，複数の対策案を挙げて，そのうちから，根拠とともに対策を選択する**という展開があると考えてください。

その他に工夫をアピールする展開としては，“困難な状況からのブレークスルー”を挙げることができます。通信教育の論文の添削では，「～という工夫をした」という語尾の文章が散見されます。そのうちの多くは「～した」という語尾を“工夫した”と変えただけの文章です。これでは工夫を採点者にアピールできません。そのようなケースで，添削の指示をどうしたらよいでしょうか。そこで私は，“～という困難な状況であった。そこで私は～”などという展開を盛り込んで，困難な状況を採点者に説明してから，IT サービスマネージャとしての活動を説明することで，工夫したことを採点者にアピールできると考えました。もう一つの**工夫をアピールする展開は，困難な状況を採点者に説明してから施策を論じる**という展開です。

・**能力をアピールする**

第 1 章の図表 1-3 にも示している令和 3 年春午後Ⅱ 問 2 の解答例の出題趣旨を図表 2-4 に示します。

この出題趣旨を読むと，「能力を評価する」ということが分かります。では，能力とは何でしょうか。能力とは「物事を成し遂げることができること」です。したがって，“課題に対して，いろいろ考えて対策を講じたら，**新たな課題が生じた。新たな課題に対しても対処することでサービスマネジメントシステムを改善した”などという展開を論文に盛り込んで能力をピールする**ことが重要です。能力をアピールする展開は，工夫をアピールする展開の後に盛り込みます。

出題趣旨
IT サービスマネージャは，顧客とサービス可用性の目標を合意した上で，サービス可用性を損なう事象の監視，課題の抽出，改善策の実施など，サービス可用性の目標を達成するための活動を行うことが求められる。 本問では，サービス可用性管理について問う。具体的には，サービス可用性の目標及び目標値，並びにそれらと IT サービスの特徴との関係について論述を求めるとともに，目標を達成するために重要と考えて行ったサービス可用性管理の活動について，監視対象とした事象とその測定項目は何か，測定結果を管理するための評価指標は何か，また，測定結果をどのように分析したか，その内容を具体的に論述することを求めている。 併せて，サービス可用性の目標を達成するために対応が必要と考えた課題と改善策は何か，又は，将来のサービス拡大などの環境変化に備えて対応が必要と考えた課題と改善策は何か。いずれか一方の観点から論述することを求めている。論述を通じて，IT サービスマネージャとして有すべき，サービス可用性を監視・評価する能力，課題認識能力，方策立案能力などを評価する。

図表2-4　IPA 発表の出題趣旨

・**具体的に書く**

事例を挙げて書く方法が，理想的です。その場合は，“具体的には～”と書いて，事例を挙げます。しかし，経験に基づいて書ける方はよいですが，知識で書いている方にとっては，事例を挙げて書くことは難しい要求です。そこで，5W2H を論述内容に適用して，**できるだけ数値を論文に盛り込む**ようにします。これについては，第 3 章「3.3【訓練 2】トピックを詳細化して段落にする」で演習します。

2.4 論文を評価する

「論述式試験は難しい」と一般に思われていますが，今までの説明で，そのような誤解が少しずつ解けてきたのではないでしょうか。また，どのようなことをすれば論文合格に近付くかについて，皆さん，概要が少しずつ分かってきたのではないでしょうか。

（1）論文の採点方法と採点の観点を知る

論述式試験では，論文採点はどのように行われているのでしょうか。これについては詳しく公表されていません。一般的な観点から推測すると，採点項目と採点基準に従って定量的な評価がされていると考えられます。そうでないと，合格した論文が，なぜ合格レベルなのか，客観的に説明できなくなってしまうからです。なお，一説には，論文の評価の客観性を確保するために，一つの論文は 2 人の採点者によって採点されているという話もあります。

論文採点の観点として考えられるのは，次のようなことです。

①　「質問書」にはプロフェッショナルな印象を採点者に与えるように書く

IT サービスの名称，対象とする企業・機関，システムの構成，サービス規模等を質問書としてアンケート形式で問われているのは，受験者のバックグラウンドを確認するためです。したがって，質問書の回答で専門家としての印象をしっかり採点者に与える必要があります。今後，質問書がどのように変更されるか分かりませんが，基本的には次の項目を守って，しっかり質問書に答えるようにしましょう。

- 選択した問題の趣旨，質問書の内容と本文の内容が一致している。
- 30字以内で記入が求められている，IT サービスの名称については，質問書に挙げられている例に従って，名称を修飾して，相手に分かりやすく表す。
- IT サービス提供に携わる要員数など，マネージャとして知っていなければならない項目について，「分からない」は絶対にやめる。どうしても「分からない」場合には，理由を簡潔に書いておく（第 9 章の 9.2 を参照）。
- 対象者像に書かれている内容に従って，あなたの担当業務を選択する。

質問書の“あなたの役割”において，“技術支援者”を選択しているにもかかわらず，論文では“私は IT サービスマネージャである”と書いてある解答が公開模試の論文に散見されます。IT サービスマネージャならば，“部門マネージャ”が妥当でしょう。

Point ここがポイント！！！！！！！！

★質問書にある「名称」で合否を推測する

質問書の最初にある，「ITサービスの名称」についての30字以内の記述によって，採点者は，論文の合否を推測するようです。しっかりと，質問書の例に倣って名称を修飾してアピール性の高いものにしましょう。

② 出題意図に答えている

設問で問われている全ての内容に対して，採点者が分かりやすいように答える必要があります。このことには次の四つの意味があります。

- **設問で問われている項目に，漏れなく答えている**

  設問で問われている全ての項目に漏れなく答えないと，論述式試験は突破できません。

- **問題文の趣旨に沿って書いている**

  設問文に答える内容の論文を書いただけでは，論述式試験を突破することは難しいです。問題文の趣旨に沿って書くことが重要です。特に“～が重要である”，“～する必要がある”などの展開は，意識的に論文に盛り込むようにします。

- 採点者に分かりやすい文章を書いている

  場合によっては，「**難しいことをあえて書かない**」ことも必要です。採点者に伝わる内容を書いてください。

- ある文章が，どの問いに対する答えの部分なのかを，採点者に分かりやすく示している

  採点者がある文章を読んでいて，その文章が，設問文のどの問いに答えるものなのか分からないのでは，効率的な採点ができません。したがって，論文では，必ず，**「設問文に沿った章立て」をする**ようにしてください。

③ プロフェッショナルな知識と経験に基づいた課題対応力がある

知識や経験を基に課題に対応する，すなわち，課題に対していろいろ考えて，良い対応策を見い出すという展開を論文に盛り込むことが大切です。これが「工夫した点」となって，合格レベルに論文が近付く要素になります。

④ プロフェッショナルな課題解決能力

実際の業務において，課題解決は一筋縄ではいきません。一つの課題を解決しようとすると，いろいろな課題が生じてきます。これらを解決して「物事を成し遂げる力量」があるかどうかが評価されます。

⑤ 現状の問題把握能力と今後のプロフェッショナルな力量の成長性

結果がどうなって，これからどうするのかが明確に書かれていなければ，試験の対象者像にふさわしい役割を果たしていないと判断されてしまうと考えてくだ

さい。これらをきちんと書くことができない受験者は，試験区分の対象者像において必要とされる，一歩前の業務しか経験していないとみなされてしまいます。

⑥　表現能力

内容面だけではなく，上級技術者として必要なドキュメンテーションスキルについても問われます。内容の理解しやすい記述が必要で，「読ませる力」が重要となります。これが表現能力です。

(2) 論文の評価基準を知る

採点の観点をまとめると，論文の評価基準は，次のように設定することができます。アイテックの通信教育の添削では，これらの項目を全て評価基準としています。

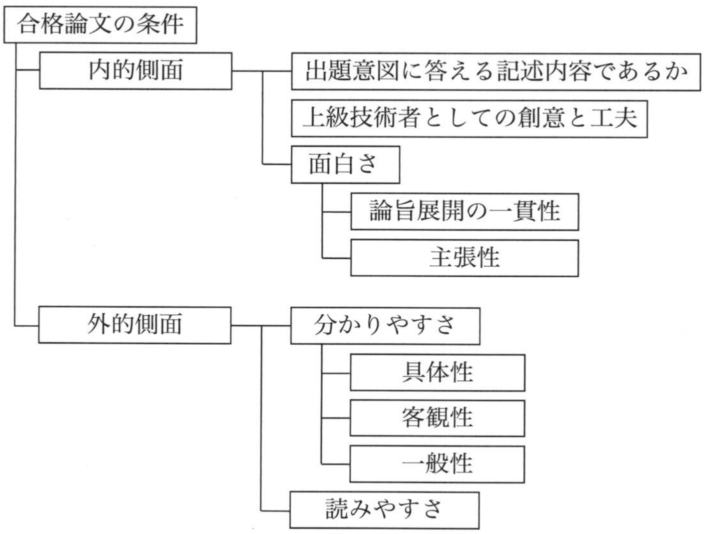

図表2-5　論文に要求される評価基準

(a) 内的側面

①　出題意図に答える記述内容であるか

試験の解答という意味では，最も重要な点です。出題意図に答えていない解答は，採点上全く得点できないことになります。論文対策を行って試験に臨む受験者の中には，準備した論文を題意に関係なくそのまま書いてしまう方がいます。これでは，幾ら立派な論文でも，採点上は低い得点となります。

もう一つ重要なポイントですが，**どんなに立派な内容を書いても，最後まで論述を完了させていないと，合格は難しい**ということです。実際の試験では，残り時間をチェックしながら設問イに割ける時間を見極め，時間がきたら設問イを切り上げて設問ウに進む必要があります。

② 上級技術者としての創意と工夫が読み取れるか

内容的には最も実務能力として評価される部分です。ここで問われている実務能力とは，上級技術者としての専門知識を，現実的な課題の中で的確に適用できる力があるかどうかということです。

③ 面白さ（論旨展開の一貫性，主張性）が感じられるか

・論旨展開の一貫性

「面白さ」とは，採点者が読んでいて引き込まれるような論旨展開になっているということです。**質問書と本文の間に一貫性がないと，採点者は気になって本文を読み進めることができません**。また，難しい課題をすぐに解決してしまっても信憑性に欠け，採点者は読み進めることができません。

前述のとおり，実際の業務において，課題解決は一筋縄ではいきません。一つの課題を解決しようとすると，いろいろな課題が生じてきます。これらを解決して「物事を成し遂げる力量」があるかどうかを評価します。

・主張性

一般的な内容を書き並べても，信憑性に欠けるために，採点者は論文を読み進めることができません。主張性とは，例えば，「設問アで述べた論述の題材を基に，課題あるいは課題に対する対策について説明する際に，**実際の例を挙げて，採点者を十分に納得させること**」と考えてください。

主張性を確保するためには，“～について掘り下げて論述する”というキーセンテンスを意図的に活用するとよいでしょう。

（b）外的側面

① 分かりやすさ

・具体性

根拠や結果をできるだけ，定量化して表現することが必要です。「大規模システム」と表現しても，採点者にはさっぱり分かりません。期間や工数を示して，定量的に表現するようにしましょう。ただし，**質問書の内容とあまり重複しない**ようにしてください。

・客観性

採点者に見解を納得してもらうためには，事例を挙げるとともに，対策を採用した根拠を述べることも重要です。具体的には，“なぜならば，～”と書いて，対策を採用した根拠を明示するようにしましょう。

一方的な展開の論文，すなわち，“～した”の連続は，採点者にとって苦痛となります。特に重要なポイントで，“なぜならば，～”と書いて，採点者を一服させてあげましょう。

・一般性

一般性とは，誰が読んでも分かる用語を用いて論文を表現しているということです。一般的ではない「略語」，特定の会社にしか通用しない用語を使って書いた論文は，評価が低くなります。

情報処理技術者試験の問題に使われる一般的な用語を用いて，簡潔で分かりやすい文章を書くようにしてください。

②　読みやすさ

読みやすさには，内容の側面と，文章力の側面の二つがあります。なお，日本語としての体裁が整っていないものは，文章力がないと評価されます。次の点に注意しましょう。

・主語と述語の係り受け
・誤字
・脱字
・「門構えの略字」など，普段使われている略字
・禁則処理
・段落の分け方
・箇条書きの活用

なお，対策を列挙する文章では，接続詞の「また」を多用せずに，箇条書きを活用して，見やすい論文に仕上げるようにしましょう。

Point ここがポイント！！！！！！！

★最後まで書いて合格論文になる

途中にどんなに立派な内容を書いても，最後まで書き終えていない論文では合格することは難しいです。“ー以上ー”と書いて論文を締めくくりましょう。

（3）採点の視点を知る

論述式試験の結果は，A～D の評価ランクで示されています。IPA の示す配付されている案内書には，受験者の論文を評価する際の視点などが示されています。

評価ランク	内　容	合否
A	合格水準にある	合格
B	合格水準まであと一歩である	不合格
C	内容が不十分である	
D	出題の要求から著しく逸脱している	

図表2-6　IPA が示す午後Ⅱ（論述式）試験の評価ランクと合否の関係

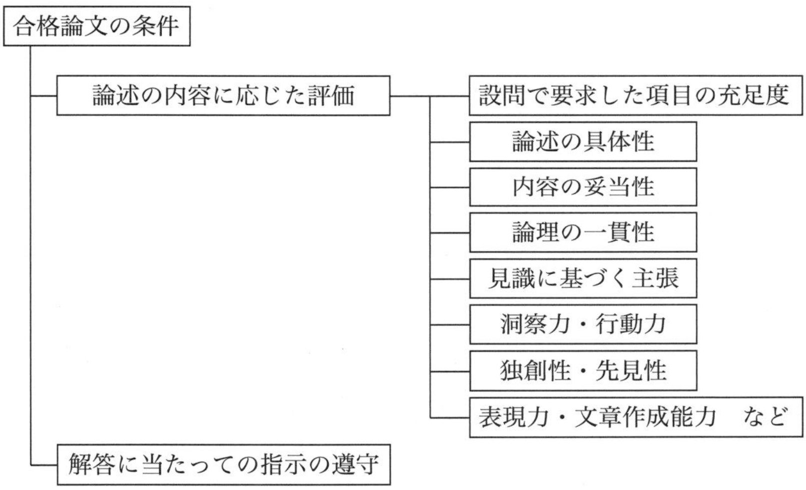

図表2-7　IPA が示す評価項目

IPA が示す評価項目について実際に評価する際の採点方式は，明らかにされていません。前述の論文の評価基準と，IPA が示す評価項目との関係は，おおむね次のとおりと予想します。

IPA の 評価項目	通信教育の評価基準	ポイント
設問で要求した項目の充足度	出題意図に応える記述内容であるか	設問に従って論文が構成され，試験の解答となっていること
論述の具体性	分かりやすさ（具体性）	自分自身の経験，創意工夫，結果が明確に示されていること
内容の妥当性	出題意図に応える記述内容であるか	問題文に従って論旨展開され，題意に合った記述内容となっていること
論理の一貫性	面白さ（論旨展開の一貫性）	論文の導入部である設問アから最後の設問ウまで一貫していること
見識に基づく主張 洞察力・行動力 独創性・先見性	面白さ（主張性）	試験区分にふさわしい視座と視点をもち，上級技術者としての実務能力を表現していること
表現力・ 文章作成能力	分かりやすさ（客観性，一般性），読みやすさ	事実と意見が区別され，一般的な用語を用いて，正しい表記法に従っていること

図表2-8　IPA の評価項目とアイテックの通信教育の評価基準との関係

Point ここがポイント！！！！！！！

★第三者に分かりやすい文章を書くためには，新聞，雑誌，小説を意図的に読む

どの情報処理技術者試験にも合格した経験がない受験者に対して，試験の対策セミナを実施しました。合格発表後，初めての情報処理技術者試験の合格が論述式問題のある試験区分という方に，インタビューしました。その方は本を読むのが大好きで，お小遣いの全てを本に費やすという話でした。第三者に分かりやすい文章を書くためには，やはり，新聞，雑誌，小説を読むことが大切なようです。

第3章

基礎編

この章以降の【訓練】は，主に実務経験が少ない方，あるいは，専門知識はあっても実務経験がない方を対象にしています。実務経験のある方も“手書き”に慣れるために訓練に参加してみてください。意外な改善すべき点が発見できるかもしれません。

3.1　五つの訓練で論文が書けるようになる……………………54
3.2　【訓練 1】「作文」や「論文風」の文章を書く…………55
3.3　【訓練 2】トピックを詳細化して段落にする……………60

3.1 五つの訓練で論文が書けるようになる

これから，論述式試験を突破するために必要な訓練を行います。簡単な訓練から始めますが，それぞれの訓練には，意味があります。例えば，【訓練 1】では作文を書きますが，この訓練によって，「また，〜した。また，〜した」という語尾が「した」の連続になる「作文」を書かなくなります。【訓練 2】では，トピックを詳細化しますが，数値を文章の中に入れ，定量的に表現する訓練によって，客観性の高い文章を書けるようになります。

「急がば回れ」です。少し時間がかかりますが，しっかりと訓練に参加しましょう。

（1）論文が書けるようになる五つの訓練を知る

記述式問題を突破できるということは，80 字程度の記述力があるということです。次に，80 字の記述力を，2 時間で 2,400 字程度を書ける論述力にアップするための訓練について説明します。

①【訓練 1】「作文」や「論文風」の文章を書く

最初に，「作文」と「論文」との文章の違いについて理解しましょう。まずは，小学生の気持ちになって，気楽に文章を書いてみましょう。

②【訓練 2】トピックを詳細化して段落にする

一つのトピックに基づいて文章を書いてみましょう。これは記述式問題の解答を，論述式問題の解答にステップアップさせる第 1 段階です。

③【訓練 3】問題文にトピックを書き込む

問題文には論述に必要なトピックが書かれていることは，既に説明しました。しかし，これだけでは，論文は書けません。問題文を基にして，もっとトピックを挙げましょう。

④【訓練 4】ワークシートに記入する

論文設計のためのワークシートを使って論文を設計してみましょう。3 回くらい訓練を行えば，ワークシートがなくても，論文を設計できるようになります。

⑤【訓練 5】ワークシートを基に論述する

ワークシートができ上がったら，そこに書かれているトピックを基にして論述します。ここでは，「【訓練 2】トピックを詳細化して段落にする」で訓練したテクニックを使って，論述することを学びます。

これらの訓練については，【訓練 1】を本章の 3.2 で，【訓練 2】を 3.3 で，また，【訓練 3】～【訓練 5】は第 5 章で詳しく説明しています。順を追って訓練し，論述式試験突破に向けた論述力を身に付けましょう。

3.2 【訓練１】「作文」や「論文風」の文章を書く

（1）作文を書いてみよう

最初ですから，小学生のときを思い出して，400 字程度の作文を書いてみましょう。題目は，「今日，朝起きてから，今までの出来事」です。

「今日，朝起きてから，今までの出来事」　　3 年 1 組　岡山昌二

今日，妻の A 子に朝，起こされた。とても眠かった。でも，仕事だと思い，頑張って起きた。すばやく支度を済ませて，仕事場に出かけた。電車の中でも眠くて，頭がはっきりしなかった。

土曜日なので，昨日よりも早く着くと思って時計を見た。すると，なんか時刻が違うと思った。眠いので考えられなかったが，気合いを入れて見ると，やはり，早かった。ちょっと，腹が立ったが，共働きなので仕方がないと思った。やっぱり，今度から，自分で目覚ましをセットしようと思った。

Just Do it！ 関所 No.1

やっと皆さんの番になりました。本番の試験に備えた，手書きの訓練を始めましょう！

最初に B か HB の芯の入ったシャープペンシルと消しゴムを用意してください。次にこの本の巻末にあるＢ４サイズの紙を本書から切り離しましょう。“巻末ワークシート 1”にある，「【訓練１】作文を書いてみよう」の原稿用紙に 400～600 字ほどの作文を書いてみてください。目的は「昔のように手書きに慣れる」ことです。手先や手首を柔らかく動かして，作文を書いてみましょう。制限時間は 15 分です。

（2）作文と論文の違いを知る

一見，馬鹿らしい訓練ですが，論述式試験において作文を書いてしまわないためには重要な訓練です。論文を添削する場合，添削者は，皆さんが 2 時間かけ，苦労して書いた論述式問題の解答に対して，「論文ではなく作文になっています」とは，なかなかコメントできないものです。したがって，作文になっていないかを自分でチェックできるように，しっかりと，「作文」と「論文」の違いを確認してください。「作文」を「論文風」に仕上げるためには，次の主張性と客観性を盛り込むことが重要です。

① 主張性

論文と作文の一番の違いは，「主張性」です。作文では，中途半端な表現，あいまいな表現を使ってもかまいませんが，論文では禁物です。論文において **"思う" は絶対に使わない**でください。あいまいな表現をされると，読み手，すなわち採点者が困ってしまいます。

論文において，主張性を確保するには，事例を挙げて説明することです。"〜について掘り下げて論述する"，"具体的には次に述べるような対策を講じた" というキーセンテンスを意図的に活用して，事例へ論旨展開することが重要です。

② 客観性

語尾が "〜した" の連続では，主観的な表現ばかりとなって，採点者は疲れてしまいます。客観性を確保するために，具体的には，"なぜならば，〜" と書いて，対策を採用した根拠を明示するようにしましょう。

③ 具体性

論文で，数十時間や数百台と書かれても，採点者はイメージがわきません。"20 時間〜30 時間"，"100 台〜150 台"，と，定量的に書くようにしてください。

（3）論文ふうの文章を書いてみよう

手書きで文章を書きます。原稿用紙を用意してください。

では，主張性，客観性，具体性に留意しながら，論文ふうの文章を書いてみましょう。**書けない漢字があった場合は，ひらがなで書くのではなく，辞書を引いて漢字を調べて書く**ようにしてください。

「起床時刻のセットの重要性」　　　　　　岡山昌二

　朝の目覚まし時計は，頼りになる妻がいても，自分で起きる時間をセットすることが重要である。なぜならば，誤って1時間早く起きても，自分が悪い，仕方がないで済むからである。具体的には，次のようなことが起きた。
　今日の朝は，妻のA子に起こされた。とても眠かった。でも，仕事だと思い，頑張って起きた。30分で支度を済ませて仕事場に出かけた。電車の中でも眠かった。土曜日なので，昨日よりも10分ほど早く着くと思って時計を見た。すると，何か時刻が違うと思った。頭に気合いを入れて，よく考えると，やはり時間が1時間早かった。早く起こされた私は，妻に対して腹が立った。
　このように自分の人生，他人に腹を立てても，その分，損をするだけである。私のように共働きの家庭では特に，自分の責任で生活する工夫が重要である。

100字 200字 300字 400字

　どうでしょうか。奥さんに起こしてもらっている方，明日から，自分で目覚まし時計をセットする気持ちになったでしょうか。そのような気持ちになれば，この文章には，コミュニケーションにおける主張性があることになります。また，主張したいことに対して，根拠が述べられているので，客観性も確保されていると考えることができます。

Point ここがポイント！！！！！！！

★論文では“と判断する”，“である”，を使う

　論文ではあいまいな表現を絶対に使わないでください。“思う”と書かれると，そのあいまいさから，採点者は読んでいて不安になってきます。

★論文はひらがなではなく，漢字で書く

　論文に使いたい漢字があるのに，書くことができない場合があります。重要なキーワードではない場合は，別の言葉で書くようにしてください。「専門家ならば書けるレベルの漢字を書けない」という印象を採点者に与えることは，受験者が思っている以上にマイナスイメージになります。

Just Do it！ 関所 No.2

「やらなくても，できるよ」なんて思わないで演習を続けましょう。作文にこそなっていなくても，もしかしたら報告書みたいな論文になっているかもしれません。1 回の受験で合格できると考えれば，この程度の演習は苦にならないはずです。

書いた作文の右側，すなわち“巻末ワークシート 1”にある，「【訓練1】論文風の文章を書いてみよう」の原稿用紙に 400～800 字ほどの文章を書いてみてください。目的は「採点者に自分の考えをはっきりと示す文章を書くことができる」です。あいまいなことを主張しても合格はできません。論述式試験で合格するためには，採点者に専門家としての主張や考えをしっかりと伝えることが重要です。

書いた作文を基に，次の点に留意して論文風の文章にチャレンジしてみてください。

① 主張したいことを書き，次に“なぜならば，～”と書いてその根拠を明示する。
② 主張性を確保するために，“具体的には”と書いて事例を挙げる。
③ “～が重要である”と書いて事実を考察し，主張したいことを別の表現で言い換えて主張性をアップさせる。別の表現が難しい場合は，主張を二度繰り返してもよい。
④ “思う”など，あいまいな表現は使わない。
⑤ 具体性を確保するために，できるだけ定量的に示す。

最初の文章が主張になっていることが重要です。「今日は電車が混んでいた。なぜならば，4 月の初旬で新入社員が通勤電車に乗るようになったからである」など，“主張”の代わりに“状況”を書かないようにしましょう。

(4) 設問イにおいて報告書を書かない方法を知る

さあ，最初の訓練はどうでしたか。作文を書かないためには，作文を書いてみることです。では，報告書を書かないためにはどうしたらよいでしょうか。

そのポイントは，設問イの解答の書き方にあります。設問イの解答に，手順や状況を長々と書いても採点者は読みません。なぜならば，採点者が評価することは，考え方，工夫した点や能力だからです。

なお，設問アでは説明は OK です。IT サービスの概要などをしっかりと説明してください。

報告書を書かない方法としては，状況説明に終始しないことです。次に，**手順などを説明する際には，手順において特に重要と考えたポイントを示して，その根拠を述べる**ようにします。こうすれば，採点者に対して考え方をアピールできます。その際，手順の箇条書きに終始しないことが重要です。

Point ここがポイント！！！！！！！

★設問イやウにおいて項目を列挙しただけでは得点できない！！

項目を列挙する際には，重視した点を根拠とともに明示すると，得点になります。論文では，採点者に「専門家としての考えや，そのように考えた根拠」をアピールしましょう。

3 基礎編

3.3 【訓練２】トピックを詳細化して段落にする

論述式問題を記述式問題としてとらえると，問題文からトピックを挙げられることは分かりました。次は，そのトピックを論文に仕上げる訓練の第一歩として，トピックを基にして段落を書く訓練をします。

（1）トピックを基に，5W2Hで段落を書いてみよう

トピックをどのように膨らませて論文に仕上げるかを考えていたところ，新入社員研修で私が講演している「報告書の書き方」のことを思い出しました。5W2Hです。これを応用して，一つのトピックを膨らませることができます。

では，5W2H を挙げてみましょう。

① Why　なぜ
② Where　どこで
③ When　いつ
④ What　何を
⑤ Who　誰が
⑥ How　どのようにして
⑦ How many　どのくらい

次に，“縮退運転を採用する方針とした”というトピックで，5W2H について考えてみます。

① Why	なぜ	IT サービスを迅速に回復して SLA で定めたサービスレベル目標を達成するために
② Where	どこで	IT サービス部門のメンバが参画したシステム開発プロジェクトのシステム方式設計の会議において
③ When	いつ	システム方式の設計方針を決定する段階で
④ What	何を	インシデント発生時において縮退運転をすること
⑤ Who	誰が	IT サービスマネージャとして私が
⑥ How	どのようにして	問題が生じた商品群の受注処理を切り離して
⑦ How many	どのくらい	全面的に IT サービスが復旧するまでの 1 時間の間

実務経験に基づいて書いても，専門知識に基づいて書いても結構です。例を参考にして自分で 5W2H を挙げてみましょう。

5W2H が挙がったら，それで段落を書いてみます。段落は読み手が息を継ぐタイミングです。あまり長過ぎないようにしましょう。段落の始まりは，結論とその根拠です。結論は，「縮退運転を採用する方針とした」です。

　縮退運転を採用する方針とした。なぜならば，ITサービスを迅速に回復してSLAで定めたサービスレベル目標を達成するためである。私はITサービスマネージャの立場で，ITサービス部門のメンバが参画したシステム開発 100字
プロジェクトのシステム方式設計の会議における，システム方式の設計方針を決定する局面で，ITサービスの迅速な復旧方法を提案した。具体的には，全面的にITサービスが復旧するまでの1時間の間，問題が生じた商品群 200字
の受注処理を切り離して縮退運転をすることを提案した。

このように，専門知識があれば「縮退運転を採用する方針とした」というトピックだけで段落が書けることを確認してください。

Point ここがポイント！！！！！！！

★知識で書く場合でも，できるだけ数値を盛り込む

数値が入っていると，信憑性が増してきませんか。論文では，具体的に書くことが求められています。したがって，経験がないことを専門知識に基づいて書く場合でも，数値を入れて書くようにしましょう。

もちろん，経験に基づいて書く場合でも，定量的な表現をしましょう。

(2) キーワードに基づいた段落の書き方を知る

トピックに基づいて，5W2H で段落を書く以外に，キーワードに基づいて一つの段落を書く方法としては，次の二つがあります。

① キーワード中心型の段落構成

「縮退運転」という**キーワードを中心にして**一つの段落を書く方法です。

② キーワード連鎖型の段落構成

「縮退運転」というキーワードを基にして，**次々と関連するキーワードを連鎖させて**一つの段落を書く方法です。

Point ここが ポイント！！！！！！！

★キーワードを学習する際には，関連するキーワードも確認する

キーワード単体で覚えても，必要なときに使うことは難しいものです。関連するキーワードを一緒に確認して，キーワード間の関連性も学習しましょう。そうすれば，キーワードを連鎖させて文章を書くことができるようになります。

★重要なキーワードを意図的に盛り込んで論述する

本試験当日，ITサービスマネージャ試験の午後Ⅱ問題を見た瞬間，あの受講者は合格したと思いました。「システム障害への対応訓練」という問題が出題されたからです。その受講者は既に「事業継続計画訓練」について合格レベルの論文を書いていました。「事業継続計画訓練」について書いた論文は，電源システムの障害訓練という切り口で考えれば，システム障害について対応訓練した内容に書き換えられます。しかし，結果はB判定でした。その受講者は「システム障害への対応訓練」というキーワードを使わずに，準備した論文の「事業継続計画訓練」というキーワードをそのまま使って書いたそうです。

題意に沿って論述したことを採点者に示すためには，重要なキーワードを意図的に論文に盛り込んでください。重要なキーワードは，多くの場合，問題のタイトル，設問文，「～が重要である」及び「～を踏まえて」という問題文の文章の中にあります。

（3）トピックに基づいて書いた段落を組み合わせれば論文になる

ここで示す論文の設計方法は，ブロックを組み立てて船や飛行機を作ることと似ています。子どものころ，ブロックを使って船や飛行機を作ったことを思い出し，皆さんも，段落というブロックを使って論文を書きましょう。ブロック（段落）を組み立てる設計図（論文設計書）があれば，船や飛行機（論文）を組み立てる（書く）ことができます。

Just Do it！ 関所 No.3

禁則処理を知っていますか？ いろいろなレベルがありますが，句読点で行を書き始めるのはやめましょう。

段落について，理解できましたか？ まだ，段落を書けそうもない方は是非とも演習に参加してください。

基礎の部分はもう少しで終わりですが，禁則処理や段落についての意識がないと，これから先の演習の効果が半減します。がんばりましょう。

"巻末ワークシート 2" にある，「【訓練 2】トピックを詳細化して段落にする」にトピックを 5W2H で詳細化してみましょう。詳細化は，自分の経験でも想像でも OK です。頭の体操だと思って詳細化しましょう。

トピックは何でもよいです。第 2 部にある論文事例から引用すると，次のようなトピックが挙げられます。これらからトピックを選んで，詳細化してみてください。

①新たに SLA に管理項目と管理目標を追加した。
②顧客に対してアンケート調査を実施した。
③エスカレーション時の初回回答までの所要時間を調査した。
④サービスデスクで実施できるように標準変更手順を整備した。

トピックを詳細化したら，その下の原稿用紙部分に一つの段落としてまとめてみましょう。論文では，段落が長いと採点者が読みにくいのです。一つの段落を五つくらいの文章で構成するとよいでしょう。次の三つの点に注意してください。

① 段落の書き始めを字下げする。
② 句読点で行を書き始めないように禁則処理をする。
③ 段落の区切り以外では改行しないようにする。

アイテックが開催している公開模試で分かることですが，段落を構成することができていない答案が 2 割ほどあります。この訓練を通して，しっかりと段落を構成できるようになりましょう。

第4章

論文を作成する際の約束ごとを確認する

採点者は，基本的な約束ごとを守っていない答案を採点しません。論述式試験における約束ごとは幾つかありますが，その中でも特に，試験の際に配付される問題冊子で指示された基本的な約束ごとは，非常に重要です。

この章では，問題冊子に明示された約束ごとを中心に，論述式試験に臨むに当たって，覚えておくべき約束ごとを，もう一度，確認します。

4.1 試験で指示された約束ごとを確認する……………………66
4.2 全試験区分に共通する論述の約束ごとを確認する…………72

4.1 試験で指示された約束ごとを確認する

論述式試験における約束ごとには，試験の問題冊子で明示された非常に重要な約束ごと，質問書における約束ごと，一般的な論文における約束ごとがあります。

（1）問題冊子の指示をチェックする

本番の試験では問題冊子と答案用紙が受験者に配付され，問題冊子は持ち帰り可となっています。それでは，問題冊子や答案用紙から得られる情報に基づいて，論述の際の留意点を説明します。

①　Ｂ又はＨＢの黒鉛筆又はシャープペンシルを使用する

自分の手に慣れた筆記用具を，複数本用意します。シャープペンシルを換えることによって指の疲れが気にならなくなることもあります。消しゴムについては，使用の際に答案用紙を汚さないように，使う都度，まずは消しゴム自体をきれいな状態にしてから使います。明らかに濃い鉛筆や薄い鉛筆を使った場合は，この指示に従っていないと判断され，評価を下げる場合がありますので注意してください。

②　問題の趣旨に沿って解答する

設問文に答えるだけではなく，問題文をしっかり理解してから，論述することが大切です。

③　答案用紙の解答欄は，「質問書」と「本文」に分かれている

答案用紙についての詳細な内容を書くことはできませんが，答案用紙は，"論述の対象とするITサービスの概要"（以下，質問書という）と「本文」に分かれています。両方とも解答時間内に記入します。

④　「質問書」は問題冊子の２ページ目に記載された記入方法に従って，全項目について記入する

問題冊子に書かれた記入方法について，図表4-1に示します。

この表の内容から，質問書では，受験する試験区分の専門分野に関連する，論述の対象となる実務経験について，その概要，立場や役割が問われることが分かります。

⑤　「本文」の設問アは800字以内で記述する

設問アの最低字数は指定されていませんが，少なくとも700字以上は書くようにしましょう。時間があれば，最後の行まで埋めるようにしてください。

⑥　「本文」の設問イとウは，設問イを800字以上1,600字以内かつ設問ウを600字以上1,200字以内で記述する

現状における留意点は次のとおりです。ただし，これらは本書執筆時の状況ですので，受験した際の指示に，必ず従うようにしてください。

試験種別	質問書への記入方法
ITサービスマネージャ試験（令和4年春）	**“論述の対象とするITサービスの概要”の記入方法** 論述の対象とするITサービスの概要と，そのITサービスマネジメントに，あなたがどのような立場・役割で関わったかについて記入してください。

図表4-1　「質問書」の記入方法

・合格論文に必要な字数は問題冊子に書かれている

問題となる点は，合格論文に必要な字数と，設問イとウの字数の配分についてです。

合格論文に必要な字数は，問題冊子に書かれているとおりです。必要な字数を書いても，論文が完結せず途中であったり，論文に冗長的な表現が多かったりすると，不合格になります。

・設問イとウの論述開始箇所は答案用紙に指定されている

本試験では，答案用紙に設問イとウ，それぞれの論述開始箇所が指定されていることを確認してください。

・答案用紙の字数カウンタは各設問の最初からカウントされている

答案用紙には論述量の目安となる字数が書かれています。本試験ではこの字数が各設問の最初から始まってカウントされていることを，確認してください。本試験の答案用紙は片面が400字です。

・答案用紙に示された800字分の行に達しただけでは800字以上ではない

800字分の行に達していても，その行の数文字分を空白にして論文を終わらせた場合は，800字未満です。これでは採点対象とならない場合があります。必ず**800字分の行を書き終えて，次の行に達するまでがんばってください。**なお，設問ウは600字以上ですが，同様に考えてください。

このように余裕分を考慮して，本書では2,400字（＝800字（設問ア）＋900字（設問イ）＋700字（設問ウ））ほど論述しましょうと書いています。

・過剰な空白行やインデントはカウントして減算される

空白行については，カウントして，実際の字数から引かれると考えてください。この作業は採点者が行いますから，採点者の負担になります。採点作業は時間との戦いでもありますから，このような負担を採点者に与えないことも大切です。したがって，不要な空白行の挿入は控えましょう。過剰なインデントについても，同様です。

⑦　解答はていねいな字ではっきりと書く

きれいな字で書く必要はありません。採点者が読みやすい字で書きましょう。

Point ここが ポイント！！！！！！！

★字の「ていねいさ」を均一にして書く

以前，合格確実といわれた方が不合格になり，その理由を聞いたことがあります。その方は，「問題を見て安心してはじめはゆっくり，ていねいに書いた。そのうち，時間がなくなり，字が汚くなった。この変化が不合格の原因だ」と説明しました。だんだんと字が荒れてくると，内容も粗末になってきていると，採点者は感じるものです。

★答案用紙は下を1枚にして書くか，問題冊子を下敷きにする

答案用紙は両面です。したがって，答案用紙の2枚目と3枚目，4枚目と5枚目は表裏になっています。1枚目，2枚目は問題がありませんが，3枚目を書く際に，その下で1枚目と2枚目が合わさっていると，そこに書かれた字がカーボンコピーの役割をして，1枚目と2枚目に書かれた字が互いに写ります。これでは読めない答案になってしまいます。

（2）質問書の指示をチェックする

答案用紙は未記入でも持ち帰り不可となっています。したがって，答案用紙の一部である質問書に関する情報については，ここでは書けません。しかし，答案用紙のはじめのページにある質問書は次の点で重要ですから，しっかりと書いてください。

① 質問書では，専門家として自分の経験を相手に伝え，相手に専門家であると認めさせる力をアピールする

問題冊子を読んで，解答する問題を選んだら，質問書に記入します。質問書では，その試験区分の専門分野に関連する，論述の対象となる実務経験について，その概要，立場や役割が問われます。その内容については，実務経験があれば書ける内容について問われると考えてください。

② 質問書がしっかり書けている人は論文もしっかりしている

論文の第一印象は設問アの前半です。しかし，答案の第一印象は質問書で決まります。では，質問書は何のために使われるのでしょうか。人と人とがコミュニケーションをするとき，まずは，相手と会ったときの第一印象を基にコミュニケーションを始めます。相手に見合ったコミュニケーションから始めるわけです。採点者にとって，質問書はコミュニケーションを始めるために必要な第一印象なのです。すなわち，**質問書は採点を始めるための第一印象**というわけです。

“**質問書がしっかり書けている人は論文もしっかりしている**”という言葉は，私の言葉ではありません。IPA のとある方が講演で話した言葉の一つです。これを言い換えると，「質問書をしっかり書けば，合格の可能性も高くなる」あるいは，「**質問書から受ける印象で，合否のあたりを付けて論文を採点している**」と言えるのです。

③　質問書と論文の一貫性も採点の対象としている

論文を読んだだけで，受験者が試験区分ごとの「対象者像」に合致しているかどうかを読み手が判断することは難しいことです。このような判断を行う上で，論文では不足している部分を質問書で補うと考えてください。

その際に注意すべき点は，受験する試験区分の対象者像，質問書の回答，論文の内容，この三つの一貫性です。IT サービスマネージャ試験において，質問書の“あなたの担当業務”に“設計”と回答しては「システムアーキテクト試験を受けてください」ということになり，論文の評価では下がる可能性が高いと考えるべきでしょう。このように，**受験する試験区分の対象者像，質問書の回答と論文の内容の一貫性をしっかり確保する**ことが重要です。

Point ここがポイント！！！！！！！

★質問項目には，全て答えよ

問題冊子には，“記入項目の中から該当する番号又は記号を○印で囲み，必要な場合は（　）内にも必要な事項を記入してください。複数ある場合は，該当するものを全て○印で囲んでください”と書かれています。全ての質問項目に答えていない答案用紙を提出する受験者は，論文がよくても，専門家として認められない可能性が高いです。

④　特に質問書の「IT サービスの名称」に注力する

コミュニケーションでは第一印象が重要となります。論文も一方向ですがコミュニケーションです。したがって，第一印象が重要です。では，論文において第一印象を与える箇所はどこでしょうか。

私は長い間，設問アの前半だと思っていました。しかし，IPA 発表の資料によると，質問書の「IT サービスの名称」だそうです。この 30 字がしっかりと書けている論文は，内容もしっかりとしているそうです。そこで，**採点者はこの 30 字で合格のあたりを付ける**そうです。それを知って以来，私はこの 30 字も論文添削の対象としています。

以前に受験したときの質問書の内容を再現してみましたので，参考にしてください。

ITサービスマネージャ

論述の対象とするITサービスの概要

質問項目	記入項目
ITサービスの名称	
① 名称 30字以内で，分かりやすく簡潔に表してください。	スマートフォンソフトウェアが提供する健康管理サービス 【例】1. インターネットを利用したオンラインショッピングサービス 2. 社員が利用するサービスデスクのサービス 3. クラウド環境を利用したITインフラストラクチャ提供サービス
ITサービスの対象とする企業・機関	
② 企業・機関などの種類・業種	1. 建設業　(2.)製造業　3. 電気・ガス・熱供給・水道業　4. 運輸・通信業 5. 卸売・小売業・飲食店　6. 金融・保険・不動産業　7. サービス業 8. 情報サービス業　9. 調査業・広告業　10.医療・福祉業　11.農業・林業・漁業・鉱業 12.教育（学校・研究機関）　13.官公庁・公益団体　14.特定しない 15.その他（　）
③ 企業・機関などの規模	1. 100人以下　2. 101～300人　(3.)301～1,000人　4. 1,001～5,000人　5. 5,001人以上 6. 特定しない　7. 分からない
④ 対象業務の領域	1. 経営・企画　2. 会計・経理　(3.)営業・販売　4. 生産　5. 物流　6. 人事 7. 管理一般　8. 研究・開発　9. 技術・制御　10.特定しない 11.その他（　）
システムの構成	
⑤ システムの形態と規模	(1.)クライアントサーバシステム　(ア)（サーバ　約　6　台，クライアント　約 不明 台） イ.分からない 2. Webシステム　ア.（サーバ　約　台，クライアント　約　台）イ.分からない 3. メインフレーム又はオフコン（約　台）及び端末（約　台）によるシステム 4. 特定しない　5. その他（　）
⑥ ネットワークの範囲	1. 他企業・他機関との間　2. 同一企業・同一機関などの複数事業所間　3. 単一事業所内 4. 単一部門内　5. なし　(6.)その他（同一企業とインターネットを介したユーザ間）
ITサービスの規模・形態など	
⑦ ITサービスの利用者	1. 同一企業内　2. 他企業　(3.)個人　4. その他（　）
⑧ ITサービスの利用者数	(1.)（約　不明　人）　2. 分からない
⑨ ITサービス提供に携わる要員数	(1.)（約　24　人）　2. 分からない
ITサービスマネジメントにおけるあなたの立場	
⑩ あなたが所属する企業・機関など	1. ソフトウェア業・情報処理・提供サービス業など 2. コンピュータ製造・販売業など　(3.)一般企業など 4. その他（　）
⑪ あなたの担当業務	(1)計画立案　(2.)設計　(3.)構築・導入　(4.)運用・保守 5. その他（　）
⑫ あなたが所属する部門又はチームの名称	（　ITサービス部　）
⑬ あなたの役割	1. 部門マネージャ　(2.)チームリーダ　3. チームサブリーダ　4. 担当者 5. 技術支援者　6. その他（　）
⑭ 部門又はチームの構成人数	（約　12　人） （注）⑬のあなたの役割が1の場合は部門の構成人数を，2～5の場合はチームの構成人数を，6の場合は部門又はチームの構成人数を記入する。
⑮ あなたの担当期間	（2015 年 4 月）～（2022 年 3 月）

本試験では，特に⑦～⑨に○印を付けたかどうかの確認をしてください。

Point ここがポイント！！！！！！！

★ITサービスの名称の語尾は“サービス”

アイテックの公開模試では，質問書にあるITサービスの名称に，“～システム”と書いてある解答が散見されます。例に倣って“～サービス”と書くようにしましょう。

Point ここがポイント！！！！！！！

★最初にやるべきことをやり，最後まで気を抜かない

情報処理技術者試験では，問題番号選択や受験番号を答案用紙に記入していないと不合格です。

大学入学試験では，受験番号の記入忘れを配慮してくれることもあるかもしれませんが，情報処理技術者試験では配慮してくれません。当たり前のことですが，試験が開始されたら，まず，受験番号を記入しましょう。

論述式試験では，問題を選択したら，答案用紙の表紙にある問題番号に鉛筆で丸を付けるようになっています。情報処理技術者試験のガイドブックによると，採点者は，答案用紙に問題選択の丸が付いていないことに気付きながらも，試しに論文を採点することがあるそうです。そのような場合，よい論文であっても，点数は付けられないそうです。

また，採点者が答案を読んでいて「こんなこと聞いていない」と思うことがあるそうです。すなわち，問題番号の選択を間違っているのです。このような場合は，「題意に沿っていない」という判定をするそうです。「百里の道も九十九里が半ば」です。最後まで，気を抜かないようにしましょう。

4.2 全試験区分に共通する論述の約束ごとを確認する

（1）一般的な論文の約束ごとを確認する

問題冊子に明示されていない，論文を書く上で必要な，一般的な約束ごとについて説明します。

①　「である」調で統一して書く

問題冊子には，「ですます」調で書くと評価を下げる旨は明示されていません。しかし，「ですます」調と「である」調が混合している文章は，減点の対象となると考えてください。また，経験から言うと，論文を「ですます」調で最後まで書ける方は少ないです。以上のことを考えると，「である」調に統一して書くことを推奨します。

②　禁則処理をする

いろいろなレベルの禁則処理がありますが，行の最初を句読点から始めることはやめるべきです。

③　字数が多い英単語は工夫する

英単語を書く際に，半角文字と考えて１マスに２文字入れるという方法があります。これを論文の最後まで適用できればよいのですが，多くの論文では途中で１マスに１文字になったりします。本来ならば１マスに２文字ですが，本試験では１マスに１文字に統一した方が無難と考えます。そこで問題となるのが，字数が多い英単語です。一つの解決策として，カタカナで書くとよいでしょう。

なお，本書では，英数字を１マスに２文字入れています。

【答案用紙（本文）の使い方】

本文の部分は，１ページ 400 字の横書きの原稿用紙になっています。書いた文字を消す場合，**基本的には消しゴムで修正**します。問題は段落の途中の文章を修正する場合です。減点の対象となりますが，次のように訂正するとよいでしょう。

・文章を挿入したい場合

行間の空白部分を上手に利用して，小さい字で文章を挿入します。

プロトタイピングを事前に行い，性能要件を
達成することができることを確認することに
した。ただし，コストが増大し納期が遅れる
　　　　　　　　　　（プロジェクト）
可能性があった。そこで私はマネージャと検
討し，要員のスケジュールを調整することで
対処した。具体的にはメンバの中からデータ

・**段落の途中の文章を消す場合**

鉛筆を定規代わりに利用して，二重線を引いて，空欄であることを明示するとよいでしょう。ポイントはきれいに見せることです。

プ	ロ	ト	タ	イ	ピ	ン	グ	を	事	前	に	行	い	，	性	能	要	件	を
達	成	の	可	能	性	＝	＝	＝	＝	＝	＝	を	確	認	す	る	こ	と	に
し	た	。	た	だ	し	，	コ	ス	ト	が	増	大	し	納	期	が	遅	れ	る

Point ここがポイント！！！！！！！

★文章を推敲して訂正しても合格できる

段落の中ほどの文章を，このように文字を挿入して訂正した論文を筆者は提出したことがあります。結果は合格でした。書きっぱなしの文章よりも，きちんと推敲して意味の通る，分かりやすい論文が評価されると考えてよいでしょう。

（2）論述式問題における共通の約束ごとを確認する

情報処理技術者試験の論述式試験の各試験区分において，共通にいわれている約束ごとを確認します。

①　守秘義務を守る

顧客に対して私たちは秘密を守る義務があります。したがって，顧客に関する固有名詞は論文の中では使ってはなりません。なお，顧客ではない，ソフトウェア製品の製造元の会社などについては，基本的には守秘義務の対象とはなりません。

悪い例　弊社の顧客である(株)アイテックにおいて，人事システムを構築した。

良い例　弊社の顧客であるＢ社において，人事システムを構築した。

なお，業界によっては代表的な会社は数社しかなく，プロジェクトの規模などから推測できてしまう場合があります。このような場合でも，Ｂ社という表現で問題はありません。採点者も守秘義務があるからです。採点者が推測できるようなイニシャルを使うのは，絶対にやめましょう。

②　自分の組織内でしか通用しない表現を使わない

情報処理技術者試験，出題範囲，シラバスなどに使われている，一般的な用語を使って論述してください。例えば，Ａ通信サービス会社で使われる「Ｓ日」，あるいは，A 電力会社で使われる「本開日」という表現は減点の対象となります。最悪の場合は意味が通じない論文と判断されて不合格となります。このようなときは，一般的な表現である「本稼働日」と記述してください。また，「プロジェクトマネージャ」を「プロマネ」などと最初から省略して記述することもやめましょう。なお，最近では「プロジェクトマネージャ（PM）」と表現している問題が出題されます。その場合は「PM」と書いても問題ありません。

③ 設問イでは，設問アで述べた内容を踏まえた論旨展開をする

合格を決める一つの要因に“一貫性”があります。例えば，設問アで述べた IT サービスの特徴を，設問イで活用して論旨展開するようにしてください。具体的には，設問アにおいて，“IT サービスの特徴は～”と書いて明示しておき，設問イにおいて，“～という IT サービスの特徴を踏まえて”と書くようにしてください。簡潔に引用することがポイントです。

④ 問題点や課題については，全て解決する，あるいは解決の方向性を示す

設問イにおいて挙げた問題点や課題，あるいは，設問ウの評価において挙げた問題点や課題について，必ず，解決しましょう。あるいは，解決できない場合は解決の方向性を示して論文を書き終えましょう。問題点や課題を挙げておきながら，それらを放置して論述を終了してしまうと，採点者が「この問題点はどうしたのだろうか？」という状態のままということになります。これでは，高い評価を得ることはできません。なお，設問文において課題だけを問われている場合は，課題だけでもよいです。

以上，いろいろな約束ごとを挙げましたが，初めから合格論文を書くことは難しいことです。まずは，全体で 2,400 字程度の論文を書いてみましょう。

次の章では，いよいよ「論文を設計して書く」演習を行います。

Point ここがポイント！！！！！！！

★誤字をチェックしないと，論文を見直していないと判断される

同じ漢字を，誤って書いたり正しく書いたりと文字づかいが整っていない論文は，見直していないと推測されて評価を下げられても仕方がありません。また，問題文に書いてある漢字を，論文の中で誤って書いても評価を下げることになります。

★書けない漢字はひらがなで書くのではなく，別の単語で書く

添削の経験から，ひらがなで書かれた論文は，内容的にも稚拙な論文が多いです。しっかりと漢字で書いて，論文としての体裁を整えましょう。

第5章

論文を設計して書く演習をする

そろそろ読むのに疲れましたか？ 元気を出して例にならって演習を行いましょう。鉛筆をもって，さあ，開始です。

5.1 【訓練３】問題文にトピックを書き込む……………………76
5.2 【訓練４】ワークシートに記入する……………………91
5.3 【訓練５】ワークシートを基に論述する……………… 101

5.1 【訓練３】問題文にトピックを書き込む

IT サービスマネージャ試験では，高い頻度でサービスマネジメントシステムの改善について問われます。サービスマネジメントシステムの改善とは，あるサービスマネジメントプロセスにおける限定的な改善ではない点に留意してください。ここでは，IPA が発表している IT サービスマネージャの業務と役割にある「サービスマネジメントシステムの計画，運用，評価及び改善を行う」に着目して，サービスマネジメントシステムの改善にかかわる問題を選択しました。

この節では，論述において，知っていると便利な文章のひな型について説明します。必須ではないですが，気に入ったら，ひな型を使ってみてください，という程度の内容です。できるだけ多くの本試験問題のパターンに対応できるようにひな型を作成しました。その結果，多くのパターンを含むように，次に示す問題は本試験の過去問題を改題している点について，ご了承ください。

なお，この“5.1”で説明する内容は，“Just Do it 関所 No.4”において，まとめて演習しますので，この節では，まだ，読むだけでもよいです。

Point ここが ポイント！！！！！！！

★限定的な改善は，サービスマネジメントシステムの改善とは言えない

例えば，確定版メディアライブラリから稼働環境へのデプロイメントの自動化が，限定的な改善に該当します。理由はリリース及び展開管理に限定した改善だからです。令和元年秋本試験午後Ⅱ問１の趣旨を読むと，趣旨にある変更プロセスは，変更管理プロセス，リリース及び展開管理プロセスを含んでいることが分かります。このように複数のサービスマネジメントプロセスを全体最適することが，サービスマネジメントシステムの改善に該当すると考えましょう。

ITサービスマネージャ試験

令和元年秋午後II問１改

問１　環境の変化に応じた変更プロセスの改善について

IT サービスマネジメントを実践する組織では，品質の確保に留意しつつ，緊急変更を含む変更管理プロセス並びにリリース及び展開管理プロセス（以下，変更プロセスという）を既に構築・管理している。

しかしながら，俊敏な対応を求める昨今の環境の変化の影響によって，既存の変更プロセスでは，例えば，次のような問題点が生じることがある。

① アジャイル開発で作成されたリリースパッケージの稼働環境へのデプロイメントにおいて，変更プロセスの実施に時間が掛かる。

② 新規のサービスをサービスデスクで作業可能とする変更要求の決定に時間が掛かる。

IT サービスマネージャには，このような問題に対し，変更プロセスの改善に向けて，例えば，次のような施策を検討することが求められる。

① アジャイル開発チームへの権限の委譲，プロセスの簡素化などによるデプロイメントの迅速化

② サービスデスクでの標準変更の拡大を迅速に行うためのプロセスの見直しと利害関係者との合意

改善に向けた施策の決定に当たっては，変更要求の俊敏な対応と品質の確保の両面に配慮する必要があり，俊敏な対応を重視するあまり，品質の確保が犠牲にならないように工夫する必要がある。

あなたの経験と考えに基づいて，設問ア～ウに従って論述せよ。

設問ア　あなたが携わった IT サービスの概要と，既存の変更プロセスに影響を与えた環境の変化の内容について，800 字以内で述べよ。

設問イ　設問アで述べた環境の変化によって影響を受けた変更プロセスの概要，変更プロセスに生じた問題点とその理由，改善に向けた施策及び施策の期待効果について，800 字以上 1,600 字以内で具体的に述べよ。

設問ウ　設問イで述べた実施結果，評価，及び今後の改善点について，俊敏な対応と品質の確保の観点を含めて，600 字以上 1,200 字以内で具体的に述べよ。

（1）ひな型を確認する

論述に慣れていない方は，ひな型があると論述が容易になると考え，ひな型を用意しました。論述に慣れれば，ひな型に固執する必要はありません。筆者は，ひな型に従って論述することで，①採点者にとって採点しやすい論文になる，②合格論文に必要な工夫のアピール，能力のアピールを容易に論文に盛り込めるようになる，という利点があると考えています。**ひな型を意識して論文を設計できるようになる**ことが重要です。

ひな型について，次に説明します。なお，ひな型については，実際の論文の論旨展開に合わせて語尾などを適切に修正して活用します。

（a）IT サービスの特徴を明示する展開

多くの問題では，設問アの前半で IT サービスの特徴について問われます。400字程度で話の脈絡を作り込み，論述例としては「IT サービスの特徴としては，サービスの機能の追加・変更が頻繁に発生するという点を挙げることができる」などと，IT サービスの特徴を明示します。**IT サービスの特徴を明示する展開のひな型としては，"IT サービスの特徴としては，～を挙げることができる"** です。

（b）問われている内容を明示する展開

設問アの後半では，問題によって，いろいろな内容が問われます。この問題では，「既存の変更プロセスに影響を与えた環境の変化の内容」が該当します。論述例としては，「既存の変更プロセスに影響を与えた環境の変化の内容は，健康管理サービスにおいて機能の追加・変更が頻繁に発生するアジャイル開発という開発手法を採用したことである」などと，問われている内容を明示します。**問われている内容を明示する展開のひな型としては，"（問われている内容）は～"**，あるいは，**"（問われている内容）としては～"** などです。

このように書くのは当たり前と思うかもしれません。しかし，公開模試では，設問で問われていることをきちんと書いていない論文が散見されます。そこで，このようなひな型を作りました。

（c）課題を明示する展開

採点者は，解決すべき問題，課題が分からない状況で，IT サービスマネージャとしての活動を論じられても，活動の妥当性を判断できないことがあります。したがって，課題を明示してから活動を論じることで，活動の妥当性を採点者に示すようにします。論述例は「変更プロセスに時間がかかるためにアジャイル開発手法の長所を活かすことができないという問題点に対して，変更プロセスの時間短縮が課題となった」です。したがって，**課題を明示する展開のひな型は "～ということが課題となった"** です。

(d) 専門家としての考えをアピールする展開第1パターン

論文では，専門家としての活動をアピールすることも重要です。それ以上に，専門家としての考えや，そのように考えた根拠を採点者にアピールすることが重要です。専門家としての考えをアピールする展開の論述例は「アジャイル開発ではレグレッションテストが自動化されていることから，テスト不足がリスク要因となるインシデント発生のリスクが少ないリリースパッケージがあると考え，リスクが少ないリリースパッケージについては，通常変更ではなく標準変更を適用することとした。具体的には，標準変更を適用してサービスデスクでの対応でリリース及びデプロイメントが完了するように，標準変更の手順を標準化した」です。このように論旨展開して専門家としての考えや，そのように考えた根拠を採点者にアピールします。なお，リスクが少ないリリースパッケージがあると考えた根拠は，アジャイル開発では，レグレッションテストが自動化されていることです。

なお，考えをアピールした後に，IT サービスマネージャとしての活動を論じます。したがって，**専門家としての考えをアピールする展開第 1 パターンのひな型としては，“～と考え～”**です。

(e) 専門家としての考えをアピールする展開第2パターン

筆者には，以前，企業において提案書をよく書いていた時期があります。筆者が書いた提案書をアジアパシフィックエリア担当のマネージャがレビューするのですが，高い頻度で，「根拠を述べろ」と指摘されていました。そこで私は，提案書を書く際に，事前に“because”を多発することで，レビューにおける指摘を減らすことができました。そうです。人を納得させるためには，根拠を述べることが重要なのです。そこで私は，論文においても“なぜならば～”という展開を盛り込むことにしました。

論述例としては，「そこで私は，過去のアジャイル開発に関わるインシデント履歴を基に，チェックリストを仮に作成して，徐々にチェックリストの有効性を高めればよいとした。なぜならば，初めから厳しいチェックリストを作成すると，リリースパッケージに対して標準変更が適用できずに通常変更が適用されるケースが増えてしまい，改善の効果が得られないと考えたからである」などと展開します。

ここで「なぜならば，初めから厳しいチェックリストを作成すると，改善の効果が得られないと考えたからである」だけでは，採点者へのアピールは弱いと考えてください。このように考えた根拠が含まれていないからです。「リリースパッケージに対して標準変更が適用できずに通常変更が適用されるケースが増えてしまい」などと，専門家としての考えに加えて，そのように考えた根拠を述べることも必要です。**専門家としての考えをアピールする展開第 2 パターンのひな型は，“なぜならば，～”**です。

(f) 工夫をアピールする展開第1パターン

工夫とは，いろいろと考えて，よい手段を見つけ出すことです。したがって，**工夫をアピールする展開第 1 パターンのひな型は，“～という課題があった。そこで私は(1)～，(2)～という案を検討した。その結果，(1)を選択した。なぜならば，～**

と考えたからである”です。案を増やして，“～という課題があった。そこで私は(1)～，(2)～，(3)～という案を検討した。その結果，(1)を選択した。なぜならば，～と考えたからである”でもよいです。

論述例を次に挙げます。工夫をアピールする展開第1パターンには，前述の専門家としての考えをアピールする展開第2パターンが含まれていることを確認してください。

　標準変更を実施する部署をどこにするかという課題が生じた。課題に対して，(1)サービス要求としてサービスデスクにおいて対応する，(2)アジャイル開発グループに権限を委譲してアジャイル開発グループでリリースパッケージのリリースとデプロイを実施する，という案を検討した。その結果，(1)を採用することにした。なぜならば，リリースパッケージが原因でインシデントが発生し，サービスデスクが対応した場合に，サービスデスクがリリース・デプロイというサービス要求を処理したことから，その状況を把握しているため，サービスデスクでの対応が円滑に進むと考えたからである。

(g) 工夫をアピールする展開第2パターン

工夫をアピールするには，「～した」を「～という工夫をした」と，ITサービスマネージャとしての活動の表現を，語尾だけ変えているケースが散見されます。これでは，採点者は工夫として認めてくれません。そこで，困難な状況からのブレークスルーを盛り込むことで，採点者に工夫をアピールします。ITサービスマネージャとしての活動を書く前に，困難な状況を採点者にアピールします。論述例としては，「チェックリストの作成が新たな課題となった。ただし，チェックリストの粒度をどのように設定したら，効果的かつ効率的になるのか分からないという難しい問題に直面した。具体的には，初めから厳しいチェックリストを作成すると，リリースパッケージに対して標準変更が適用できずに通常変更が適用されるケースが増えてしまい，改善の効果が得られないからである。」したがって，**工夫をアピールする展開第2パターンのひな型は，“～という難しい問題に直面した。そこで私は～”**，あるいは，**“～という困難な状況であった。そこで私は～”**となります。

(h) ITサービスの特徴を踏まえる展開

設問アの前半で論じたITサービスの特徴を，主に設問イで引用して，ITサービスの特徴を踏まえる展開として活用します。これによって，論文における一貫性を採点者にアピールします。論述例としは，前述の「ITサービスの特徴としては，サービスの機能の追加・変更が頻繁に発生するという点を挙げることができる」という記述から，「機能の追加・変更が頻繁に発生するというITサービスの特徴を踏まえると，頻繁に発生する変更プロセスに時間がかかることが理由で，アジャイル開発手法の長所を活かすことができないという問題点が生じる」を挙げることができます。**ITサービスの特徴を踏まえる展開のひな型は，“〜というITサービスの特徴を踏まえると〜”**となります。

ここで，「ITサービスの特徴を踏まえると〜」だけでは，採点者へのアピールは弱いと考えてください。しっかりと，引用することが重要です。そのためには，設問アの前半において，ITサービスの特徴を簡潔に表現することが必要となります。

(i)“含めて”を明示する展開

設問イや設問ウでは，“〜を含めて”という表現が盛り込まれることがあります。当該問題では，「俊敏な対応と品質の確保の観点を含めて」が該当します。ここで，留意すべき点は，設問文におけるキーワードの出現順番と同じ順番で，安易に論じないということです。言い換えると，設問文の最後に“俊敏な対応と品質の確保の観点”というキーワードが現れているので，設問ウの最後において“俊敏な対応と品質の確保の観点”について論ずればよいということではない，ということです。論旨展開を考えて，“俊敏な対応と品質の確保の観点”というキーワードについて論じるようにしてください。この問題では，設問ウで問われている“評価”において，“俊敏な対応の観点からの評価”及び“品質の確保の観点からの評価”を論じるようにしています。論述例を次に挙げます。

　標準変更の適用という施策については次のように評価する。
　俊敏な対応の確保の観点から，アジャイル開発のイテレーションのサイクルは，当該改善を計画中の状況では，100字
決まっていなかったが，実際には1週間となった。標準変更の適用を実施しなかった場合，最大で1週間待たされることになる。これではアジャイル開発における効率性が低下して，開発が遅延するなどの問題が生じていた200字
と考える。施策の実施結果として，期待効果どおりに最長1週間を最長2日間に短縮できた。これを根拠に，俊敏な対応の確保の観点から施策は成功であったと評価する。300字
　品質の確保の観点からは，インシデントの発生状況が他のITサービスと同等なことを根拠に，標準変更の適用という施策については十分な品質を確保できたと評価する。400字

したがって，**“含めて”を明示する展開のひな型は，“(問われている内容）は〜”**，あるいは，**“(問われている内容）としては〜”**です。設問文において，「〜を含めて」と指定されているにもかかわらず，どこに書いてあるか分からない論文が散見されるので，このようなひな型を作ってみました。

(j) 能力をアピールする展開

サービスマネジメントシステムの改善において課題が生じて，IT サービスマネージャとしての改善活動を実施して，サービスマネジメントシステムの改善に成功した，という展開だけでは合格は難しいです。物事を成し遂げることができる展開を盛り込んで，もっと採点者に，IT サービスマネージャとしての能力をアピールしましょう。そのためには，IT サービスマネージャとしての改善活動を述べた後に，新たに生じた課題を論じて，その課題を解消する展開を盛り込んでみましょう。論述例は，次のとおりです。

　ただし，チェックリストの作成が新たな課題となった。チェックリストの粒度をどのように設定したら，効果的かつ効率的になるのか分からないために困難な状況に陥った。具体的には，初めから厳しいチェックリストを作成すると，リリースパッケージに対して標準変更が適用できずに通常変更が適用されるケースが増えてしまい，改善の効果が得られないからである。そこで私は，徐々にチェックリストの有効性を高めればよいと考え，過去のアジャイル開発に関わるインシデント履歴などを基に，チェックリストを作成することにした。

したがって，採点者に**能力をアピールする展開のひな型は，“ただし，～という新たな課題が生じた。そこで私は～”**です。

(k) 実施状況や実施結果を明示する展開

設問ウの前半では，設問イで述べた活動の実施状況について問われることがあります。これについては，実施結果を問われている場合の論述例としては「施策の実施結果として，期待効果どおりに変更プロセスの所要日数を最長 1 週間から最長 2 日間に短縮できた。これを根拠に，俊敏な対応の確保の観点から施策は成功であったと評価する」などと，明示的に書けばよいです。したがって，**実施状況や実施結果を明示する展開のひな型は，“～の実施結果（実施状況）については～”**です。

(l) 評価する展開パターン1

設問ウの前半では，設問イで論じた活動を評価することが求められるケースが多いです。評価する方法としては，例えば，設問アやイにおいて設定した期待効果などを踏まえて評価する方法があります。この問題では，設問イにおいて期待効果について問われていますから，評価では，期待効果の達成度を踏まえて論じるようにしましょう。

次の論述例に示すように，**評価する展開パターン 1 のひな型は，“～という期待効果を達成度～で達成した。したがって，～という施策は～と評価する”**です。

なお，ここでは“期待効果”という言葉を使っていますが，“期待効果”の代わりに，“目標値”，“KPI”など，問題文に使われている字句を使って評価する展開パターン１を活用してください。

　標準変更を適用できるリリースパッケージのチェックリストの標準化という施策については次のように評価する。この施策では，標準変更の適用率90%という期待効果を達成度 102 %で達成した。したがって，標準変更を適用できるリリースパッケージのチェックリストの標準化という施策は標準変更の適用率を高めて迅速なリリース・デプロイを達成したことを根拠に，俊敏な対応という面では成功であったと評価する。

(m) 評価する展開パターン２

評価を行う場合，設問イで述べた施策を実施した場合と，実施しなかった場合を対比して，評価する方法があります。論述例は，次のとおりです。

　標準変更の適用という施策について評価する。アジャイル開発のイテレーションのサイクルは，当該改善を計画中の状況では，決まっていなかったが，実際には1週間となった。俊敏な対応の確保の観点から，標準変更の適用を実施しなかった場合，最大で1週間待たされることになる。これではアジャイル開発における効率性が低下して，開発が遅延するなどの問題が生じていたと考える。施策の実施結果として，期待効果どおりに最長1週間を最長2日間に短縮できた。これを根拠に，俊敏な対応の確保の観点から施策は成功であったと評価する。

評価する展開パターン２のひな型は，“もし，～という施策を実施しなかった場合，～となっていたと推測できる。したがって，～という施策は～と評価する”です。

(n) 評価する展開パターン３

評価する展開の最後は，設問イで述べた施策を根拠を含めて評価する方法です。論述例は「施策を総合して評価すると，品質の確保の観点からは，インシデントの発生状況が他の IT サービスと同等なことを根拠に，十分な品質を確保できたと評価する」です。**評価する展開パターン３のひな型は，“～という施策については，～を根拠に，～と評価する”**です。なお，根拠を定量的に示す展開を盛り込むと，採点者に客観性をアピールできます。

アイテックの公開模試の解答において，設問イにおいて多くの施策を論じておきながら，根拠もなく“概ね成功であった”などとしか評価していない論文が散見されるので，このようなひな型を作成しました。なお，施策をまとめて評価してもよいでしょう。

（o）成功要因をアピールする展開

評価では，設問イで述べたITサービスマネージャとしての活動における成功要因を採点者にアピールしてもよいでしょう。論述例としては，「成功要因としては，俊敏な対応を目指しながらITサービスの品質の確保を疎かにしなかった点を挙げることができる」です。したがって，**成功要因をアピールする展開のひな型は，“成功要因としては，～を挙げることができる”**です。

（p）問題把握能力をアピールする展開

設問ウの後半において，今後の改善点などが問われている場合があります。例えば，令和元年午後Ⅱ問2では，設問ウにおいて課題と改善策について問われています。そのような場合，評価の中で，課題を明示します。この問題では，設問ウの前半で評価について問われているので，この評価において課題を明示して，その課題を今後の改善点に展開します。

公開模試の多くの論述では，課題を示している論文は少ないです。課題を明示することで採点者に問題把握能力をアピールできる，ということです。論述例は次のとおりです。

　サービスデスクがリリースパッケージを標準変更とし
てサービス要求を処理している。そのため，アジャイル
開発グループにリリースパッケージのデプロイを委譲し
た場合と比較して，手続の簡略化が不十分である。これ　100字
はITサービスの品質面で確保を重視した結果である。課
題としては，品質面を確保しながら，アジャイル開発グ
ループにデプロイ権限を委譲して手続を簡略化すること
である。　200字

問題把握能力をアピールする展開のひな型は，“今後の課題としては，～を挙げることができる”です。

（q）改善点をアピールする展開

今後の改善点について問われた場合，公開模試において，“改善してしまった話”を論じている論文が散見されます。論文の中で改善を終了させないようにしましょう。また，今後の改善点について問われていないにもかかわらず，長々と今後の改善点について論じている論文も散見されます。設問において，今後の改善点について問われていない問題では，今後の改善点について論じても減点対象になる可能性はあり，加点されることはないと考えてください。

今後の改善点が問われた場合，その文章の中に，問題のタイトルにあるキーワードを含めることです。今後の改善点の論点が趣旨から外れないことが重要です。次の論述例では，「変更プロセス」というキーワードを含めて論じています。

アジャイル開発グループにデプロイ権限を委譲して手続を簡略化するという課題については，①インシデントの発生状況を踏まえて，標準変更適用の可否を判断するリリースパッケージへのチェックリストを整備する，②整備したチェックリストを基に，アジャイル開発グループにデプロイ権限を委譲してもよいリリースパッケージのチェックリストを作成する，③チェックリストを基に品質が確保されていると判断されたリリースパッケージについては，アジャイル開発グループにデプロイ権限を委譲する，という手順で改善したい。

このように，ITサービスの品質を確保しながら，変更プロセスをより簡略化する，という今後の改善点を挙げることができる。

今後の改善点をアピールする展開のひな型は，“～という課題については～，今後の改善点として～を挙げることができる”です。

（2）章立てをする

設問文に沿って章立てをします。自分が書きやすいように章立てをするのではなく，採点者が採点しやすく章立てをすることが重要です。したがって，設問文に沿って章立てをします。設問文のキーワードを囲って，章と節の番号を振っていきます。具体的には，第1章第2節の場合は，“1.2”と記入します。

前述のとおり，“～を含めて”という記述については，キーワードの出現順番で論述するのではなく，論旨展開を考えて論述する順番を決めます。当該問題では，“俊敏な対応と品質の確保の観点を含めて”が該当し，キーワードは“俊敏な対応の観点”と“品質の確保の観点”です。趣旨の内容から考えて，これらは評価における観点として使います。

【問題への記入例】

設問ア　あなたが携わったITサービスの概要と，既存の変更プロセスに影響を与えた環境の変化の内容について，800字以内で述べよ。

設問イ　設問アで述べた環境の変化によって影響を受けた変更プロセスの概要，変更プロセスに生じた問題点とその理由，改善に向けた施策及び施策の期待効果について，800字以上1,600字以内で具体的に述べよ。

設問ウ　設問イで述べた実施結果，評価，及び今後の改善点について，俊敏な対応と品質の確保の観点を含めて，600字以上1,200字以内で具体的に述べよ。

節のタイトルについては，前図にあるように，設問文にあるキーワードからピックアップします。章のタイトルは，章に含まれる節のタイトルをつなげるとよいでしょう。ただし，長すぎた場合は，簡潔にまとめます。

【章立ての例】

○ 第１章　ITサービスの概要と環境の変化の内容
○ 　1.1　ITサービスの概要
○ 　1.2　既存の変更プロセスに影響を与えた環境の変化の内容
○ 第２章　変更プロセスの改善
○ 　2.1　変更プロセスの概要
○ 　2.2　変更プロセスに生じた問題点とその理由
○ 　2.3　改善に向けた施策及び施策の期待効果
○ 第３章　施策の実施結果，評価，及び今後の改善点
○ 　3.1　施策の実施結果，評価
○ 　3.2　今後の改善点

Point ここが ポイント！！！！！！！

★設問文の「どのように」と「どのような」を読み分ける

これを失敗すると出題の趣旨に沿わない論文になります。正確に読み分けながら章立てをしてください。

★設問文にだけ答える論文を書こうとしない

設問文にだけ答えようとすると，①経験がないから書けない，②時間が足りない，③字数が足りない，という事態に陥ります。問題冊子をチェックしてください。合格論文の要約である問題文を論文にしっかり活用して，そこから掘り下げて論旨展開しましょう。

（3）趣旨の文章を節に割り振る

章立てができました。ここで趣旨に沿って論述するために，趣旨にある各文章と，章立てした節とを対応付けします。これによって，各節において，どのようなことを論じればよいかが分かります。割り振った例を次に示します。なお，再度，確認しますが，例えば“2.2”とは論文の章立ての第2章第2節を示します。

問　環境の変化に応じた変更プロセスの改善について

2.1

ITサービスマネジメントを実践する組織では，品質の確保に留意しつつ，緊急変更を含む変更管理プロセス並びにリリース及び展開管理プロセス（以下，変更プロセスという）を既に構築・管理している。

2.2

しかしながら，俊敏な対応を求める昨今の環境の変化の影響によって，既存の変更プロセスでは，例えば，次のような問題点が生じることがある。

①アジャイル開発で作成されたリリースパッケージの稼働環境へのデプロイメントにおいて，変更プロセスの実施に時間が掛かる。

②新規のサービスをサービスデスクで作業可能とする変更要求の決定に時間が掛かる。

2.3

ITサービスマネージャには，このような問題に対し，変更プロセスの改善に向けて，例えば，次のような施策を検討することが求められる。

①アジャイル開発チームへの権限の委譲，プロセスの簡素化などによるデプロイメントの迅速化

②サービスデスクでの標準変更の拡大を迅速に行うためのプロセスの見直しと利害関係者との合意

改善に向けた施策の決定に当たっては，変更要求の俊敏な対応と品質の確保の両面に配慮する必要があり，俊敏な対応を重視するあまり，品質の確保が犠牲にならないように工夫する必要がある。

あなたの経験と考えに基づいて，設問ア～ウに従って論述せよ。

設問ア　あなたが携わった(1.1)ITサービスの概要と，(1.2)既存の変更プロセスに影響を与えた環境の変化の内容について，800字以内で述べよ。

設問イ　設問アで述べた環境の変化によって影響を受けた(2.1)変更プロセスの概要，(2.2)変更プロセスに生じた問題点とその理由，(2.3)改善に向けた施策及び施策の期待効果について，800字以上1,600字以内で具体的に述べよ。

設問ウ　設問イで述べた(3.1)実施結果，評価，及び(3.2)今後の改善点について，(3.1)俊敏な対応と品質の確保の観点を含めて，600字以上1,200字以内で具体的に述べよ。

(4) 問題文にトピックを書き込む

設問イについては，趣旨にある文章を章立てに割り振ることで，各節において，どのような内容を論じればよいか分かるはずです。設問アの前半は，IT サービスの概要ですから，事前に準備した内容を問題文の趣旨に合わせて微調整すればよいでしょう。具体的には，問題のタイトルには“変更プロセスの改善”とありますので，変更プロセスを絡めて論じるとよいです。

問題は設問ウです。問題文の趣旨には，設問ウに関係する文章はありません。しかし，前述のひな型があるので，それを活用して論述すればよいでしょう。設問ウについては，ある程度は事前に設計しますが，設問イを書いていると，事前に設計した内容とは異なる展開になることもあるので，設問ウの設計には，あまり時間をかけないようにしましょう。

では，問題の趣旨を膨らませるように，直前の図にある問題文にトピックを書き込んでみましょう。トピックは，自分の経験からでも，専門知識からでも OK です。**ひとりブレーンストーミングをやる感じ**で書き込みます。

トピックを書き込んだのが次の図です。頭に浮かんだ内容をすべて書く必要はありません。論文を書き始めるまでの備忘録のようなものです。本番の試験では，次の図を作成した段階で論文設計は終了です。論文を書き始めます。論文設計に慣れていないうちは，ワークシートを作成してから論述を開始します。

慣れていないうちは，次の図を見てもチンプンカンプンだと思います。理由は論文を設計した人の，論文を論述するまでの備忘録だからです。前述の**ひな型，及びこれから説明するワークシートの記入方法が分かれば，問題の趣旨に，皆さんの実務経験や専門知識などを盛り込む形で，次の図のように問題文にトピックが書けるようになる**と考えています。したがって，ワークシートの記入方法を習得した上で，もう一度，皆さんの手で，問題文にトピックを書き込んでみてください。

このテキストでは，次図（以下，論文設計完成版という）を作成したら，論文設計完成版の設計内容をワークシートにまとめて，ワークシートを基に論述します。**本試験の場では，“論文設計完成版”を基に論述する**ことになります。これから演習を行うことで，ワークシートを頭の中で展開できるようになります。前述のひな型と一緒にワークシートの内容を覚えてしまうとよいでしょう。

【論文設計完成版】

問　環境の変化に応じた変更プロセスの改善について

2.1

IT サービスマネジメントを実践する組織では，品質の確保に留意しつつ，緊急変更を含む変更管理プロセス並びにリリース及び展開管理プロセス（以下，変更プロセスという）を既に構築・管理している。

2.2

しかしながら，俊敏な対応を求める昨今の環境の変化の影響によって，既存の変更プロセスでは，例えば，次のような問題点が生じることがある。

①アジャイル開発で作成されたリリースパッケージの稼働環境へのデプロイメントにおいて，変更プロセスの実施に時間が掛かる。

②新規のサービスをサービスデスクで作業可能とする変更要求の決定に時間が掛かる。

2.3

IT サービスマネージャには，このような問題に対し，変更プロセスの改善に向けて，例えば，次のような施策を検討することが求められる。

①アジャイル開発チームへの権限の委譲，プロセスの簡素化などによるデプロイメントの迅速化

②サービスデスクでの標準変更の拡大を迅速に行うためのプロセスの見直しと利害関係者との合意

改善に向けた施策の決定に当たっては，変更要求の俊敏な対応と品質の確保の両面に配慮する必要があり，俊敏な対応を重視するあまり，品質の確保が犠牲にならないように工夫する必要がある。

(a) 標準変更の適用
工夫
(i) サービスデスク
(ii) 開発チーム
工夫のアピール 重要
ポイント
テスト自動化 リスク小
システム間連携 リスク大

(b) 標準変更のためのチェックリストの標準化
能力アピール
チェックリストの粒度？

あなたの経験と考えに基づいて，設問ア～ウに従って論述せよ。

1.1 デプロイ高頻度　1.2 アジャイル開発手法の採用

設問ア　あなたが携わった IT サービスの概要と，既存の変更プロセスに影響を与えた環境の変化の内容について，800 字以内で述べよ。

2.1　2.2　2.3

設問イ　設問アで述べた環境の変化によって影響を受けた変更プロセスの概要，変更プロセスに生じた問題点とその理由，改善に向けた施策及び施策の期待効果について，800 字以上 1,600 字以内で具体的に述べよ。

3.1　3.2

設問ウ　設問イで述べた実施結果，評価，及び今後の改善点について，俊敏な対応と品質の確保の観点を含めて，600 字以上 1,200 字以内で具体的に述べよ。

Point ここがポイント！！！！！！！

★問題文を最大限活用して，合格論文を書く

問題文は合格論文の要約です。自分が挙げたトピックを肉付けして，要約から合格論文を作成しましょう。

ただし，問題文の引用による字数の水増し，問題文の例と一般論との組合せだけによる論旨展開は採点者によい印象は与えません。掘り下げて具体的に書くようにしましょう。

Point ここがポイント！！！！！！！

★トピックを挙げることは，論文設計を成功させる第一歩

トピックを挙げるという作業は，この時点で非常に重要な作業です。「**ブレーンストーミングを一人でやる**」という気構えでがんばってください。これができないと，論文設計が上手にできません。

5.2 【訓練４】ワークシートに記入する

それでは，問題文に書き込んだ章立てやトピック，具体的には，**“5.1”で作成した“論文設計完成版”を基に，ワークシートに記入**してみましょう。これから，ワークシートへの記入例を示しますが，これから示す記入例は分かりやすく文章で表現しています。**皆さんが記入するときは備忘録程度の記入でOK**です。

再度，確認します。**ワークシートに記入するトピックは，どこからもってくるの？** と読んでいて思うかもしれません。実務経験や専門知識を基に書いた“論文設計完成版”に，更に，実務経験や専門知識を加味して，ワークシートに記入します。

なお，この“5.2”で説明する内容は，“Just Do it 関所 No.4”において，まとめて演習しますので，実際には，まだ，記入しなくてもよいです。

（1）ワークシートを確認する

巻末にある“巻末ワークシート 3”と“巻末ワークシート 4”を切り離します。“巻末ワークシート 3”が未記入，“巻末ワークシート 4”が記入済です。“巻末ワークシート 3”については，コピーして使ってください。

これから記入方法を説明しますが，分からなくなったら，記入済の“巻末ワークシート 4”で確認するようにしてください。

では，未記入のワークシートの左側を見て，全体が設問ア，イ，ウに分かれていることを確認してください。これから，設問ア，イ，ウという順番で書き方を説明します。

（2）章立てをワークシートに記入する

章立ては，ワークシートにおいて横長の網掛部分に書込みます。問題によっては，章立てが入らない横長の網掛部分もあります。この問題では，設問ウの自由記入欄と，その上の網掛部分は空白となります。作成済みの章立てを次の図に示しているので，これをワークシートに記入していきます。

- 第１章　IT サービスの概要と環境の変化の内容
  - 1.1　IT サービスの概要
  - 1.2　既存の変更プロセスに影響を与えた環境の変化の内容
- 第２章　変更プロセスの改善
  - 2.1　変更プロセスの概要
  - 2.2　変更プロセスに生じた問題点とその理由
  - 2.3　改善に向けた施策及び施策の期待効果
- 第３章　施策の実施結果，評価，及び今後の改善点
  - 3.1　施策の実施結果，評価
  - 3.2　今後の改善点

設問アの章立てとしては，ワークシートの１段目のカラムに，“第１章　IT サービスの概要と環境の変化の内容”と記入し，その下に，“1.1 IT サービスの概要”を記入します。ワークシートの“設問ア”の“後半”の右側の網掛部分には，“1.2 既存の変更プロセスに影響を与えた環境の変化の内容”を記入します。

設問イの章立てでは，まず，ワークシートの“設問イ”の右側の最上段に，“第2 章　変更プロセスの改善”と記入し，その下に“2.1 変更プロセスの概要”と記入します。その下に網掛部分が二つあるので，順番に“2.2 変更プロセスに生じた問題点とその理由”，“2.3 改善に向けた施策及び施策の期待効果”と記入します。

設問ウの章立てでは，ワークシートの“設問ウ”の横長の網掛部分の最上段に，“第３章　施策の実施結果，評価，及び今後の改善点”，自由記入欄 4 の下に“3.1 施策の実施結果，評価”，その下の網掛部分に“3.2 今後の改善点”と記入します。

これから説明する論述例では，施策の実施結果と評価を同じ節で論じています。もし，これらを分けて論じる場合は，設問ウの自由記入欄 4 の上に“3.1 施策の実施結果”，その下の網掛けに“3.2 施策の評価”とします。

章立てを記入することについて，最初は大変かもしれませんが，慣れてくれば機械的にできると考えています。

Point ここが ポイント！！！！！！！

★ワークシートは全て埋めなくてもよい

全て埋めた“巻末ワークシート3”で論文を書くと4,000字ほどになります。設問イは7割強，設問ウは5割ほど埋まっていればよいでしょう。

Point ここがポイント！！！！！！！

★ワークシートは書けるところから書く

ワークシートは最初の第1章から書かなければならないものではありません。埋めることができるところから埋めていきます。午後Ⅰ記述式問題と同じです。最初から順番に解こうとしては時間が幾らあっても足りません。解けるところから，すなわち，書けるところから書いていきましょう。

（3）設問アの前半をワークシートに記入する

5.1 で作成した“論文設計完成版”を基に，ワークシートに記入するので，必ず，**“論文設計完成版”を参照しながら，読み進めてください。**なお，【】の中は，ワークシートの記入欄の名称を，〔〕の中は対応するひな型の名称を示しています。なお，ひな型については 5.1 の(1)で説明しています。

【特徴の明示】

〔IT サービスの特徴を明示する展開〕

設問アの前半では，高い頻度で IT サービスの概要について問われているので，事前に用意した IT サービスの概要を試験では活用するとよいでしょう。具体的な，IT サービスの概要の論述の仕方については後述します，ワークシートの記入では，IT サービスの特徴を決めておけばよいでしょう。

“⇒”の後に**“IT サービスの特徴”**の記入例を示します。

【特徴の明示】

⇒“健康管理サービスでは，IT サービスの特徴としては，機能の追加・変更が頻繁に発生するという点を挙げることができる。”

（4）設問アの後半をワークシートに記入する

【問われている内容の明示】

〔問われている内容を明示する展開〕

既存の変更プロセスに影響を与えた環境の変化の内容について問われています。

【問われている内容の明示】

⇒環境の変化の内容としては，競合他社との競争が激化したため，健康管理サービスにおいて機能の追加・変更が頻繁に発生するアジャイル開発という開発手法を採用したことである。

（5）設問イをワークシートに記入する

【自由記入欄１】

〔問われている内容を明示する展開〕

自由記入欄 1 では，“2.1 変更プロセスの概要”という章立てに従って，変更プロセスについて論じます。

【自由記入欄１】

⇒変更管理プロセスでは，変更要求を主にリスク面から評価して，リスクが低減されていることを確認した上で，リリースパッケージを安全に本番環境に移行する。そのため，変更管理プロセスでは，リリース管理及び展開管理をコントロールしている。

【自由記入欄２】

〔問われている内容を明示する展開〕

〔IT サービスの特徴を踏まえる展開〕

〔課題を明示する展開〕

自由記入欄 2 では，“2.2 変更プロセスに生じた問題点とその理由”という章立てに従って，問題点と理由について論じます。IT サービスの特徴を踏まえる展開を盛り込んでいますが，この展開は，設問アの前半で IT サービスの特徴を明示した後ならば，どこでもよいです。特に制約はありません。

【自由記入欄２】

⇒機能の追加・変更が頻繁に発生するという IT サービスの特徴を踏まえると，頻繁に発生する変更プロセスに時間がかかることが理由で，アジャイル開発手法の長所を活かすことができないという問題点が生じる。具体的には，アジャイル開発ではイテレーションと呼ばれる一連の開発サイクルが 1 週間から 2 週間と短いため，変更プロセスにおいて最長で 1 週間待たされると，アジャイル開発自体に支障が生じるからである。変更プロセスに時間がかかるためにアジャイル開発手法の長所を活かすことができないという問題点に対して，変更プロセスの時間短縮が課題となった。

【自由記入欄３（左側）】

〔専門家としての考えをアピールする展開第 1 パターン〕

〔課題を明示する展開〕

自由記入欄 3 と，自由記入欄 3 から下の設問イの記入欄を使って，“2.3 改善に向けた施策及び施策の期待効果”という章立てに従って，施策と施策の期待効果について論じます。自由記入欄 3 から下の設問イを列二つに分けて，(a)標準変更の適用，(b)標準変更を適用できるリリースパッケージのチェック項目の標準化，という二つの改善について論じます。

先に左側の列の“(a)標準変更の適用”について論じ，その後に，“(b)標準変更を適用できるリリースパッケージのチェック項目の標準化”について論じます。

【自由記入欄3（左側）】

⇒(a)標準変更の適用

私は，アジャイル開発ではレグレッションテストが自動化されていることからテスト不足がリスク要因となるインシデント発生のリスクが少ないリリースパッケージがあると考え，標準変更を適用という施策を講じることとした。その際，標準変更を実施する部署をどこにするかという課題が生じた。

【工夫をアピールする展開（左側）】

〔工夫をアピールする展開第１パターン〕

〔問われている内容を明示する展開〕

標準変更を実施する部署をどこにするかという課題に対して，活動案を挙げて，工夫や専門家としての考えをアピールします。最後に期待効果を明示します。

【活動案１（左側）】

⇒(1)サービス要求としてサービスデスクにおいて対応する。

【活動案２（左側）】

⇒(2)アジャイル開発グループに権限を委譲してアジャイル開発グループでリリースパッケージのリリースとデプロイを実施する。

【選択した活動と選択した根拠や考え（左側）】

⇒(1)を採用することにした。なぜならば，サービスデスクがリリース・デプロイというサービス要求を処理していることで，サービスデスクでの対応が円滑に進み，品質の確保面では優れていると考えたからである。

期待効果としては，変更プロセスの所要日数を最長 1 週間から最長 2 日間に短縮することを設定した。

なお，“(a)標準変更の適用”に関わる能力をアピールする展開については，既に十分な論述量があるために記入しないこととしました。次の“(b)標準変更を適用できるリリースパッケージのチェック項目の標準化”においては，能力をアピールする展開を記入します。

【自由記入欄3（右側）】

〔専門家としての考えをアピールする展開第２パターン〕

左側の列の“(a)標準変更の適用”については記入し終えたので，“(b)標準変更を適用できるリリースパッケージのチェック項目の標準化”に関わる内容を記入します。

【自由記入欄３（右側）】

⇒(b)標準変更を適用できるリリースパッケージのチェック項目の標準化
標準変更を適用できるリリースパッケージをチェックし，標準変更可となったリリースパッケージだけを標準変更として扱うことにし，その際のチェック項目を標準化した。なぜならば，例えばリスクの大きいシステム間連携部分の変更があるため，アジャイル開発からのリリースパッケージのすべてが，リスクが少ないわけではないと考えたからである。

【能力をアピールする展開（右側）】

〔能力をアピールする展開〕
〔工夫をアピールする展開第２パターン〕
〔問われている内容を明示する展開〕

ただし～という展開を盛り込んで採点者に能力をアピールします。更に，困難な状況からのブレークスルーを表現して，工夫についても採点者にアピールします。最後に期待効果を明示します。

【選択した活動により生じる新たな課題・リスク（右側）】

⇒ただし，チェックリストの作成が新たな課題となった。チェックリストの粒度をどのように設定したら，効果的かつ効率的になるのか分からないという難しい問題に直面した。

【新たな課題・リスクを解消するための活動（右側）】

⇒そこで私は，IT サービスの品質への影響をモニタリングしながら徐々にチェックリストの有効性を高めればよいと考え，過去のアジャイル開発に関わるインシデント履歴などを基に，チェックリストを作成することにした。期待効果として，標準変更の適用率は 90％を目標にした。

（6）設問ウの前半をワークシートに記入する

設問ウの前半には，“3.1 施策の実施結果，評価”が該当します。

【活動評価】

〔実施状況や実施結果を明示する展開〕

設問では実施結果について問われています。設問イでは“(a)標準変更の適用”，“(b)標準変更を適用できるリリースパッケージのチェック項目の標準化”という施策について論じているので，設問ウでは施策ごとに実施結果を論じて評価します。必要ならば施策を総合的に評価します。

【活動評価】

⇒(a)標準変更の適用：俊敏な対応の観点から，もし標準変更の適用という施策を実施しなかった場合，頻繁に通常変更を実施する手続をしたとしても，リスクを評価する必要があるため，少なくとも 3 日間は待たされることになる。これではアジャイル開発における効率性が低下して，開発が遅延するなどの問題が生じていたと考える。施策の実施結果として，期待効果どおりに変更プロセスの所要日数を最長 1 週間から最長 2 日間に短縮できた。これを根拠に，俊敏な対応の観点から施策は成功であったと評価する。

【活動評価】

⇒(b)標準変更を適用できるリリースパッケージのチェック項目の標準化

期待効果として，標準変更の適用率は 90%を目標にした。実施結果としては，実際の適用率は 92%であった。したがって，俊敏な対応の観点から，達成率 102%で成功であったと評価する。

【活動評価】

⇒二つの施策を総合して評価すると，品質の確保の観点からは，インシデントの発生状況が他の IT サービスと同等なことを根拠に，十分な品質を確保できたと評価する。

【活動評価】

〔問題把握能力をアピールする展開〕

この問題では，設問ウの後半で，今後の改善点について問われています。そこで，設問イの前半の評価において問題点を挙げて，それを課題として明示して，採点者に問題把握能力をアピールします。この問題把握能力をアピールする展開は，“(a)標準変更の適用”に関わる内容なので，“(a)標準変更の適用”の記述が終わった後，“(b)標準変更を適用できるリリースパッケージのチェック項目の標準化”の直前に挿入します。

なお，設問ウにおいて，今後の改善点や課題について問われていない問題については，章立てにおいて課題や改善点の節を設定して，これらを論じる必要はありません。

【活動評価】

⇒ただし，品質面についても重視したため，サービスデスクが標準変更としてリリースパッケージをデプロイしている。そのため，アジャイル開発グループにリリースパッケージのデプロイを委譲した場合と比較して，手続の簡略化が不十分である。これは IT サービスの品質面で確保を重視した結果である。今後の課題としては，品質面を確保しながら，アジャイル開発グループにデプロイ権限を委譲して，俊敏な対応を推進することである。

【活動評価】

〔成功要因をアピールする展開〕

可能ならば成功要因をアピールします。この問題では，趣旨にある“改善に向けた施策の決定に当たっては，変更要求の俊敏な対応と品質の確保の両面に配慮する必要があり，俊敏な対応を重視するあまり，品質の確保が犠牲にならないように工夫する必要がある”という記述に沿って，成功要因を明示しています。

【活動評価】

⇒今回の施策の成功要因としては，俊敏な対応を目指しながら IT サービスの品質の確保を疎かにしなかった点を挙げることができる。

（7）設問ウの後半をワークシートに記入する

最後です。気を抜かないで改善点を考えてみましょう。今後の改善点では，問題のタイトルにあるキーワードを必ず使って，問題の趣旨に沿った内容にすべきです。この問題では“変更プロセス”が該当します。

【改善点】

〔改善点をアピールする展開〕

今後の改善点は，設問ウの前半で挙げた課題を踏まえるとよいでしょう。

【改善点】

⇒俊敏な対応を推進するという課題についての今後の改善点は，次のとおりである。

(a)インシデントの発生状況を踏まえて，標準変更適用の可否を判断するリリースパッケージへのチェックリストを整備する。(b)整備したチェックリストを基に，アジャイル開発グループにデプロイ権限を委譲してもよいリリースパッケージのチェックリストを作成する。(c)チェックリストを基に品質が確保されていると判断されたリリースパッケージについては，アジャイル開発グループにデプロイ権限を委譲する。

Point ここが ポイント！！！！！！！

★書いたことを“真”とする

論文設計は重要ですが，ワークシートに忠実に論述する必要はありません。書いたことを“真”として筆を進めることも，制限時間内に書き終えるためには必要です。

論文の一貫性は書きながら確保しましょう。

Just Do it！ 関所 No.4

「本番の試験において，このように時間の掛かる作業をやっている時間はないよ」と感じている皆さん，安心してください。本番でやる作業はもっとシンプルです。本番では，設問文を線で囲って数字を書いて章立てをして，各章各節と問題文の趣旨にある文章とを関連付けるだけです。本書の第 1 章の図表 1-3 の「受験中に書く論文設計の例」にある作業に倣うだけです。これなら，時間はかかりません。問題冊子を開いてから，(1)問題を読む，(2)問題を選択する，(3)論文を設計する，(4)設問アの論述を終了する，まで 40 分以内にできそうです。

「演習と言っても，ワークシートの記入済シートがあるでしょ。なぜ，同じことをするの？」と思っている皆さん，論文では，正解例がありません。記入例は私の経験や専門知識に基づいて書いたものです。皆さんの経験や専門知識に基づいて論文を設計することが重要です。そうしないと，本番で論述することはできません。時間のかかる作業ですが，皆さんの経験や専門知識を活用して，論文を設計してみましょう。

“巻末ワークシート 2”の“【訓練 3】問題文にトピックを書き込む（演習問題）”にある問題を使って，演習を行い，本書の 5.1 の(4)の“論文設計完成版”のように，問題文上に論文を設計します。論文設計する内容については，まずは，本書と同じように設計して，本書と同じ論文設計ワークシートを作成してみます。まずは，まねをして論述テクニックを頭に定着しやすくします。

ここの演習における主な手順は次の二つです。その前に，巻末ワークシート2にある問題と，巻末ワークシート 3 をコピーします。演習内容が分からない場合は，巻末ワークシート4を参考にしましょう。

①論文設計完成版の作成

具体的には，5.1 を読んで，巻末ワークシート2にある問題に，章立てやトピックの記入などの作業を行い，[論文設計完成版] を完成させる。

②論文設計ワークシートの作成

具体的には，5.2 を読んで，[論文設計完成版] から，巻末ワークシート3に記入を行い，[論文設計ワークシート完成版] を作成する。

この演習では，ひな型と論文設計ワークシートを，頭にしっかりと入れてください。そのようになれば，論文設計ワークシートは不要となり，論文設計完成版を作成すれば，論文を書けるようになるはずです。

なお，論文設計ワークシートに記入する内容は，皆さんが分かればよいので，本書のようにていねいに書く必要はありません。

では，演習を始めましょう。

Point ここが ポイント！！！！！！！！

★章立ての際，設問文にある“～とともに”には気を付ける

設問文の終わりに“～を含めて”や“～とともに”という記述のある設問では，キーワードの出現順に章立てをすると，論旨展開が不自然になることがあります。しっかりと設問文を理解して論旨展開を考えた上で，章立てをするようにしましょう。

Just Do it！ 関所 No.5

“Just Do it！ 関所 No.4”において確認した論述テクニックを確実に頭に定着させるために，**皆さんの実務経験や専門知識を基に**，オリジナル記入済ワークシートを作成してみましょう。

ここの演習における主な手順は，“Just Do it！ 関所 No.4”と同じで，次の二つです。

①論文設計完成版の作成

章立てについては，“Just Do it！ 関所 No.4”と同じにしてください。

②論文設計ワークシートの作成

ワークシートは，全て埋める必要はありません。設問イの部分については７割ほど埋まればよいでしょう。

では，演習を始めてください。

5.3 【訓練５】ワークシートを基に論述する

論文の書き方について，設問アの前半と後半，設問イ，設問ウの前半と後半と，全体を 5 分割して，それぞれについて，論述のポイントを説明します。“巻末ワークシート 4”の“【訓練 4】ワークシートに記入する（記入済）”の左側に，（設問ア前半），（設問ア後半）などと記入されていることを確認してください。なお，設問イは分割しません。

記入済ワークシートは，論述テクニックを照会するために，すべてのパターンを盛り込んでいます。そのため，これから示す**論述例は問題文で指定されている制限文字数を超過する可能性がある**点をご了承ください。実際には，ワークシートの設問イの部分については，7 割ほど埋まればよいと考えます。

重ねて述べますが，論文設計は重要ですが，**論文としての一貫性は，論述しながら確保するので，ワークシートの内容と論述内容には違いが生じています。**

①，②，③～，(1)，(2)，(3)～や，(i),(ii)～などの表記方法について，ここでは論述例を説明するためにも番号を使っているので，ワークシートと論述例では表記方法が異なるケースがあります。皆さんが論述する際には，①，②，③などを使うとよいでしょう。

（1）設問アを論述する

“巻末ワークシート４”の“【訓練4】ワークシートに記入する（記入済）”の設問アの箇所を参照

設問アの前半では，IT サービスの概要について問われます。したがって，事前に準備しておくようにします。字数については，800 字以内という条件が設定されています。できれば，700 字以上，書くようにしてください。根拠は，公開模試の採点では，合格レベルの論文の設問アは 700 字以上書かれているからです。慣れてきたら，解答用紙の最後の行まで書いてみましょう。

以下の□については，論述の際のチェック項目と考えてください。

（a）設問アの前半を書く

多くの問題では IT サービスの概要について問われます。次の点に留意して論述します。

□情報システムの概要にならない

□IT サービスの特徴は簡潔に示す

□質問書に書いた内容と重複する内容を，過度に書かない

□400 字前後で書く

IT サービスの概要では，問題文の趣旨や設問文に“IT サービスの特徴を踏まえて”などと書かれている場合は，IT サービスの特徴を明示します。当該問題では，IT サービスの特徴について言及されていませんが，論述例に含めます。

論述のポイントを次に示します。

①どのような業種の組織における IT サービスかを示す。
②設問アの後半で論じる内容に寄せて，設問アの前半の終りの部分を論じる。
③特徴を明示する展開のひな型，“IT サービスの特徴としては，～を挙げることができる”を活用する。

以上のポイントを踏まえてワークシートを基に論述すると，次のようになります。①～③は，次の論述例の下線①～下線③に対応していますので，参考にしてください。

ここからは，論述テクニックを紹介するため，規定字数を超える論述例になっている場合があります。

第１章　ITサービスの概要と環境変化の内容
１．１　ITサービスの概要
①A社は，スポーツウェアに加え，健康をテーマとした
製品としてランニングウォッチや体組成計などの健康機 100字
器を製造・販売している。A社は自社製健康機器と連携
するスマートフォンのソフトウェア（以下，スマホアプ
リ）によるITサービスを提供することになった。
②スマホアプリの開発では，従来型のサービスにとどま 200字
らず，健康機器の利用者の体験価値に着目して，適宜，
新サービスを提供することを重視する。そのため，スマ
ホアプリが提供する健康管理サービスでは，③ITサービス
の特徴としては，機能の追加・変更が頻繁に発生すると 300字
いう点を挙げることができる。

(b) 設問アの後半を書く

設問アの後半から，問題によって問われる内容が異なります。次の点に留意して論述します。

□問われている内容について，我田引水して論じない。
□IT サービスマネージャの立場など，解答者の立場を示す。
□可能ならば設問ア全体で 700 字以上書く。

設問で問われている内容は，章立てのタイトルの中に含まれているので，章立てにあるキーワードを使って明示的に論じます。論述のポイントを次に示します。

①問われている内容を明示する展開のひな型，“(問われている内容）は～”，あるいは,”(問われている内容）としては～”などを活用する。
②設問イにつなげる文章を含める。

なお，設問イにつなげる文章については，自分の立場や所属，設問イで述べる活動の概要などを含めればよいでしょう。

以上のポイントを踏まえてワークシートを基に論述すると，次のようになります。

1．2　既存の変更プロセスに影響を与えた環境の変化の内容

①環境の変化の内容としては，競合他社との競争が激化したため，健康管理サービスにおいて機能の追加・変更が頻繁に発生するアジャイル開発という開発手法を採用したことである。そのため，リリース及び展開の頻度が増えることで，変更プロセスにおける変更諮問委員会の作業負荷が増大するという問題や，更に緊急変更も発生することも想定できることから，緊急変更諮問委員会の開催頻度も高くなるという問題が想定できた。これらの問題に対して，リリース及び展開管理において，アジャイル開発にかかわる多くの変更要求を通常変更から標準変更に移行することで，問題を回避できると考えた。

②私は，A社のIT部門に所属するITサービスマネージャの立場で，変更プロセスおける標準変更の適用を推進して，次のように，環境の変化に応じた変更プロセスを改善して，俊敏な対応を品質の確保を実現した。

Point ここがポイント！！！！！！！

★ITサービスの概要を事前に準備する

設問アの前半であるITサービスの概要に時間を要していては，2時間で論文を書き終えることはできません。ITサービスの概要を事前に準備して，短縮できた時間を設問イや設問ウに割り当てましょう。ただし，インシデント管理について問われた問題では，インシデント管理に寄せて書くことも重要です。

（2）設問イを論述する

“巻末ワークシート４”の“【訓練4】ワークシートに記入する（記入済）”の設問イの箇所を参照

これから設問イの論述方法を説明します。

合格を決める第一ポイントは，設問イ後半なので，前半に注力しないようにします。具体的には，この問題では設問イの前半で問われている変更プロセスの概要をしっかりと書いても合格を決めることは難しいということです。

採点者は，設問イを読み終えた段階で，仮採点をする可能性が高いです。仮採点の前に採点者が読むのは，設問イの後半です。したがって，800 字を超過したからと安心しないようにしてください。しっかりと論旨展開することが合格には必須です。

設問イの論述文字数は，800 字以上 1,600 字以内です。少なくとも，解答用紙の 800 字のラインを超えて，次ページまで書くようにしてください。過剰なインデントについては不要です。

□空白行を入れない。
□過剰なインデントをしない。
□問題の趣旨を無視しない。
□設問イの後半よりも，設問イの前半に注力し過ぎない。
□800 字未満になるので，解答用紙の 800 字のラインで論述を終わらせない。
□800 字を超過したからと，工夫や能力をアピールせずに設問イを終わらせない。

設問イにおける論述のポイントを次に示します。

①問われている内容を明示する展開のひな型，“(問われている内容）は～”，あるいは，“(問われている内容）としては～”などを活用する。
②IT サービスの特徴を踏まえる展開のひな型，“～という IT サービスの特徴を踏まえると～”を活用する。
③課題を明示する展開のひな型，“～ということが課題となった”を活用する。
④専門家としての考えをアピールする展開第 1 パターンのひな型，“～と考え～”を活用する。
⑤工夫をアピールする展開第 1 パターンのひな型，“～という課題があった。そこで私は(1)～，(2)～という案を検討した。その結果，(1)を選択した。なぜならば，～と考えたからである”を活用する。
⑥専門家としての考えをアピールする展開第 2 パターンのひな型は，“なぜならば，～”を活用する。
⑦能力をアピールする展開のひな型，“ただし，～という新たな課題が生じた。そこで私は～”を活用する。
⑧工夫をアピールする展開第 2 パターンのひな型，“～という難しい問題に直面した。そこで私は～”，あるいは，“困難な状況であった。そこで私は～”を活用する。

この問題において，趣旨に沿った論文にするためには，趣旨にある，どの文章が重要かを考えてみてください。そうです。「〜重要である」，「〜必要である」という語尾の文章に着目すればよいです。該当する文章は，“改善に向けた施策の決定に当たっては，変更要求の俊敏な対応と品質の確保の両面に配慮する必要があり，俊敏な対応を重視するあまり，品質の確保が犠牲にならないように工夫する必要がある”です。趣旨に沿った論文にするためには，この展開を論文に盛り込む必要があります。次の論述例では，工夫をアピールする展開第1パターンのひな型を活用して，趣旨に沿って工夫をアピールしています。

以上のポイントを踏まえてワークシートを基に論述すると，次のようになります。

第2章　変更プロセスの改善

2．1　変更プロセスの概要

①変更管理プロセスでは，変更要求を主にリスク面から評価して，リスクが低減されていることを確認した上で，リリースパッケージを安全に本番環境に移行する。そのため，変更管理プロセスでは，リリース管理及び展開管理をコントロールしている。通常変更の場合，変更管理プロセスは週1回開催される変更諮問委員会が中心となり運用される。ただし，緊急変更が生じた場合，緊急諮問委員会が任意のタイミングで招集され，緊急対応を行う。

2．2　変更プロセスに生じた問題点とその理由

アジャイル開発では，頻繁に稼働環境へのデプロイメントが生じるため，通常変更の手順を採用した場合，週1回開催する変更諮問委員会では，最長1週間待たされることになる。②機能の追加・変更が頻繁に発生するというITサービスの特徴を踏まえると，①頻繁に発生する変更プロセスに時間がかかることが理由で，アジャイル開発手法の長所を活かせないという問題点が生じる。具体的には，アジャイル開発ではイテレーションと呼ばれる一連の開発サイクルが1週間から2週間と短いため，変更プロセスにおいて最長で1週間待たされると，アジャイル開発自体に支障が生じるからである。③変更プロセスに時間がかかるためにアジャイル開発手法の長所を活かせないという問題点に対して，変更プロセスの時間短縮が課題となった。

2．3　改善に向けた施策及び施策の期待効果

変更プロセスの時間短縮という課題に対し，次の二つの施策を講じた。

(a)　標準変更の適用

アプリケーションソフトウェアのリリースは，通常では，通常変更となる。④そこで私は，アジャイル開発では

レグレッションテストが自動化されていることを根拠に，テスト不足がリスク要因となるインシデント発生のリスクが少ないリリースパッケージがあると考え，リスクが少ないリリースパッケージについては，(a)通常変更ではなく標準変更を適用という施策を講じることとした。その際，⑤標準変更を実施する部署をどこにするかという課題が生じ，次の二案を検討した。

(1) サービス要求としてサービスデスクにおいて対応する

(2) アジャイル開発グループに権限を委譲してアジャイル開発グループでリリースパッケージのリリースとデプロイを実施する

　検討した結果，(1)を採用することにした。なぜならば，(2)を採用すればアジャイル開発グループに権限が委譲されるので俊敏な対応が実現されるが，品質が犠牲になりかねない。一方，リリースパッケージが原因となりインシデントが発生し，それをサービスデスクが対応した場合を考えると，(1)を採用することで，サービスデスクがリリース・デプロイというサービス要求を処理していることで，状況の把握が容易となるため，サービスデスクでの対応が円滑に進み，品質の確保という面では優れていると考えたからである。

　以上のように，リスクの少ないリリースパッケージの場合では標準変更を適用して，サービスデスクでの対応でリリース及びデプロイメントが完了できるように，標準変更の手順を標準化した。①期待効果としては，変更プロセスの所要時間を最長１週間から最長２日間に短縮する，を設定した。

(b) 標準変更を適用できるリリースパッケージのチェック項目の標準化

　標準変更を適用できるリリースパッケージをチェックし，標準変更可となったリリースパッケージだけを標準変更として扱うことにし，その際のチェック項目を標準化した。⑥なぜならば，例えばリスクの大きいシステム間連携部分の変更があるため，アジャイル開発からのリリースパッケージのすべてが，リスクが少ないわけではないと考えたからである。具体的には，チェックリストを作成して，すべてのチェック項目に該当しない場合に限って，標準変更を適用できるようにした。

　チェックの手順としては，(1)アジャイル開発グループがリリースパッケージごとにチェックリストを基にチェックを行う，(2)サービス要求を実施するサービスデスクでチェックの結果を確認してリリースパッケージの標準変更の可否を判断する，を設定した。
　⑦ただし，チェックリストの作成が新たな課題となった。
　⑧チェックリストの粒度をどのように設定したら効果的かつ効率的になるのか分からないという難しい問題に直面した。具体的には，初めから厳しいチェックリストを作成すると，リリースパッケージに対して標準変更が適用できずに通常変更が適用されるケースが増えてしまい，改善の効果が得られないからである。そこで私は，ITサービスの品質への影響をモニタリングしながら徐々にチェックリストの有効性を高めればよいと考え，過去のアジャイル開発に関わるインシデント履歴などを基に，チェックリストを作成することにした。
　チェックリストが厳しすぎて，標準変更を適用できないリリースパッケージばかりでは，問題を解消することはできない。したがって，①期待効果として標準変更の適用率90％を設定した。
　このようにして私は，ITサービスの品質が犠牲にならないように，俊敏な対応を実現した。

Point ここがポイント！！！！！！！

★「対策」を書く前に「課題」を明示する

　対策の妥当性を採点者に理解してもらうために，課題を示しましょう。

★“なぜならば”と書いて根拠を示して，採点者に気持ちよく読んでもらう

　採点者がスラスラと読み進められる論文を書くための基本です。

（3）設問ウを論述する

“巻末ワークシート４”の“【訓練4】ワークシートに記入する（記入済）”の設問ウの箇所を参照

設問イを書き終えたからと安心して，集中力を低下させないことが，設問ウでは重要です。読んでいると，解答者の集中力の低下が採点者に伝わるからです。

設問ウでは，設問イで述べた施策や活動についての評価が問われる頻度が高いです。もし，設問ウでも設問イと同様に，IT サービスマネージャとしての活動が問われた場合，設問イと同様に考えて論文設計をして論述してください。ただし，設問ウは 600 字以上 1,200 字以内ですから，字数は設問イよりも少なくてよい点に留意してください。

（a）設問ウの前半を書く

設問ウの前半では高い頻度で，設問ウで述べた施策への評価について問われます。なお，公開模試の論文では，評価において，9 割くらいの論文が「成功であった」，「効果的であった」と書いています。設問ウの前半における留意点を次に挙げます。

□評価において自画自賛にならない

設問ウの前半における論述のポイントを次に挙げます。

①“含めて”を明示する展開のひな型は，“（問われている内容）は～”，あるいは，“（問われている事項）としては～”を活用する。

②評価する展開パターン 2 のひな型，“もし，～という施策を実施しなかった場合，～となっていたと推測できる。したがって，～という施策は～と評価する”を活用する。

③実施状況や実施結果を明示する展開のひな型，“～の実施結果（実施状況）については～”を活用する。

④評価する展開パターン 3 のひな型，“～という施策については，～を根拠に，～と評価する”を活用する。

⑤問題把握能力をアピールする展開のひな型，“今後の課題としては，～を挙げることができる”を活用する。

⑥評価する展開パターン 1 のひな型，“～という期待効果を達成度～で達成した。したがって，～という施策は～と評価する”を活用する。

⑦成功要因をアピールする展開のひな型，“成功要因としては，～を挙げることができる”を活用する。

以上のポイントを踏まえてワークシートを基に論述すると，次のようになります。

第３章　施策の実施結果，評価，及び今後の改善点

３．１　施策の実施結果，評価

　次に施策ごとに実施結果と評価を論じる。

(a) 標準変更の適用

　アジャイル開発のイテレーションのサイクルは，当該改善を計画中の状況では，決まっていなかったが，実際には１週間となった。①俊敏な対応の観点から，②もし標準変更の適用という施策を実施しなかった場合，頻繁に通常変更を実施する手続をしたとしても，リスクを評価する必要があるため，少なくとも３日間は待たされることになる。これではアジャイル開発における効率性が低下して，開発が遅延するなどの問題が生じていたと考える。③施策の実施結果として，④期待効果どおりに変更プロセスの所要日数を最長１週間から最長２日間に短縮できた。これを根拠に，俊敏な対応の観点から施策は成功であったと評価する。

　ただし，品質面についても重視したため，サービスデスクが標準変更としてリリースパッケージをデプロイしている。そのため，アジャイル開発グループにリリースパッケージのデプロイを委譲した場合と比較して，手続の簡略化が不十分である。これはITサービスの品質面で確保を重視した結果である。⑤今後の課題としては，品質面を確保しながら，アジャイル開発グループにデプロイ権限を委譲して，俊敏な対応を推進することである。

(b) 標準変更を適用できるリリースパッケージのチェック項目の標準化

　⑥期待効果として，標準変更の適用率は90％を目標にした。実施結果としては，実際の適用率は92％であった。したがって，俊敏な対応の観点から，達成率 102 ％で成功であったと評価する。

　これら施策を総合して評価するために，①品質の確保の観点から，インシデントの発生状況を当該ITサービスと，他の類似しているITサービスを比較することにした。その結果，④可用性に関わる稼働率が他の類似したITサービスと同等なことを根拠に，十分な品質を確保できたと判断する。

　⑦今回の施策の成功要因としては，俊敏な対応を目指しながらITサービスの品質の確保を疎かにしなかった点を挙げることができる。

Point ここが ポイント！！！！！！！

★百里の道も九十九里が半ば

論文を採点していると，明らかに集中力が落ちて書かれた設問ウを読むことがあります。採点者が採点直前に読むのは，設問ウに関する論述です。しっかりと最後まで集中して論述を終えるようにしてください。

（b）設問ウの後半を書く

設問ウの後半における留意点を次に挙げます。

□改善点を論じる際に，役割と対象者像に書かれている内容を，“今後，～できるようになりたい”などと書いて，自分が IT サービスマネージャとして不適格なことを，採点者にアピールしない。

□問題のテーマから外れた内容を改善点で論じない。

設問ウの後半における留意点を次に挙げます。

①“今後の改善点をアピールする展開のひな型は，“～という課題については～，今後の改善点としては～を挙げることができる”。

②問題文のタイトルにあるキーワードを盛り込んで，今後の改善点を論じる。

③最後を“－以上－”で締めくくる。

以上のポイントを踏まえてワークシートを基に論述すると，次のようになります。

３．２　今後の改善点 1000字

①品質面を確保しながら，アジャイル開発グループにデプロイ権限を委譲して，俊敏な対応を推進するという課題についての今後の改善点は，次のとおりである。

(1)インシデントの発生状況を踏まえて，アジャイル開発グループと協同で標準変更適用の可否を判断するリリースパッケージへのチェックリストの精度を上げる。(2)精度が上がったチェックリストを基に，アジャイル開発グループにデプロイ権限を委譲可能なリリースパッケージを抽出する仕組みを構築する。(3)チェックリストを基に品質が確保されていると判断されたリリースパッケージについては，アジャイル開発グループにデプロイ権限を委譲する。

以上のように，ITサービスの品質を確保しながら，更なる変更プロセスの俊敏な対応を実現することを，②変更プロセスの改善計画として実施する。

③－以上－ 1400字

（欄外の字数目盛り：1100字，1200字，1300字）

Point ここがポイント！！！！！！！

★設問ウでは，問われていることをしっかりと論じましょう

公開模試では，設問文で問われている評価に関する論述を疎かにして，問われていない改善点について，節を設定して，しっかりと論じている論文が散見されます。問われていない内容を論じた場合，減点要因になりかねないので，設問文において問われている内容をしっかりと論述するようにしましょう。

Just Do it！ 関所 No.6

“Just Do it 関所 No.5 で作成した，皆さんの実務経験や専門知識を基に作成したワークシートを使って，“【訓練 5】ワークシートを基に論述する”を実際に演習して，オリジナルの論文を書いてみましょう。

“巻末ワークシート 6”にある原稿用紙は，本試験で使用する解答用紙に合わせて作成しています。“巻末ワークシート 6”の１枚分をコピーすると２枚の 400 字原稿用紙（25 字×16 行＝400 字）になります。設問アは 2 枚，設問イは４枚，設問ウは３枚，合計９枚の原稿用紙が必要になります。

論述の際は，本試験の仕様に合わせて，設問アは先頭ページから，設問イは３ページ目から，設問ウは，７ページ目から論述するようにしてください。

最初の論述は，13 時間ほどかかる人もいます。他人が書いた論文を書き写すだけで２時間以上かかることもあります。それでも，合格できるようになりますので，がんばりましょう。

論文を書き終えたら，第三者に読んでもらい，分かりやすい文章になっているかを確認してもらうとよいでしょう。自分でも，趣旨にある“～必要である”や“～重要である”などを含む文章に着目して趣旨に沿って書いているか，工夫や専門家としての考えをアピールしているか，IT サービスの特徴を踏まえて論じているか，自画自賛の評価になっていないか，改善点が問題のテーマから外れていないか，などの観点から評価して，課題を明らかにし，演習を繰り返して合格論文を目指しましょう。

Point ここが ポイント！！！！！！！

★「運用ツールを作成した」というトピックでは，特に重視した仕様と重視した根拠を書く

システム開発とITサービスマネージャを兼任している方の論文の場合，「運用ツールを作成した」という工夫点を挙げるケースが多いです。事実を書いただけでは工夫したことをアピールすることはできません。特に重視した運用ツールの仕様と重視した根拠を必ず書いて，ITサービスマネージャとしての考え方をアピールしましょう。

★インシデント報告書は，問題や課題の宝庫

対策は分かっていても，十分な論旨展開が必要となるため，設問イの最初から対策を書くことはできないという場合，インシデント報告書を分析して課題や問題を明らかにするという展開を使うことができます。分析方法には，「パレート図」を使った分析方法などがあります。

皆さんも，論文を書いてみてください。書いた後は必ず見直しをしてください。しっかりと，誤字脱字をチェックしましょう。主語と述語の掛かり受けについても同様です。

Point ここが ポイント！！！！！！！

★論文を最後まで書いたら，2分間休んでから論文を見直す

書いた論文を見直す習慣を付けましょう。そのためには，まずは休むことから始めます。

★論文設計は重要ですが，設計内容に忠実に論文を書く必要はない

筆に任せて書くことも重要です。書いてしまったら，その内容を生かして論文を書き続けることも，時間内に論文を書き終えるためには必要なことです。

第6章

添削を受けて書き直してみる

6.1　2 時間以内で書く論文の設計をする
(1)2 時間以内で書く論文の設計をする
第 5 章では，全ての論述テクニックを紹介したため，結果的には，規定字数を超える論述例になっています。では，規定字数内で書くようにすると，ワークシートをどのくらい埋めればよいかを確認しておきましょう。

6.2　添削を受けてみる
(1)添削を受けてみる
次に論文の添削をします。公開模試における論文の採点の経験を基に，論文における指摘対象，すなわち，添削の対象となる箇所の発生頻度を示しながら，添削しています。
(2)採点結果を確認する
添削された論文の点数を確認します。60 点以上が A 判定の合格レベル，50 点以上 59 点までが B 判定の不合格レベルです。

6.3　論文を書き直してみる
(1)論文を書き直す
添削での指示を基に論文を書き直します。
(2)書き直した論文の採点結果を確認する
添削内容を基に書き直した論文の点数を確認しましょう。

6.1　2 時間以内で書く論文の設計をする …………………… 114
6.2　添削を受けてみる …………………………………… 115
6.3　論文を書き直してみる ……………………………… 120

6.1 2時間以内で書く論文の設計をする

第5章では，全ての論述テクニックを紹介したため，結果的には，規定字数を超える論述例になっています。では，2時間以内，規定字数内で書くようにすると，ワークシートをどのくらい埋めればよいかを確認しましょう。

(1) 2時間以内で書く論文の設計をする

論文を規定字数内に収め，2時間以内で書ける論文の設計をするために，ワークシートにある設問イの部分のカラムを，7割くらい埋めればよいでしょう。

“巻末ワークシート 4” (以下，ワークシート 4 という) では，設問イの記入欄がほとんど埋まっていました。このワークシートを基に，設問イの記入量を7割ほどに絞ったワークシートを作成して，“巻末ワークシート 5　2時間で書ける分量に絞ったワークシート (記入済)” (以下，ワークシート 5 という) に掲載しています。

まず，“ワークシート 4” と “ワークシート 5” の記入内容を対比させてみましょう。設問アや設問ウについては，若干の違いしかありませんが，設問イについては記入量が減っていることを確認してください。

これから，“ワークシート 5” の内容を基に論述します。ただし，次の節の “6.2” に掲載している論文は，添削を受ける都合上，改善すべき点を多く含む論文であることに留意してください。具体的には，“6.2” に掲載している論文は，“ワークシート 5” の内容を十分に反映した論文ではない，ということです。

なお，“ワークシート 5” の内容を十分に反映した論文は，“6.3 論文を書き直してみる” に掲載しています。次節の添削指示では，コメントの中に “頻度高” などと，皆さんが書いた論文における添削事項の発生頻度を示します。学習の参考にしてください。

6.2 添削を受けてみる

公開模試における論文の採点の経験を基に，高い頻度で発生する添削指示内容を盛り込んで，筆者が添削対象となる論文を作成しました。いわゆる，“あるある論文”です。類似の添削指示の発生頻度を示しながら，添削しています。50%くらいの頻度で現れる場合は“頻度高”，30%くらいの頻度の場合は”頻度中”，10%くらいの頻度の場合は“頻度低”としています。

(1) 添削を受けてみる

次に，設問ア，イ，ウと分けて，添削例を示します。

(a) 設問アの添削を受けてみる

設問ア

第1章　ITサービスの概要と環境の変化の内容

1．1　ITサービスの概要

A社は，スポーツウェアに加え，健康をテーマとした製品としてランニングウォッチや体組成計などの健康機器を製造・販売している。①A社は自社製健康機器と連携するスマートフォンのソフトウェア（以下，スマホアプリ）によるITサービスを提供することになった。スマホアプリでは，従来型のサービスにとどまらず，健康機器の利用者の体験価値に着目する。
②スマホアプリが提供する健康管理サービスでは，ITサービスの特徴としては，機能の追加・変更が頻繁に発生するという点を挙げることができる。

1．2　既存の変更プロセスに影響を与えた環境の変化の内容

③健康管理サービスでは，機能の追加・変更が頻繁に発生するアジャイル開発という開発手法を採用した。そのため，リリース及び展開の頻度が増えることで，変更プロセスにおける変更諮問委員会の作業負荷が増大し，更に緊急変更も発生することも想定できることから，緊急変更諮問委員会の開催頻度も高くなるという問題が想定できた。この問題に対して，リリース及び展開管理において，アジャイル開発にかかわる多くの変更要求を通常変更から標準変更に移行することで，④問題を回避できると考えた。

100字 200字 300字 400字 500字 600字

下線①
話の脈絡を作り込んでから IT サービスの特徴を明示しましょう。（頻度高）

下線②
次の節では，“既存の変更プロセスに影響を与えた環境変化の内容”について論じています。したがって，この節では，IT サービスを取り巻く“環境の変化の内容”を絡めて論じると，論文の一貫性を，よりアピールできます。（頻度高）

下線③
設問で問われている“環境の変化の内容”について明示的に論じましょう。（頻度中）

下線④
設問アの終盤は，論文の一貫性を高めるために，設問イにつなげる文章を書いてみましょう。（頻度高）

添削者コメント

設問ア前半のITサービスの概要では，システムではなく，ITサービスに寄せて論じている点がよいです。設問ア後半では，設問で問われている“環境の変化の内容”について明示的に論じましょう。

（b）設問イの添削を受けてみる

設問イ

第２章　変更プロセスの改善

①２．１　変更プロセスに生じた問題点とその理由

アジャイル開発では，頻繁に稼働環境へのデプロイメントが生じるため，通常変更の手順を採用した場合，週1回開催する変更諮問委員会では，最長1週間待たされることになる。②ITサービスの特徴を踏まえると，頻繁に発生する変更プロセスに時間がかかることが理由で，アジャイル開発手法の長所を活かせないという問題点が生じる。そこで変更プロセスの時間短縮が課題となった。③なぜならば，頻繁に発生する変更プロセスに時間がかかるからである。

④２．２　改善に向けた施策

変更プロセスの時間短縮という課題に対し，通常変更ではなく標準変更を適用するという施策を講じた。具体的には次のとおりである。

アプリケーションソフトウェアのリリースは，通常では，通常変更となる。そこで私は，⑤アジャイル開発ではインシデント発生のリスクが少ないリリースパッケージがあると考え，リスクが少ないリリースパッケージについては，標準変更を適用という施策を講じることとした。

その際，標準変更を実施する部署をどこにするかという課題が生じ，次の二案を検討した。

(1) サービス要求としてサービスデスクにおいて対応する

(2) アジャイル開発グループに権限を委譲してアジャイル開発グループでリリースパッケージのリリースとデプロイを実施する

検討した結果，(1)を採用することにした。なぜならば，⑥リリースパッケージが原因となりインシデントが発生し，それをサービスデスクが対応した場合を考えると，サービス要求としてサービスデスクにおいて対応することで，サービスデスクにおけるインシデント状況の把握が容易となるため，サービスデスクでの対応が円滑に進む，言い換えるとITサービスの品質の確保という面では優れていると考えたからである。

下線①
設問文に沿って正確に章立てをして，設問イの前半で問われている“変更プロセスの概要”についても，節を設定して明示的に論じましょう。

下線②
設問アで述べたITサービスの特徴を，“～というITサービスの特徴を踏まえてと，”引用しましょう。（頻度中）

下線③
この文はなくともよいでしょう。“なぜならば～”を使うときは，専門家としての考えや，そのように考えた根拠をアピールするときに使いましょう。（頻度高）

下線④
設問で問われている“期待効果”を章立てに含めると，論述中に期待効果について論述することを忘れてしまうことを回避できます。（頻度中）

下線⑤
専門家としての考えをアピールしている点がよいです。このように考えた根拠を含めると，更によくなります。（頻度高）

下線⑥
趣旨にある“改善に向けた施策の決定に当たっては，変更要求の俊敏な対応と品質の確保の両面に配慮する必要があり，俊敏な対応を重視するあまり，品質の確保が犠牲にならないように工夫する必要がある”という記述に沿って，俊敏な対応を実現しようとすると，品質の確保が犠牲になる旨を採点者にアピールするように論じると，より趣旨に沿った論文になります。（頻度中）
長文に留意しましょう。（頻度高）

下線⑦
能力のアピールする展開を一つの文章で表現せず，文章を分けて，もっと丁寧に論旨展開しましょう。（頻度高）

下線⑧
評価になっています。評価は設問ウで論じるようにしましょう。設問で問われている期待効果について明示的に論じましょう。

⑦ただし，標準変更を適用できる，リスクの少ないリリースパッケージを判別するためのチェック項目の標準化が課題となったが，過去のアジャイル開発に関わるインシデント履歴などを基に，チェックリストを作成することにした。 900字 1000字

⑧以上の施策によって，変更プロセスの所要時間を最長1週間から最長2日間に短縮することができた。

添削者コメント
設問イでは，工夫をアピールしている点がよいです。専門家としての考えをアピールする場合，そのように考えた根拠を含めると，更によくなります。

（c）設問ウの添削を受けてみる

下線①
目標を達成したから成功と評価する，という展開は誰でも書けるので，専門家としての評価の能力を採点者に，特にアピールしていないと考えます。評価の根拠を，もっと詳細に，かつ客観的に論じると更によくなります。（頻度高）

下線②
課題を明示して，次の節の今後の改善点に論旨展開して，論文の一貫性をアピールしましょう。（頻度高）

下線③
章立てにある"実施結果"というキーワードを使って，3.1のどこかで明示的に論じましょう。（頻度中）

下線④
改善点を論じるときは，3.1の評価において課題を明示して，3.2において，その課題を踏まえて改善点に論旨展開すると，3.1において問題把握能力をアピールでき，更に設問ウ全体の一貫性もアピールできます。（頻度高）

下線⑤
問題文のタイトルにある"変更プロセスの改善"というキーワードを活用して，"変更プロセスの改善"というテーマに沿った改善点にすると，より趣旨に沿った論文になります。（頻度高）

下線⑥
論文の終わりは，"ー以上ー"で締めくくりましょう。（頻度中）

設問ウ

第3章　施策の実施結果，評価，及び今後の改善点

3．1　施策の実施結果，評価

標準変更の適用という施策について，俊敏な対応の観点から，①変更プロセスの所要日数を最長1週間から最長2日間に短縮できたことを根拠に，俊敏な対応の観点から施策は成功であったと評価する。 100字

ただし，品質面についても重視したため，サービスデスクが標準変更としてリリースパッケージをデプロイしている。②そのため，アジャイル開発グループにリリースパッケージのデプロイを委譲した場合と比較して，手続の簡略化が不十分である。 200字

③品質の確保の観点から，インシデントの発生状況を当該ITサービスと，他の類似しているITサービスを比較することにした。その結果，可用性に関わる稼働率が他の類似したITサービスと同等なことを根拠に，十分な品質を確保できたと判断する。 300字 400字

今回の施策の成功要因としては，俊敏な対応を目指しながらITサービスの品質の確保を疎かにしなかった点を挙げることができる。

3．2　今後の改善点 500字

④今後の改善点は，⑤インシデントの発生状況を踏まえて，アジャイル開発グループと協同で標準変更適用の可否を判断するリリースパッケージへのチェックリストの精度を上げることである。これによって，ITサービスの品質を向上させることが期待できる。 600字

以上のように，ITサービスの品質を向上させながら，変更プロセスの俊敏な対応を保持することを目指したい。

⑥ 700字

添削者コメント

設問ウの前半では，成功要因を明示している点がよいです。評価では，もっと詳細に，かつ客観的に論じると更によくなります。設問ウの後半では，評価で明示した課題を踏まえて改善点を論じると，更によくなります。改善点では，問題のタイトルにあるキーワード“変更プロセスの改善”を絡めて論じて，問題の趣旨から逸脱しないようにしましょう。

添削例には現れていない，頻度低のコメントを次に挙げておきます。参考にしてください。

①採点者が採点しやすいように，設問文に沿った章立てをしましょう。
②段落の書き始めは，字下げをしましょう。
③長い段落は，採点者が読みやすく分割しましょう。
④複数の文章で段落を構成するようにしましょう。
⑤長文に留意しましょう。
⑥冗長な記述に留意しましょう。
⑦禁則処理をしましょう。
⑧箇条書きを活用して整理してみましょう。
⑨誤字に留意しましょう。
⑩ひらがなではなく，漢字で書くようにしましょう。
⑪二重否定は使わないようにしましょう。

(2) 採点結果を確認する

添削された論文の点数を確認します。60 点以上が A 判定の合格レベル，50 点以上 59 点までが B 判定の不合格レベルです。添削対象となる論文は 56 点ですから，B 判定となります。次に，合格条件充足度評価表を掲載します。

合格条件充足度評価表

ITサービスマネージャ

合格条件				評価			得点	
本文	内容的側面		システム・プロジェクトの概要・特徴	システム・プロジェクトの概要・特徴が簡潔にかつ具体的に記述されている。	10 8 ⑤ 2 0	簡潔・具体的でない。	5/10	①
			出題意図に応える論述	出題意図をくみ取り，これについて論じている。	10 8 ⑤ 2 0	出題テーマとずれている。	5/10	②
			ITサービスマネージャとしての創意工夫，行動力	ITサービスマネージャの業務にふさわしい工夫，行動について述べている。	10 8 ⑤ 2 0	ITサービスマネージャの業務行動になっていない。	5/10	③
			工夫や対策の評価と課題の認識	結果の評価と今後の課題についての認識がしっかり表現されている。	10 8 5 ② 0	しっかり評価していない。	2/10	④
	表現方法の側面	面白さ	論旨の一貫性	冒頭の800字が主題の伏線になっていて，かつ本文において全体の論旨をしっかり展開している。	10 8 ⑤ 2 0	論旨を一貫してしっかり展開していない。	5/10	⑤
			主張性	一つ，二つに絞り込み，掘り下げて論述している。	10 ⑧ 5 2 0	掘り下げ不足である。	8/10	⑥
		分かりやすさ	具体性	工夫内容を具体的に説明している。	10 ⑧ 5 2 0	表面的な説明である。	8/10	⑦
			客観性	解決策の採用理由を事実（環境条件）に基づいて説明している。	10 ⑧ 5 2 0	理由が述べられていない。	8/10	⑧
文章	一般性			一般的な，かつ，分かりやすい表現をしている。	10 8 ⑤ 2 0	表現が分かりにくい。	5/10	⑨
	読みやすさ			章・節・項・段落分けは適切で，誤字脱字がなく，正しい日本語が使われている。	10 8 ⑤ 2 0	正しい日本語になっていない。	5/10	⑩

総評

点数では，合格ボーダーライン上の点数ですが，設問イで問われている“変更プロセスの概要”について明示的に論じていないので，合格論文にはなり得ません。

設問イでは，趣旨にある“俊敏な対応を重視するあまり，品質の確保が犠牲にならないように工夫する必要がある”という記述に沿って，工夫をアピールして合格を決めてください。設問文にある“期待効果”というキーワードを明示的に使って論じましょう。

設問ウでは，もっと専門家らしい評価をしてみましょう。設問ウの前半で課題を示して，採点者に問題把握能力をアピールして，後半では，その課題を今後の改善点に論旨展開してみましょう。

合計得点（100点満点） 56 点

6.3 論文を書き直してみる

2 時間で書く合格レベルの論文を書いてみました。本番の試験では，字数だけに限定すると，設問アは 700 字，設問イは 900 字，設問ウは 700 字ほど書けばよいです。次に挙げる論文は，どうにか 2 時間以内に論述できるレベルの文字数です。参考にしてください。なお，**2 時間で書き上げる内容にするため，及び，最終的な一貫性は論述する際に確保するため，ワークシートの内容と書き直した論文とは違う部分があります。**

書き直した論文に，コメントが入っていますが，筆者が論文を書いてコメントしています。したがって，自画自賛になっている点はご了承ください。

(1) 論文を書き直す

次に，書き直した論文を，設問ごとに示します。

(a) 設問アを書き直す

設問ア

第1章　ITサービスの概要と環境の変化の内容

1．1　ITサービスの概要

　A社は，スポーツウェアに加え，健康をテーマとした製品としてランニングウォッチや体組成計などの健康機 100字
器を製造・販売している。A社は自社製健康機器と連携するスマートフォンのソフトウェア（以下，スマホアプリ）によるITサービスを提供することになった。
　①スマホアプリの開発では，従来型のサービスにとどま 200字
らず，健康機器の利用者の体験価値に着目して，適宜，新サービスを提供することを重視する。②そのため，スマホアプリが提供する健康管理サービスでは，ITサービスの特徴としては，機能の追加・変更が頻繁に発生すると 300字
いう点を挙げることができる。

1．2　既存の変更プロセスに影響を与えた環境の変化の内容

　③環境の変化の内容としては，競合他社との競争が激化 400字
したため，健康管理サービスにおいて機能の追加・変更が頻繁に発生するアジャイル開発という開発手法を採用したことである。そのため，リリース及び展開の頻度が増えることで，変更プロセスにおける変更諮問委員会の 500字
作業負荷が増大し，更に緊急変更も発生することも想定

下線①
IT サービスの概要において，次の節で論じる“環境の変化の内容”に寄せて論じている点がよいです。

下線②
話の脈絡を作り込んで，簡潔に IT サービスの特徴を表現して，明示的に論じている点がよいです。

下線③
章立てのタイトルにある“環境変化の内容”というキーワードを使って，明示的に論じている点がよいです。

できることから，緊急変更諮問委員会の開催頻度も高くなるという問題が想定できた。この問題に対して，リリース及び展開管理において，アジャイル開発にかかわる多くの変更要求を通常変更から標準変更に移行することで，問題を回避できると考えた。

　④私は，A社のIT部門に所属するITサービスマネージャの立場で，変更プロセスおける標準変更の適用を推進して，次のように，環境変化に応じた変更プロセスを改善して，俊敏な対応を品質の確保を実現した。

下線④

設問イにつなげる文章によって，論文の一貫性をアピールしていてよいです。

（b）設問イを書き直す

設問イ

第２章　変更プロセスの改善

①２．１　変更プロセスの概要

> 下線①
> 設問で問われている変更プロセスの概要について，節を設定して明示的に論じている点がよいです。

　変更管理プロセスでは，変更要求にかかわるリスクが低減されていることを確認した上で，リリースパッケージを安全に本番環境に移行する。そのため，変更管理プロセスでは，リリース管理及び展開管理をコントロールしている。

２．２　変更プロセスに生じた問題点とその理由

　変更要求は，通常変更の手順を採用した場合，変更諮問委員会が週１回開催であるため，最長１週間待たされる。②機能の追加・変更が頻繁に発生するというITサービスの特徴を踏まえると，変更プロセスに時間がかかることが理由で，アジャイル開発手法の長所を活かせないという問題点が生じる。そこで変更プロセスの時間短縮が課題となった。

> 下線②
> 設問アで述べたITサービスの特徴を簡潔に引用して，ITサービスの特徴を踏まえる展開を盛り込んで論文の一貫性をアピールしている点がよいです。

③２．３　改善に向けた施策及び施策の期待効果

> 下線③
> 設問文に沿って正確に章立てをしている点がよいです。

　この課題に対し，通常変更ではなく標準変更を適用するという施策を講じた。具体的には次のとおりである。

　通常変更では最長１週間待たされる。④そこで私は，アジャイル開発ではレグレッションテストが自動化されていることを根拠に，テスト不足がリスク要因となるインシデント発生が少ないリリースパッケージがあると考え，リスクが少ない変更要求の場合は，標準変更を適用という施策を講じた。その際，標準変更を実施する部署をどこにするかという課題が生じ，⑤次の二案を検討した。

> 下線④
> 専門家としての考えを，そのように考えた根拠を含めて論じている点がよいです。

(1) サービス要求としてサービスデスクにおいて対応する
(2) アジャイル開発グループに権限を委譲して対応する

　検討した結果，アジャイル開発グループに段階的に委譲することが重要と考え，(1)を採用することにした。なぜならば，サービスデスクがリリース・デプロイというサービス要求を処理しているためにインシデントの状況を把握が容易となるため，サービスデスクでの対応が円滑に進み，品質の確保という面では優れていると考えたからである。

> 下線⑤
> 趣旨にある“改善に向けた施策の決定に当たっては，変更要求の俊敏な対応と品質の確保の両面に配慮する必要があり，俊敏な対応を重視するあまり，品質の確保が犠牲にならないように工夫する必要がある”という記述に沿って，工夫をアピールしている点がよいです。

　⑥ただし，標準変更を適用できる，リスクの少ない変更要求，すなわちリリースパッケージを判別するためのチェック項目の標準化が課題となった。そこで私は，ITサービスの品質への影響をモニタリングしがら徐々にチェックリストの有効性を高めればよいと考え，過去のアジ

> 下線⑥
> 能力アピールの展開を，専門家としての考えをアピールしながら，丁寧に論旨展開している点がよいです。

ャイル開発に関わるインシデント履歴などを基に，チェックリストを作成した。

期待効果としては，“標準変更の適用率を90%とし，適用した場合の変更プロセスの所要日数を最長1週間から最長2日間に短縮する”を設定した。 1100字

(c) 設問ウを書き直す

下線①
設問文にある“俊敏な対応と品質の確保の観点を含めて”という記述に沿って明示的に論じている点がよいです。

下線②
施策を実施した場合と実施しなかった場合を対比させて評価する展開がよいです。新サービスや新機能を迅速に顧客に提供できたことで，環境の変化に対応できた旨をアピールしてもよいでしょう。

下線③
設問で問われている“施策の実施結果”について明示的に論じている点がよいです。

下線④
評価において課題を明示して採点者に問題把握能力をアピールして，更に，課題を今後の改善点に展開した論文の一貫性をアピールしている点がよいです。

下線⑤
今後の改善点を，この問題のテーマである“変更プロセスの改善”に寄せて論じている点がよいです。

設問ウ

第3章　施策の実施結果，評価，及び今後の改善点

3．1　施策の実施結果，評価

　標準変更の適用という施策について，①俊敏な対応の観点から，②もし標準変更の適用という施策を実施しなかった場合，頻繁に通常変更を実施する手続をすることになり，最長1週間は待たされることになる。これではアジャイル開発における効率性が低下するなどの問題が生じていたと考える。③施策の実施結果として，標準変更の適用率を除くと，期待効果どおりに変更プロセスの所要日数を最長1週間から最長2日間に短縮できた。これを根拠に，俊敏な対応の観点から施策は成功であったと評価する。

　ただし，品質面を重視したため，標準変更の適用率が目標90%に対し，75%という実施結果となり，手続の簡略化が不十分であることが分かった。④今後の課題は，新サービスや新機能を迅速に顧客に提供して競争優位に立つために，品質面を確保しながら，アジャイル開発グループにデプロイ権限を委譲して，俊敏な対応を推進することである。

　①品質の確保の観点から，インシデントの発生状況について当該ITサービスと，他の類似しているITサービスを比較することにした。その結果，可用性に関わる稼働率が他の類似したITサービスと同等なことを根拠に，十分な品質を確保できたと判断する。

3．2　今後の改善点

　④アジャイル開発グループにデプロイ権限を委譲するという課題についての今後の改善点は，インシデントの発生状況を分析して，リリースパッケージへのチェックリストの精度を上げ，チェックリストを基に品質が確保されていると判断されたリリースパッケージについては，アジャイル開発グループにデプロイ権限を委譲することである。

　⑤以上のように，ITサービスの品質を確保しながら，更なる変更プロセスの俊敏な対応を実現することを，変更プロセスの改善計画として実施する。

－以上－

100字 200字 300字 400字 500字 600字 700字 800字 900字 1000字

Point ここがポイント！！！！！！！

★臨場感のある「当たり前」を論文で書く

経験は一人一人違います。したがって，本人にとって当たり前なことも採点者にとっては新鮮なことがあります。採点者は，経験した人にしか分からない，臨場感のある「当たり前」を論文で表現してほしいそうです。

Point ここがポイント！！！！！！！

★最後まで集中力を持続させる

論文を書いていると，設問ウで「残りは少し」と安心しませんか。論文を書いている方を隣りで見ていると，設問イを書き終えて安心してしまい，設問ウの部分で筆が止まります。ここで安心しないで，集中力を最後まで持続させましょう。

（2）書き直した論文の採点結果を確認する

添削内容を基に書き直した論文の点数を確認しましょう。次に，合格条件充足度評価表を掲載します。74点，A判定，合格レベルの論文です。

合格条件充足度評価表

ITサービスマネージャ

合格条件				評価			得点	
本文	内容的側面	システム・プロジェクトの概要・特徴		システム・プロジェクトの概要・特徴が簡潔にかつ具体的に記述されている。	10 (8) 5 2 0	簡潔・具体的でない。	8/10	①
		出題意図に応える論述		出題意図をくみ取り，これについて論じている。	10 (8) 5 2 0	出題テーマとずれている。	8/10	②
		ITサービスマネージャとしての創意工夫，行動力		ITサービスマネージャの業務にふさわしい工夫，行動について述べている。	10 (8) 5 2 0	ITサービスマネージャの業務行動になっていない。	8/10	③
		工夫や対策の評価と課題の認識		結果の評価と今後の課題についての認識がしっかり表現されている。	10 (8) 5 2 0	しっかり評価していない。	8/10	④
	表現方法の側面	面白さ	論旨の一貫性	冒頭の800字が主題の伏線になっていて，かつ本文において全体の論旨をしっかり展開している。	10 (8) 5 2 0	論旨を一貫してしっかり展開していない。	8/10	⑤
			主張性	一つ，二つに絞り込み，掘り下げて論述している。	10 (8) 5 2 0	掘り下げ不足である。	8/10	⑥
		分かりやすさ	具体性	工夫内容を具体的に説明している。	10 (8) 5 2 0	表面的な説明である。	8/10	⑦
			客観性	解決策の採用理由を事実（環境条件）に基づいて説明している。	10 (8) 5 2 0	理由が述べられていない。	8/10	⑧
文章	一般性			一般的な，かつ，分かりやすい表現をしている。	10 8 (5) 2 0	表現が分かりにくい。	5/10	⑨
	読みやすさ			章・節・項・段落分けは適切で，誤字脱字がなく，正しい日本語が使われている。	10 8 (5) 2 0	正しい日本語になっていない。	5/10	⑩
総評	2時間で書く論文としては，十分に合格レベル論文です。2時間で書けるならば，改善すべき点はありません。本試験では，事前に設問ウに入る時刻を決めておき，時間切れにならないように，しっかりと時間管理をしましょう。						合計得点（100点満点） 74点	

第7章

午後Ⅰ問題を使って論文を書いてみる

再チャレンジ受験者向けセミナを開催してほしいと依頼がありました。既にひと通りの私のセミナを受講している方が対象ということで，同じ内容ではない効果的なカリキュラムについて，悩んでいました。

論文がある試験区分の合格者と話す機会があり，その中で記述式問題を使って論文を書くことの重要性を確認することができ，効果的かつ効率的なカリキュラムを組むことができました。この章では，午後Ⅰ問題を使って論文を書くという私のセミナの一部を紹介することで，皆さんの合格を支援したいと考えます。

7.1 問題の出題趣旨を確認する・・・・・・・・・・・・・・・・・・・・・・・・・・・・ 128
7.2 論述式問題を確認する・・・・・・・・・・・・・・・・・・・・・・・・・・・・・・・・ 135
7.3 論文ネタの収集演習をする・・・・・・・・・・・・・・・・・・・・・・・・・・・・・ 137
7.4 論文ネタを確認する・・・・・・・・・・・・・・・・・・・・・・・・・・・・・・・・・・ 139

7.1 問題の出題趣旨を確認する

あるとき知人と会う機会があり，論文がある試験区分の合格者である A 君が同席しました。

A 君「岡山さん，どうしよう。合格しちゃいました。部長に『論文のある情報処理の試験なんて合格できないです』と言って，情報処理技術者試験合格の代替となる認定試験の講習会に申込みしてしまいました。講習会の費用，高いんです」

私　「会社では，情報処理技術者試験合格か，その認定試験合格か，どちらかが必須で，情報処理技術者試験合格したことで，認定試験の講習会への参加が不要になったということですね」

この後に A 君は，“記述式問題のネタを使って，論述テクニックを活用しながら論文を書いて合格できた”と言っていました。ここで注意したいことは，“A 君は論述テクニックを取得済み”ということです。論述テクニックについては，既に説明していますから，この章では，論文の書き方ではなく，A 君を合格に導いた，**記述式問題から論文ネタを収集する**方法に絞って説明します。

(1) この章の流れを確認する

まずは，この章全体の説明の流れを確認しておきましょう。

① 対象とする記述式問題と論述式問題の出題趣旨の確認

午後 I 問題を使って論文を書いてみるためには，論文ネタを収集するための記述式問題と，論述するための論述式問題を決める必要があります。決める際には，IPA が発表している出題趣旨を確認するとよいでしょう。

② 記述式問題を演習する

まずは，通常の問題演習のように，記述式問題を解いてみましょう。理由は，本試験問題の数は限られているので，まずは午後 I 試験対策として問題を有効に活用するためです。本書には，論文ネタの収集の対象となる問題だけを掲載しています。解答は，IPA で公表している解答例を参照してください。

③ 論述式問題を確認する

問題の趣旨や設問文をよく読み，趣旨や設問文において問われている内容を確認します。

④ 論文ネタの収集演習をする

論述式問題において問われている内容を基に，午後 I 記述式問題から論文ネタを収集する演習を行います。その際，論文ネタとして不足している点や，記述式問題に書かれている内容と少し違う点があるかもしれません。これらについては，**論述式問題で問われている内容に合わせて加工したり，不足している点を補足したりして，話の整合性を確保する**ようにしてください。

(2) 対象とする記述式問題と論述式問題の出題趣旨の確認

ここでは，本試験問題を吟味して，次の二つの問題を選びました。

・記述式問題　平成27年秋　午後Ⅰ問2「サービスデスク」
・論述式問題　平成29年秋　午後Ⅱ問1「ITサービスの提供における顧客満足の向上を図る活動について」

論文のネタを収集するだけでしたら，記述式問題だけから収集できます。しかし，はじめは，論文の問題を確認しながらネタを収集する方が，分かりやすく実践的でもあると考えて，記述式と論述式の問題をセットにしてここで説明します。

では，それぞれの問題について，IPA発表の「出題趣旨」を記述式問題，論述式問題の順で確認していきましょう。

出題趣旨
サービスデスクに関わるサービスレベルを維持するためには，重要度・緊急度によって設定される優先度に基づいた対応など，インシデント及びサービス要求管理プロセスに則した手順の遵守が必要となる。また，サービス水準管理の観点から，内部グループとの調整などの改善活動が必要となる。 本問では，インシデント及びサービス要求管理プロセスを遂行する能力，並びにサービスデスクの組織化に関わる能力を問う。

平成27年秋午後Ⅰ問2の出題趣旨

出題趣旨の内容から，サービス水準管理の観点から，内部グループとの調整などの改善活動などについて書かれていることが分かります。

出題趣旨
顧客満足の向上に向けた活動は，事業関係管理プロセスとして位置付けられており，ITサービスマネージャの重要な業務である。また，品質マネジメント規格では，顧客満足を顧客の期待が満たされている程度に関する顧客の受け止め方と定めている。顧客の要求事項の達成だけでなく，顧客の期待に焦点を合わせた活動が求められる。 本問では，顧客の期待や要求事項を理解するためのコミュニケーションの仕組み，サービスの報告でレビューしたサービス目標の達成状況，課題，課題への対策について具体的に論述することを求めている。併せて，コミュニケーションの仕組みを使って把握した顧客の期待と満足の状態，及び顧客満足の向上のために策定した活動計画と実施状況についても論述することを求めている。論述を通じて，ITサービスマネージャとして有すべき問題分析能力，方策実施能力，顧客関係と顧客満足を管理する能力などを評価する。

平成29年秋午後Ⅱ問1の出題趣旨

出題趣旨の内容から，(1)サービス目標の達成状況，課題，課題への対策，(2)顧客の期待に焦点を合わせた活動，についての論述が重視されていることが分かります。後述する問題の設問文を読むと，(1)については設問イ，(2)については設問ウで問われていることが分かります。

（3）記述式問題を演習する

午後Ⅰ試験対策を兼ねて，次の“平成 27 年秋　午後Ⅰ問 2「サービスデスク」”を解いてみましょう。

ITサービスマネージャ試験　平成 27 年秋　午後Ⅰ問 2

問2　サービスデスクに関する次の記述を読んで，設問 1～4 に答えよ。

部品製造会社の F 社では，工場での部品生産を管理する生産管理システム，全国の営業所からの注文受付と発送指示を行う受注発送システム，及び業績管理を行う会計システムを運用している。情報システム部のサービスデスクでは，これらのシステムに関するサービス利用部門からの問合せにオペレータが電話で対応している。

〔サービスデスクの概要〕

・サービス提供時間帯には，統括者（以下，スーパバイザという）1 名とオペレータ数名が在席し，問合せに対応している。
・情報システム部は，サービスデスクに関わる SLA をサービス利用部門と合意している。その一部を表 1 に示す。

表 1　サービスデスクに関わる SLA（抜粋）

サービスレベル項目	目標値
サービス提供時間帯	営業日の 9 時から 17 時まで
回答完了時間 [1]	優先度“高”は 3 時間以内
	優先度“低”は 6 時間以内
呼損率 [2]	5%以下

注 1)　問合せを受け付けてから解決までの経過時間。ただし，サービス提供時間帯（9 時から 17 時まで）以外は経過時間として計算しない。
2)　利用者がサービスデスクに問合せをしようとしたときに，電話がつながらない確率。

・IT サービスマネージャの T 氏は，情報システム部の管理課に所属し，SLA の達成状況を管理している。
・管理課は，SLA の達成状況をサービス報告の一部としてサービス利用部門に定期的に報告している。

〔問合せ対応手順〕

サービスデスクでは，問合せを含むサービス要求に関する対応手順を表 2 のように文書化している。問合せ発生時の対応フローは，図 1 のとおりである。

表２　サービス要求に関する対応手順

手順	内容
記録	・利用者から問合せを受け付け，問合せ台帳に記録する。
優先度の割当て	・業務の重要性に合わせてシステムごとに優先度を割り当てる。生産管理システム及び受注発送システムの優先度を“高”，会計システムの優先度を“低”としている。
分類	・問合せ内容を，システムごとに決められたカテゴリに分ける。
記録の更新	・問合せの内容，割り当てた優先度，及び分類したカテゴリの内容で問合せ台帳を更新する。
段階的取扱い	・サービスデスク内で解決できない問合せは，システム保守課に回答期限[1]を定めて調査を依頼する。 ・依頼されたシステム保守課では，専門的技能及び経験を基に対処方法を特定し，サービスデスクに回答する。
解決	・対処手順書[2]又はシステム保守課からの調査の回答を基に，利用者の問合せに回答する。
終了	・［　　　a　　　］ ・回答内容などの記録を更新し，終了する。

注 [1]　サービスデスクは，SLA の回答完了時間と整合を図った回答期限を設定する。
[2]　利用者の問合せ内容を正確に識別するために問うべき質問の詳細，及び実施すべき解決処理の詳細が記載されている手順書

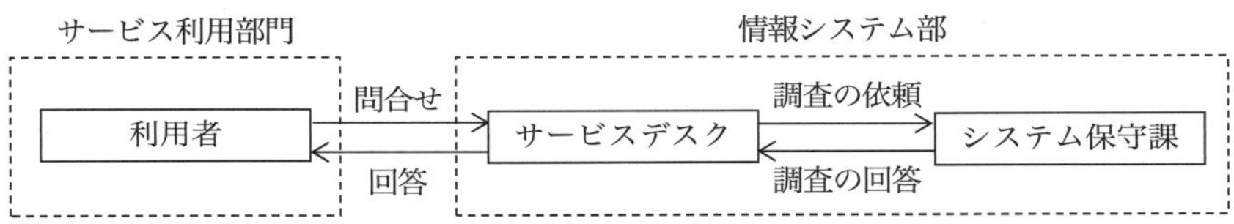

図１　問合せ発生時の対応フロー

・サービスデスク内で解決できない場合（段階的取扱いを行う場合）は，対処方法を後で連絡する旨を伝え（1 次回答），一旦電話を切り，システム保守課からの調査の回答を得た後に，対処方法を回答する（2 次回答）。
・サービスデスク内で解決できる場合（段階的取扱いを行わない場合）は，通常，問合せに対して回答は 1 回で終了する。ただし，サービスデスクで対処手順書の参照に時間が掛かる場合は，段階的取扱いと同様に，1 次回答，2 次回答の手順をとる。

〔サービス窓口の計算〕
利用者の問合せに対応するサービス窓口の数は，オペレータの席数で決まる。必要なオペレータ席数は，呼量と呼損率の関係から表 3 の呼損率早見表を参照して求める。

表３　呼損率早見表（抜粋）

呼損率＼席数	1	2	3	4	5	6	7	8
3%	0.03	0.28	0.72	1.26	1.88	2.54	3.25	3.99
5%	0.05	0.38	0.90	1.52	2.22	2.96	3.74	4.54

注記　表中の数値は呼量（単位：アーラン）を表す。

(1) 呼量

呼量は，次の式で求める。

呼量 ＝ 平均利用時間 × 平均呼数

ここで，平均利用時間（単位：時間）とは，問合せ及び回答で利用する 1 回当たりの通話時間である。また，平均呼数とは，1 時間当たりの電話受付数である。2 次回答が必要となった場合には，2 回目以降の通話も呼数に加えて計算する。

(2) オペレータ席数

今期のオペレータ席数は，次の手順で求める。

① 平均利用時間は，今までの実績から 5 分とする。

② 今期の 1 時間当たりの平均問合せ件数の見通しは，表 4 のとおりである。

表 4　今期の平均問合せ件数の見通し

システム	今期の平均問合せ件数の見通し
生産管理システム	4
受注発送システム	5
会計システム	3
合計	12

③ 呼量の計算式に基づいて，①と②から呼量を求める。ただし，2 次回答を必要とする問合せがあることから，平均問合せ件数の 1.5 倍を平均呼数とする。したがって，①と②の値から呼量は 1.5 アーランとなる。

④ 呼量が 1.5 アーランで，SLA で定められた呼損率の目標値（表 1）が 5% 以下であることから，表 3 を参照して席数を求めると，4 席となる。

なお，サービスデスク全体のオペレータの要員数は，要員の勤務体制，稼働率などを考慮して算出している。

〔生産管理システムの更新〕

生産管理システムは今期末に更新が予定されていて，来期の問合せ件数が増加することが予測された。T 氏はサービス利用部門と調整し，生産管理システムの“来期の平均問合せ件数の見通し”を 8 と見積もった。また，来期からは，SLA で呼損率の目標値が 3%以下に変更される。

なお，サービスデスクに関わる他の内容については，今期と同様である。

〔段階的取扱い作業の調査〕

サービスデスクは，管理課と情報システム部内の支援協定である運用レベル合意書を締結し，SLA の目標値を達成するための活動を行っている。活動の一環として，スーパバイザは，問合せ対応の進捗を管理している。例えば，段階的取扱いが必要な場合に，回答期限を過ぎたときは，システム保守課に対処方法の回答を催促している。

T 氏はサービス報告の活動として，サービスレベル項目の回答完了時間の遵守状況を調査している。サービス報告の対象となっている全ての問合せの回答完了時間は，SLA の目標値を達成していた。ただし，サービスデスク内で解決した場合は，目標値を大きく達成している状態であったのに対し，段階的取扱いを行った場合は，もう少しで目標値の達成が難しい状態であった。そこで，T 氏がシステム保守課の作業を調べたところ，システム保守課では生産管理システムなどの業務ソフトウェアの保守作業は，主要業務として計画的に実施しているが，サービスデスクからの依頼に基づく調査活動は，支援業務として副次的に取り扱われていることが分かった。T 氏は，(ア) 調査を進めた。

その後，T 氏は情報システム部内で調整を行い，システム保守課と管理課との間で，新たに (イ) 運用レベル合意書を締結し，運用の確実性を向上させようと考えた。

〔サービス提供時間帯拡大の要望〕

一部のサービス利用部門から，サービスデスクのサービス提供時間帯の拡大を要望された。要望内容は次のとおりである。

① サービス提供時間帯を 2 時間拡大し，9 時から 19 時までとしてほしい。

② サービス利用部門が出勤する休日も対応してほしい。

現在のオペレータ要員体制ではサービス提供時間帯を拡大できないので，よくある問合せとその解決策を FAQ として整備し，要望があった利用部門に提供した。

T 氏は今回の対策の効果をアンケートによって確認した。FAQ の利用は，サービス利用者の一部に限られていたが，FAQ は，ある程度有効に機能していることが分かった。そこで，T 氏は，FAQ を継続して利用できるように FAQ を維持する仕組みを整えた。また，T 氏は，(ウ) 今後，FAQ を社内の Web に公開することによって，サービスデスクに関わる利点が期待できると考えた。

〔顧客満足度の調査〕

情報システム部では，サービスデスクの利用者を対象に，顧客満足度の調査を行っている。T 氏は調査内容を分析し，調査結果をサービス報告の一部としてサービス利用部門に報告している。

T 氏が，今月の調査内容を分析していたところ，顧客満足度調査の回答の中に複数あった次のコメントに注目した。

・サービスデスクの回答に従って操作しても解決できず，再度問い合わせることになった。

そこで，T 氏は，(エ) サービスデスクが手順に従って作業をしているかについて，作業実態を調べることにした。

設問１　〔生産管理システムの更新〕における席数について，〔サービス窓口の計算〕の計算方法を適用して，(1)，(2)に答えよ。

(1) 来期の呼量（アーラン）を求めよ。

(2) 来期に必要なオペレータ席数を求めよ。

設問２　〔段階的取扱い作業の調査〕について，(1)，(2)に答えよ。

(1) 本文中の下線（ア）で，T氏が調査すべき内容を，40字以内で述べよ。

(2) 本文中の下線（イ）の運用レベル合意書に記述すべき内容を，40字以内で述べよ。

設問３　〔サービス提供時間帯拡大の要望〕の本文中の下線（ウ）について，期待できる利点を，実施すべき活動内容とともに，50字以内で述べよ。

設問４　〔顧客満足度の調査〕の本文中の下線（エ）の作業は，表2中の［ a ］に対応する。［ a ］に入れる適切な作業内容を，40字以内で述べよ。

7.2 論述式問題を確認する

(1) 論述式問題を確認する

記述式問題の演習を終えたら，もう一度，記述式問題の全体の流れを確認しておきましょう。

この章では論述の題材とした論述式問題を確認します。どのような点が問われているのでしょうか。

ITサービスマネージャ試験　平成29年秋　午後Ⅱ問1

問1　ITサービスの提供における顧客満足の向上を図る活動について

問題文の趣旨

提供しているITサービスに対する顧客満足の向上を図る活動は，ITサービスマネージャの重要な業務である。顧客満足の向上を図るためには，顧客とのコミュニケーションによって顧客の期待・要求事項を正確に理解し，顧客との良好な関係を維持することが必要である。

顧客とのコミュニケーションの仕組みとしては，サービスの報告プロセスで実施する定例サービス報告会などが挙げられる。

サービスの報告では，次のような内容を顧客に報告し，レビューを行う。

・SLAで定義したサービス目標の達成状況，課題，及び課題への対策
・インシデント，変更など重大なイベントに関する情報
・顧客満足度測定の分析結果

コミュニケーションの仕組みを使って，サービスの価値，費用なども含めた顧客の期待と満足の状態を把握することが望ましく，顧客満足を得られていない内容については，顧客満足の向上のための活動計画を策定し，確実に実施していく必要がある。

あなたの経験と考えに基づいて，設問ア～ウに従って論述せよ。

設問文

設問ア　あなたが携わったITサービスの概要と，顧客とのコミュニケーションの仕組みについて，800字以内で述べよ。

設問イ　サービスの報告でレビューしたサービス目標の達成状況，課題，及び課題への対策について，800字以上1,600字以内で具体的に述べよ。

設問ウ　設問アで述べたコミュニケーションの仕組みを使って把握した顧客の期待と満足の状態，及び顧客満足の向上のために策定した活動計画と実施状況について，600字以上1,200字以内で具体的に述べよ。

問題の趣旨を読んで，求められている論旨展開を確認してください。一般に趣旨にある，「～重要である」，「～必要がある」，「有効である」，「～求められる」，「～を踏まえて」に着目して，求められている論旨展開を確認するとよいでしょう。求められている論旨展開を確認することで，これから，どのような論文ネタを収集すればよいかを把握できます。これは本試験において，“問題の趣旨を確認することでどのような論文ネタを適用すればよいか”につながりますから，効率的，効果的な論文設計の演習とも考えてください。

（2）論述式問題の設問文で問われている内容をリストアップする

設問ア，イにおいて問われている点をリストアップすると次のようになります。

①IT サービスの概要
②顧客とのコミュニケーションの仕組み
③サービス目標の達成状況
④課題
⑤課題への対策

設問ウで問われている内容については，各自による演習に任せます。そのために，設問ア，イに注力した演習をします。

これらの“問われている点”ごとに，論文ネタを記述式問題から収集していきます。ミニ演習という形で展開していきますので，理解を深めるために，読書するだけではなく，必ず，演習をするようにしてください。

なお，ミニ演習では，解答例を示していますが，ただの例にすぎません。論述式問題に正解はありませんから，参考程度と考えてください。各自の解答と異なる場合は，二つの論文ネタを効率的に収集できたことになります。

記述式問題には，ミニ演習の対象となったトピック以外にも，多くの論文ネタが盛り込まれています。ミニ演習で終わらせずに継続して論文ネタを収集しましょう。

7.3 論文ネタの収集演習をする

では，7.2(2)でリストアップした項目に沿って，平成 27 年秋午後Ⅰ問 2 の問題から論文ネタを収集する演習を行います。各自の専門知識や実務経験を盛り込んでアレンジしてしまって結構ですから，記述式問題の内容にあまりとらわれないようにしましょう。

(1) ITサービスの概要を論じる

記述式問題から，IT サービスの概要を抽出してみましょう。その際，IT サービスの特徴を挙げるとよいでしょう。

IT サービスの特徴については，設問イに該当する，ミニ演習 3，4 のうちの一つで「～という IT サービスの特徴を踏まえると」などと論旨展開してみてください。ミニ演習の解答例では，課題について述べる“ミニ演習 4”において IT サービスの特徴を踏まえる展開を盛り込んでいます。

ミニ演習 1

IT サービスの概要を 350 字前後で述べよ。ただし，IT サービスの特徴を「IT サービスの特徴としては，～を挙げることができる」という記述を含むこと。

(2) 顧客とのコミュニケーションの仕組みを論じる

“顧客とのコミュニケーションの仕組み”については，論述式問題において設問アの後半で問われている内容です。本書では，“設問アの後半では問われていることに対して明示的論じることが重要”とありますが，この問題の設問アの後半では，仕組みについてだけ問われているので明示的に書く必要はなく，仕組みを説明すればよいでしょう。

ミニ演習 2

顧客とのコミュニケーションの仕組みについて，350 字前後で述べよ。ただし，「私は管理課に所属する IT サービスマネージャである」などと論旨展開して“私の立場”を明確にすること。

ヒント：後述する解答例では，記述式問題にある，〔サービスデスクの概要〕の後半，〔段階的取扱い作業の調査〕の前半，〔顧客満足度の調査〕の前半を使って書いています。

(3) サービス目標の達成状況を論じる

記述式問題からサービス目標の達成状況を抽出し，まとめてみましょう。

設問イの前半部分で問われている内容なので，設問イの後半ほど注力する必要はありません。設問イを 900 字ほどで書き終える予定でしたら，350 字ほどでもよいでしょう。

ミニ演習3

サービス目標の達成状況を 400 字前後で述べよ。次の演習で問われている“課題”につながるように“問題を含む状況”を含めること。

(4) 課題を論じる

記述式問題から課題を抽出し，まとめてみましょう。

課題について問われている場合は，「～が課題となった」，「～という課題があった」，「課題は～である」などと明示的に書くことが重要です。

ミニ演習4

課題を 300 字前後で述べよ。ただし，課題については，「～が課題となった」などと，明示的に論じること。

(5) 課題への対策を論じる

記述式問題から課題への対策をピックアップしてみましょう。なお。対策については，本書で説明している工夫や能力のアピールは含みません。各自で後述する解答例をアレンジしてみてください。

ミニ演習5

課題への対策を，一つの課題につき 750 字前後で述べよ。ただし，「エスカレーション時の回答完了時間の短縮という課題については～」，「サービスデスクからの回答によって 1 回で問題を解決するという課題については～」などと論旨展開して，課題と対策の関係を明確にすること。

7.4 論文ネタを確認する

解答例を確認してみましょう。一つの例として参考程度と考えてください。

（1）ITサービスの概要を論じる

ミニ演習１解答例

論述の対象となるIT サービスは，部品製造会社 F 社におけるサービスデスクである。F 社では，工場での部品生産を管理する生産管理サービス，全国の営業所からの注文受付と発送指示を行う受注発送サービス，及び業務管理を行う会計サービスを提供している。

情報システム部に属するサービスデスクでは，これらの IT サービスに関するサービス利用部門からの問合せにオペレータが電話や電子メールで対応している。サービスデスクによる IT サービスの特徴としては，基幹業務に関わる問合せであるためサービス要求の解決が長引くと直接基幹業務の運営に支障が生じるという点を挙げることができる。そのため，サービスデスクでは，サービス提供時間帯，回答完了時間に関わるSLA を，サービス利用部門と合意している。

【解説】

記述式問題の最初の段落と，〔サービスデスクの概要〕の記述を参考にして“IT サービスの概要”を記述しています。記述式問題にある“生産管理システム”をあえて“生産管理サービス”とすることで，“システムの観点”ではなく“IT サービスの観点”から論じていることを採点者に意図的にアピールしています。

（2）顧客とのコミュニケーションの仕組みを論じる

ミニ演習２解答例

サービスデスクは，同じく情報システム部に属する管理課と情報システム部内の支援協定である運用レベル合意書を締結している。管理課では，この運用レベル合意書によって，サービスデスクとサービス利用部門が締結している SLA の目標を達成するための活動を行っている。私は管理課に所属するIT サービスマネージャである。

管理課では，月末締めで，SLA にある，サービス提供時間帯や回答完了時間の遵守状況を，問合せ対応履歴などを参照して調査するとともに，サービスデスクの利用者を対象に，問合せ対応時に顧客満足度調査を行い，これらをサービス報告として仮作成する。更に，これを管理課とサービスデスクとが合同で検討して最終サービス報告としてまとめている。管理課とサービスデスクでは，それらを SLA の達成状況に関わるサービス報告としてサービス利用部門に毎月報告している。

【解説】

解答例は，記述式問題にある，〔サービスデスクの概要〕の後半，〔段階的取扱い作業の調査〕の前半，〔顧客満足度の調査〕の前半を使って書いています。解答例では，“私は管理課に所属する IT サービスマネージャである”について，管理課の活動を説明した後に記述していますが，これを最後に書いて，設問イにつなげる形にしてもよいでしょう。

(3) サービス目標の達成状況を論じる

ミニ演習 3 解答例

ある月において，月末締めでサービス提供時間帯や回答完了時間の遵守状況を，問合せ対応履歴などを参照して調査した。SLA における各サービス目標の達成情報をまとめた結果，サービス提供時間帯と回答完了時間については，SLA のサービスレベル目標を 100%達成していることが判明した。ただし，回答完了時間について，サービスデスク内で解決した場合は，目標値を大きく達成しているのに対し，情報システム部の開発課にエスカレーションした場合は，もう少しで目標値の達成が難しい状況であった。

同様にして問合せ対応時に行っている顧客満足度調査の結果についても，顧客満足度にかかわる目標を 100%達成することができた。ただし，このような定量的な分析に加え，個々の問合せについての定性的な分析を行った結果，“サービスデスクの回答に従って作業をしても解決できず，再度問い合わせることになった”という内容のコメントがあることが散見された。

【解説】

記述式問題の〔段階的取扱い作業の調査〕の中盤の記述，及び〔顧客満足度の調査〕を参考にして書いています。ミニ演習の解答条件にある“問題を含む状況”については，「情報システム部の開発課にエスカレーションした場合は，もう少しで目標値の達成が難しい状況であった」，及び「“サービスデスクの回答に従って作業をしても解決できず，再度問い合わせることになった”という内容のコメントがあることが散見された」というようなことが該当します。

（4）課題を論じる

ミニ演習４解答例

サービス要求の解決が長引くと直接基幹業務の運営に支障が生じるという IT サービスの特徴を踏まえると，サービス目標の達成状況から，サービス要求の解決に関わる次の課題を特に重視する必要があることが判明した。

(1) エスカレーション時の回答完了時間の短縮

エスカレーションした場合は目標値の達成が難しい状況であることを踏まえ，エスカレーション時の回答完了時間を短縮することが課題となった。

(2) サービスデスクからの回答によって１回で問題を解決

サービスデスクの回答でも解決できず，再度問い合わせることになったことを踏まえ，サービスデスクからの回答によって 1 回で問題を解決させることが課題となった。

以上の課題に対して，次の対策を講じた。

【解説】

記述式問題の〔段階的取扱い作業の調査〕の中盤の記述，及び〔顧客満足度の調査〕を参考にして書いています。ミニ演習 3 で示した二つの“問題を含む状況”を言い換えて課題として明示しています。

コーヒーブレーク

「踊る論文指導」

解答例を確認すると，“記述式問題を丸写し”になっている。

読者の皆さんは，そう思うでしょう。筆者は，皆さんが論文のネタとするときは各自の事例に合わせて表現が違ってくるのが自然，と考えています。したがって，この章を読んだ皆さんの本試験の解答が同じになるとは思っていません。丸写しの方が，記述式問題のどこを参考にしたか，分かりやすいと筆者は考えています。

論文のネタの収集については，もし余裕があれば，(1)本試験当日の記述式問題も収集対象になると考えて，記述式問題を解く，(2)記述式試験が終了して次の論述式試験の開始までに記述式問題を見直して論文ネタを収集する，ということもやってみてください。

（5）課題への対策を論じる

ミニ演習５解答例

サービス目標の達成状況の分析から判明した課題に対して，次の対策を講じた。

(1) 管理課と開発課間の運用レベル合意書の締結

エスカレーション時の回答完了時間の短縮という課題については，まず，エスカレーション先の開発課の作業を，開発要員へのヒアリングなどによって調査した。その結果，開発課では，生産管理システムなどのソフトウェアの保守作業については，主要業務として計画的に実施しているが，サービスデスクからの依頼に基づく調査活動については，深遠業務として副次的に取り扱われていることが判明した。そこで私は，情報システム部内で調整を行い，開発課と管理課の間で，サービスデスクから依頼された調査の回答期限に関するサービス目標の合意事項を含む運用レベル合意書を新たに締結し，運用の確実性を向上させることにした。

(2) サービス要求のクローズにはサービスデスクのスーパーバイザによる承認を必須

サービスデスクからの回答によって１回で問題を解決するという課題については，該当する問合せ対応履歴をピックアップし，該当するサービスデスク要員に対して，サービス要求に関する対応手順書を基にビアリングを実施した。その結果，サービス要求のクローズ直前に行う“利用者が回答に基づき対処を行い，問合せが解決したことを確認する”という手順を省いていることが判明した。省いていた原因としては，当該要員が「自分の環境で解決したので利用者の環境でも解決する」と考えたことが挙げられた。そこで私は，当面の間，該当する要員については，サービスデスクのスーパーバイザによる承認によって，サービス要求が終了とする策を講じることで，効果の状況を監視することにした。

以上が，サービス目標の達成状況から得た課題に対する対策である。

【解説】

“管理課と開発課間の運用レベル合意書の締結”という対策については，〔段階的取扱い作業の調査〕の後半から，“サービス要求のクローズにはサービスデスクのスーパーバイザによる承認を必須”という対策については，〔顧客満足度の調査〕から遡って〔問合せ対応手順〕を参考にして記述しています。課題が複数あるときは，この解答例のように表現して，課題と対策の関係を明確にするようにしましょう。“読んで考えれば分かる”というのは，やめた方がいいです。

また，第２部第３章（平成29年問1）に掲載されている論文事例も参考にしてください。

コーヒーブレーク

「踊る論文指導」

某企業では，教育の一貫として社内の対象者に，システムアーキテクト，システム監査技術者，IT ストラテジスト，プロジェクトマネージャ試験を合否に関係なく，順番に試験対策セミナを受講して受験してもらう，ということをやっています。

ある年度の受講者と，B 判定の添削済み論文を相互レビューしているとき，「私は，論文課題は，本気で書いていませんから」と私に言うのです。私は本気で論文添削をしているつもりなので，「次回から君の論文は，手抜きで添削するよ」と言い返しました。正直，手抜きで添削するというのは，難しいです。全力で添削した方が楽です。したがって，「冗談だよ。本気で添削するよ。それに，全力を出さないやつって，嫌いじゃないよ」と話を終えました。その後，彼は IT ストラテジスト試験に合格したので，めでたし，めでたし，です。

彼の同期で，もう一人，試験終了直後に「岡山先生のおかげで，合格できました」と私に言うのです。初めて IT ストラテジスト試験を受けたのに，無謀なことを言うな，と思っていました。しかも，いつも彼は論文添削では B 判定です。推測ですが，彼も課題論文は手抜きで書いていたのでしょう。結果は一発合格でした。

IT ストラテジスト試験を一発合格した受講者の話のオチは，というと，一番目の彼は，実はそのとき，「本試験では，先生の指導を思い出して，本気で書きます」と言っていたのです。二番目の彼も，本試験のときは本気で指導内容を思い出して書いたのでしょう。そうです，「思い出す」これです。午後Ⅱ論述式試験が始まる前には，本書で学んだ内容，通信教育などで添削を受けた場合は添削の指示内容，これらをしっかりと思い出し，合格に向けた論文設計のイメージトレーニングすることが重要なのです。

第8章

本試験に備える

ここでは，試験の前までにしておくべき準備についてお話しします。

論述式試験対策を十分に行っていても，いざ試験となると実力を発揮できない受験者もいることでしょう。この章に書かれたヒントを活用して，ゆとりをもって試験に臨んでください。

8.1　2時間で論述を終了させるために決めておくこと ……… 146

8.2　試験前日にすること ………………………………… 150

8.3　本試験中に困ったときにすること ………………… 152

8.1 2時間で論述を終了させるために決めておくこと

（1）論述のマイルストーンと時間配分を決める

筆者自身の受験やセミナ経験に基づいて，次のようなマイルストーンを設定しています。

試験中は解答を書くことに精一杯の状態ですから，最小限のマイルストーンにすべきですし，所要時間には個人差があるからです。この例を参考にして，自分用のマイルストーンを設定してみてください。

14：30	試験開始 ①問題選択 論文設計 設問アの論述	**① 試験開始～35分で設問アの論述を終了する** 問題選択から，論文設計，設問アの論述終了までを35分で終了させます。慣れてくると30分くらいでできるようになるでしょう。
15：05	②設問イの論述 （設問イ，ウで 75 分）	**② 40分前に設問イの論述を終了して10分前に設問ウを完了する** 論文の中核となる，設問イとウを75分で書きます。設問イが45分，設問ウが30分ほどの配分になるでしょう。 ここまでは，集中して問題に取り組んでください。決して，設問イを書き終えただけでは安心しないでください。
15：50	②設問ウの論述 （設問イ，ウで 75 分）	
16：20	③2 分間の休憩	**③ 2分間の休憩** あせって見直しをすると，消しゴムを使う際に，必要な箇所を消してしまったり，きちんと消されていないところに字を書いたりしてしまいます。そのようなことがないように，見直しをする前に2分間かけて気持ちを落ち着かせましょう。
16：22	④5 分間の見直し	**④ 5分間で論文の見直し** 誤字，脱字，主語と述語の係り受けをチェックします。ここでは，しっかりと消しゴムで消して修正します。大幅な修正の場合は，残り時間を確認してから，修正を開始するようにしてください。残り時間がない場合は，修正をしないか，少ない修正で済むように工夫しましょう。 最後に，受験番号の記入，問題番号の選択など，合格に必須な要件をチェックします。答案用紙の間に挟まった消しゴムのカスをきちんと取り除いておきます。
16：27 16：30	⑤3 分間の予備時間 試験終了	**⑤ 3分間の予備時間** 不測事態の発生に備えて，予備時間を3分間，確保しておきましょう。

Point ここがポイント！！！！！！！

★答案用紙のカーボンコピー状態に気を付ける！！

答案用紙は400字の両面です。鉛筆で文字を書いた面を合わせて，裏から書くと，鉛筆で書いた文字が接触している反対側の答案用紙に相互に写ってしまい，読みにくい論文になります。答案用紙は，問題冊子を下敷きにして書くか，重ねて書かずに1枚ずつ書くようにしてください。

（2）問題の選択優先順位を決めておく

問題の選択は，合否に大きくかかわります。別の問題を選択しておけばよかったと後悔しても，どうにもなりません。また，論述式問題では，難易度が高い問題と低い問題間で点数の調整は行われません。

では，問題の選択について考えてみましょう。

試験問題に直面すると，問題は次のパターンに分類できます。

①　準備した論文で対応可能な類似問題

添削済みの論文があり，既に合格レベルの論文を書いた経験がある問題が出題されたケースです。この時点で，かなり合格に近い状況ですが，決して喜ばないことです。私は，安心して論文を書いていて，最後に時間不足になって不合格になった受験者の方を知っています。

②　実務経験に関連した問題

既に経験したことのあるオフショアに関する問題などが出題されたケースが，これに該当します。

③　工夫した点や能力がアピールできる問題

専門知識や実務経験が豊富で，問題文を読んで，すぐに工夫した点やアピールすべき能力が思いつく問題です。

④　問題文と専門知識を基に，論述内容をその場で考える問題

特に実務経験もなく，専門知識がない場合，問題文を参考にして，解答を考えなければなりません。できるだけ，問題文にトピックが書かれている問題を選ぶとよいでしょう。

各自の実務経験や専門知識のレベルに応じて，優先順位を事前に決定しましょう。③や④を重視することを決定した上で学習をすると「予想した問題が出題されなかったために不合格だった」という状況を事前に回避できると筆者は考えています。事前に優先順位を決めて学習することで学習効果も高まり，試験当日に迷ったり慌てたりしないで，落ち着いて問題の選択ができます。

問題を選択したら，直ちに答案用紙の表紙の問題番号を選択してください。このとき，受験番号や生年月日も記入済みであること確認するようにしてください。平成 22 年春の午後Ⅱ試験において筆者は時間ぎりぎりまで，受験番号を記入し忘れてしまいました。終了時刻の 5 分前に行った論文の見直しで気づきました。

（3）論文の共通部分を事前に用意しておく

一般に「論文の最初の部分，すなわち，設問アの前半の問いに対する答えについては事前に用意しておく」ことが鉄則です。「いざ，試験」という場面で最初からつまずいていたのでは，最後まで論文を書き終えることは難しいからです。

（4）題材の選び方を事前に決めておく

試験の最中に迷いながら論述したり，題材選びを間違って後悔したりしないように，論述する題材の選び方を事前に決めておきます。次の方法があります。

①　問題に対応して複数の題材から臨機応変に選ぶ

あらかじめ三つくらいの題材に絞り込んでおき，そのうちから最適な題材を一つ選んで論述します。これには，工夫した点や能力を最大限にアピールできるというメリットがあります。反面，題材を選ぶのに時間が掛かるというデメリットがあります。

②　事前に一つの題材に決めておく

どのような問題が出題されても，題材は一つと決めておきます。ある一つのプロジェクトを，題材として固定していかなる問題にも対応させます。これには，迷って時間を浪費しないというメリットがあります。反面，問題によっては，工夫した点や能力を最大限にアピールできない場合があるというデメリットがあります。

このように，一長一短ありますから，どちらの方法に決めても結構です。ただし，①の方法に決めた場合は，複数の題材について設問アの前半部分などを事前に用意しておく必要があります。

なお，どちらの方法を選んでも，基本的には，論文設計をしてから設問アを書くようにしてください。ほかの受験者がカチカチと書く音を出して論述している中で論文設計をするとあせってしまい，設計が不完全になるからです。

（5）消しゴムと筆を選ぶ

この段階で，筆，いや，鉛筆，シャープペンシルを選んでいては遅いですから，既に 2 時間書いても疲れない自分に合ったものが選ばれていると思います。ここで言いたいことは，皆さんの論文の中には，きちんと消していないもの，必要な部分も消してしまっているもの，黒くこすれているだけのもの，などがあるということです。

消しゴムを使って文字を消すときは，きれいに消して，必要なところを消さないように気を付けましょう。そのためには，急いでいてもきれいに消せる消しゴムを選ぶようにしてください。

Point ここがポイント！！！！！！！

★消しゴムを使うときは，黒い部分をこすりとってから使う

前回使ったときに付着した黒い部分が消しゴムに残っていると，答案用紙を汚します。これをこすって取り除いてから，消しゴムを使うようにしましょう。

8.2 試験前日にすること

基本的に試験の前日は，勉強を適度に抑えて，早い時間に就寝しましょう。でも，その前に軽く論文を１本仕上げてください。これで自信が付きます。

（1）実戦的な論文設計方法を確認する

本書の第１章の図表 1-3 の「受験中に書く論文設計の例」をチェックして，試験本番で，この作業を確実に実施できることを確認しましょう。本番でも，このようにして論文を設計することで，問題の趣旨に沿った論文を完成させることができます。

（2）論文を１本書く

論述式試験を嫌いにならないでください。いろいろな方から話をうかがうと，残念ながら「さんざん論文を書かされたので，試験ではもう論文など書きたくない人」がいることが分かります。論述に慣れていないと最初は８時間くらい掛かります。これを繰り返していると自分の時間がなくなるため，はじめは動機付けができたとしても次第に嫌になってきます。この状態で幾ら論文練習をしても，これでは合格は危ういです。なぜなら，最も重要な試験の日には，論文を書くことが嫌いになっているからです。

はじめの動機付けを維持できるように自分をきちんとコントロールすることによって，このような状況に陥ることを回避することができます。**コントロール目標は，少なくとも試験前日に論文を１本書く**ことです。論文練習が嫌になったら，論文を書かないことも大切です。休みましょう。一度きっちりと訓練した人は，試験前日に１本書いただけで合格できたという例もあります。

ある組織では，試験対策として論文を多数書かされたので，誰も試験前日に論文を書く気が起きなかったそうです。結果は，全員不合格でした。このような状態に陥らないように，皆さんには論述することを好きになってもらいたいと思っています。多くの組織では，昇進試験において論文を書くことになります。筆者も昇進試験において論文を書きました。その経験から，ここで訓練した内容は皆さんの昇進試験でも役立つと思います。

Point ここがポイント！！！！！！！

★前日に論文を書いた人は合格率が違う

ある組織で，前日に論文を書いた人の合格率を調査しました。その結果，50%前後の合格率であったとのことです。

（3）受験環境を整えるアイテムをそろえる

試験会場は，椅子や机が固定の場合は問題ありませんが，中には固定ではない場合があります。この場合に備えて机がカタカタしないように，机の足と床の間に挟んで安定させるための紙を用意しておきましょう。また，長時間の着席でお尻が痛くならないように座布団も用意しておくとよいでしょう。

受験中の姿勢についてですが，長時間，頭を下にしておくと首が疲れます。長時間たっても大丈夫なように，頭の置き方を工夫するとよいでしょう。筆者は，あまり頭を下げないようにしています。

8.3 本試験中に困ったときにすること

1 年に一度しかない試験です。準備のし過ぎということはありません。用意周到で臨む必要があります。

(1) 時間が足りない事態を予防する

時間が足りない事態に陥らないように，論述中は，適宜，経過時間をチェックするようにしてください。万が一，時間が足りない事態に陥ったら，すなわち，設問ウを書けずに試験時間が終了したら，ほぼ不合格です。

時間が足りない事態を予防するには，最悪でも，設問ウに移る時間を決めておいてください。設問アと設問イをいくら立派に書いても合格できません。事前に決めた時間が経過したら，うまく論旨を展開し，設問イを切り上げて，必ず設問ウも論述してください。

(2) 文字数が足りない事態に対処する

同じことを何回も書いてある冗長的な論文は合格できませんが，論文の主張を二度書いても，重要なポイントを強調していると判断されて，大幅な減点対象とならない可能性があります。したがって，文字数が足りない場合は，設問イや設問ウにおいて，論文の主張を書いて，合格の可能性を残しましょう。

論文の主張は問題文に書いてあります。“重要である”というキーセンテンスで探すことができます。

(3) 時間が余ったら，これを実行して合格を確実にする

最後にきちんと論文を読み直して，誤字脱字，主語と述語の係り受けをチェックしてください。

基本的には，消しゴムで修正してください。しかし，段落の途中で修正箇所の文字数が多くなったり少なくなったりした場合は，修正に時間がかかる場合があります。この場合は，多少の減点覚悟で，吹出しを使って加筆，あるいは消しゴムで消して二重線を引いておいてください。第 4 章の 4.2 を参照してください。

（4）合格のための20か条

合格のために特に重要なポイントを 20 か条だけ選んで，次に示します。

合格のための20か条

項番	確認項目	チェック
①	論述式試験の直前の待ち時間に合格のための20か条を思い出して，（問題のないことを確認した上で）解答冊子を開けて質問書，各設問の論述箇所をチェックしているか	
②	字を濃く，大きく書いているか	
③	設問文に沿って正確に章立てをして，なおかつ，設問文に「～を含めて」という記述があった場合は論旨展開を考えて論述する順番を決めているか	
④	問題文の趣旨にある，「～が重要である」，「～が必要である」，「～しなければならない」，「～を踏まえて」という記述に沿って，論文を設計しているか	
⑤	論文設計において，合格するために何を採点者にアピールするか，決めているか	
⑥	工夫のアピール，能力のアピールを盛り込んだ論文設計になっているか	
⑦	設問アの後半では，我田引水した論述になっていないか	
⑧	設問アは，可能ならば700字以上，論述しているか	
⑨	設問イの前半に注力し過ぎていないか	
⑩	設問イの後半では，「なぜならば～」などと展開して，専門家としての考えや，そのように考えた根拠を採点者にアピールしているか	
⑪	無駄に「なぜならば」を連発していないか	
⑫	「ただし～」という展開を盛り込んで，能力をアピールしているか	
⑬	設問アの前半で明示した IT サービスの特徴を踏まえて論旨展開して，論文の一貫性を採点者にアピールしているか	
⑭	設問ウで評価が問われた場合，自画自賛になっていないか	
⑮	設問ウで評価が問われ，なおかつ，設問アやイで期待効果，目標，KPI，などが問われた場合，それらの達成度を踏まえて評価しているか	
⑯	論文を見直して，略字，当て字，誤字脱字をチェックしたか	
⑰	最後を「ー以上ー」で締めくくっているか	
⑱	設問イは800字，設問ウは600字を確実に超えているか	
⑲	解答用紙に，消しゴムの消しカスを残していないか	
⑳	自分は，“解答用紙に記入する問題の選択を忘れことはない”，“質問書への記入漏れはしない”などと過信していないか	

Point ここが ポイント！！！！！！！

★採点者に誠実さを示す

答案用紙に空白マスや文字の挿入があった場合，減点の対象とされても仕方がありません。ただし，脱字や意味が通らない文章を書くよりは，結果的に得点が高くなります。アイテックが実施している公開模試を採点する場合ですが，筆者はこのように修正してある論文について，“きちんと見直しをしている”と判断して好印象を受けます。

Point ここが ポイント！！！！！！！

★採点者はルール違反しない限り，しっかり読んでくれる

情報処理技術者試験ガイドラインのトピックに書かれている内容を紹介します。それによると，採点者が，ある答案用紙を開いてびっくりしたそうです。なんと，論文を縦書きで書いてあったそうです。論述式試験の問題冊子には「横書き」を指示していないので，採点者は時間をかけてしっかり読んだそうです。受験者がルール違反をしない限り，採点者はしっかり解答を読んでくれると考えてください。

★試験開始時刻までの待ち時間に，本書の内容を思い出す

合格のための20か条の最初の項目は，冗談ではありません。本気です。私はいつも試験開始までの待ち時間に，自分がレクチャーした内容を思い出してから試験に臨みます。自分が期待した以上にスラスラと筆が進みます。皆さんも，必ず本書の内容を思い出して，合格を獲得してください。

第9章

受験者の問題を解消する

最後に，筆者が受験者から受けた質問とその回答を紹介します。

質問者には，セミナの受講生，アイテックが行っている通信教育の受講生などがいます。読者の皆さんと共通する質問があるかもしれません。学習の参考はもちろん，困難な状況に陥った際の回復の手助けになると思い，紹介させていただきます。

なお，いろいろな方からの生々しい質問とその回答を集めたＱ＆Ａ集であるために，一部に冗長な内容がある点をご了承ください。

9.1　学習を始めるに当たっての不明な点を解消する ………… 156
9.2　学習中の問題を解消する ……………………………… 161
9.3　試験前の問題を解消する ……………………………… 170
9.4　不合格への対策を講じる ……………………………… 172

9.1 学習を始めるに当たっての不明な点を解消する

筆者は応用情報技術者試験の対策セミナの講師も務めていますが，その際，応用情報技術者試験に合格したら，次は何を受験するかという質問を受講者にすると，ネットワークやデータベースのスペシャリスト系を目指す方が圧倒的に多いことが分かります。スペシャリスト系以外のシステムアーキテクト，ストラテジ系やマネジメント系などの試験区別を受験しない理由を聞いてみると，実務経験がないから，論文があるから，などの回答をもらいます。しかし，マネジメント系やストラテジ系などの試験を目指さない本当の理由は，論文の書き方や合格レベルなど，論述式試験の実態がよく分からないからだと思っています。

それについては，本書によってかなり理解が進んだと思います。しかし，学習の開始時点，中盤，仕上げ，それぞれの局面において不明な点があると思います。それらを，適宜，解消するために，この章を書いてみました。まずは，学習を始めるに当たっての不明な点を解消していきましょう。

(1) 学習を開始するに当たって不明な点を解消する

Q 合格する人の論文って，どのような論文ですか。

A オリジナリティが盛り込まれている論文です。

受験する試験区分と，皆さんの実務の分野が合っている場合は，実務経験を基本にして，本書の第１部で紹介している論述テクニックを活用して，第２部の事例にあるトピックを盛り込むなどして論述するとよいでしょう。

受験する試験区分と，皆さんの実務の分野が完全には合っていない場合について考えてみます。システムアーキテクトの実務に携わっている方がプロジェクトマネージャ試験を受験するときは，プロジェクトマネージャとも仕事をしているはずですから，そのプロジェクトマネージャの立場になって，論述すればよいでしょう。また，コンピュータシステムの基盤関連，サーバやネットワーク環境の構築の実務に携わっている方は，システムアーキテクトとも仕事をしているはずです。このようなことは，システムアーキテクト，IT サービスマネージャ，IT ストラテジストなどの試験を受ける多くの方に当てはまると考えます。

受験する試験区分と皆さんの実務の分野が完全に合っていなくとも，立場を変えることで実務経験を論文の題材にして論述できます。したがって，事例の詳細を書けば，論文にオリジナリティを盛り込むことは難しくないと考えます。問題は，実務経験と関係のない試験区分を受験する場合です。例えば，実務経験のない新入社員が受験する場合です。

実務経験のない場合であっても，オリジナリティを盛り込んでいる論文を書ける方は合格できる可能性が高いです。実務経験のない場合，サンプル論文などの事例を参考に題材を考えると思います。その際，サンプル論文をそのまま流用する論文を書いている人よりも，サンプル論文の事例を，自分が考えたオリジナルの題材に適用して論述する人の方が合格の可能性が高いと，経験的に推察します。整理すると次のようになります。

実務経験がない場合，サンプル論文の切貼りをして論文を書くよりも，サンプル論文の事例を自分のものにするために，一時的に完全消化して，その消化したものを，自分の考えた題材に適用するスタイルで論述演習をした方が合格の可能性が高まるということです。**本書の第1章図表1-2や1-3の作業をしているということですね**。サンプル論文の事例を，自分の考えた題材に適用しているので，完成した論文にはオリジナリティがあります。

Q 学習以外に合格に必要な要素は何でしょうか？

A 動機付けと時間の有効活用です。

ある受講者が「先生，早く論文を書かせてください。去年，同期が合格して，私は不合格，同期には絶対に負けたくはない」と筆者に詰め寄ってきました。すごい気迫です。最終的に，この方は合格しました。でも，自己採点の午前試験がぎりぎりでした。私は，この「同期には絶対に負けたくない」という動機付けが，合格を引き寄せたと思っています。本番では，朝から試験を始めて，午後Ⅱの終盤は，もう夕方になってきます。この時点での踏ん張りを支えるのが，この動機付けです。学習を開始する前に，何を糧に合格を引き込むのかを決めるようにしましょう。

講師をしていて，「あなたは合格できるから大丈夫です」と言ってしまうことがあります。余計なプレッシャーを受講者に与えるので，本来は控えるべきです。それにもかかわらず，時間の有効活用をしている受講生を見てしまったとき，筆者はそう言ってしまいます。忙しくて学習時間を確保できない理由は，幾らでもあります。例えば，講義開始を待つ時間が1分でもあれば，それを学習時間に回すべきです。

余計なことを言うと，時間の有効活用を突き進めて考えると，“何かを失わないと，新しいものを得ることができない”とも言えます。例えば，同僚との昼食後の会話を少しの期間だけやめて，学習時間を確保するなどを検討する必要があるかもしれません。

（2）論文を設計するに当たって不明な点を解消する

Q 論文は何本も書く必要があるのでしょうか。

A 少ない人で2〜3本書いて合格しています。

合格までに書く論文の数ですが，個人差があるので何とも言えません。本をよく読む人は少ない数で合格できる可能性が高くなると考えています。

本書によって習得してもらいたいことは次の二つであり，重要なことは，これらを分けて考えて欲しいということです。

①論文を設計できるようになること

②設計に基づいて論述できるようになること

論述することは時間のかかる作業です。したがって，①よりも②の作業に時間がかかると考えるのが一般的でしょう。そこで次のように考えてください。②ができるようになり，いろいろな問題について①を繰り返して演習すれば，時間のかかる②の作業をしなくとも，本番試験における問題に対応でき，効率的に合格の可能性が高められるということです。言い換えれば，設計に基づいて論述できようになれば，“いろいろな問題について論文を設計することで，その問題を解答できることと同じ効果を見込める”ということです。論文設計は論述より時間がかからないので，効率的ですよね。

Q 問題文には，よく「あなたの経験に基づいて」とありますが，問題文のトピックを論文に引用することを優先すると，経験がない論文の題材について論述することになります。このような場合，次の点について，どちらを優先すべきであり，また採点上有利なのでしょうか？

① 「あなたの経験に基づいて」を重視して，問題文のトピックは無視し，設問に沿った論述をすべきである

② 専門家として，専門知識を基に，問題文のトピックを活用して，設問に沿った論述をすべきである

A ②を優先すべきであり，②が有利です。

最初に，問題文の趣旨に沿って書くことは必須であることを確認しておきましょう。問題冊子に書いてあるからです。次に問題文に書かれているトピックの活用について検討します。

質問に答える前に，経験に基づいて論文を書ける，書けない，について話をしてみます。

あなたの経験に基づいて書けるなら，①を選択すべきです。ただし，設問に全て解答するとともに，本試験の問題冊子に書かれているとおり，問題文の趣旨にも沿って書くことが求められていると考えてください。経験をそのまま，設問に沿って書いただけでは，合格できないケースがあるということです。合格するためには，問題文の例には従わなくともよいですが，設問のみならず，問題文の趣旨に沿って書かなければならないということです。

経験に基づいて書くことができないなら，②を選択すべきです。すなわち，問題文に挙がっているトピックをなぞる程度に書くのではなく，それらのトピックを基に，更なる論旨展開をする方法です。このようにして問題文のトピックを活用すると，問題文の趣旨に沿って書くことになりますから，論文が B 判定になる最大の要因を回避できることにもなります。

どちらを優先すべきであるかという点について，経験に基づいた論述の観点から書きましたが，少し分かりにくい点があると思います。いくら経験がないとはいえ，実際には，専門知識と経験の両方を論文に書くからです。この点を踏まえると，最終的に質問に対しては②を優先すべきと回答します。なぜならば，経験がないとは言え，論述には専門知識と経験の両方を書いてしまうことから，**経験も専門知識として論述のために再利用可能なように整理しておけばよい**からです。自分の経験を基に設問文に答える論文を書けたとしても，本試験では問題文の趣旨に沿って書くことも求められています。筆者の講師経験から①を優先すると，事実に沿って書くために，問題文の趣旨に沿って書くことを軽視する傾向になるようです。これでは，問題文の趣旨に沿っていないことを理由に B 判定になります。

どちらが採点上有利なのかという点については，IPA が発表する午後Ⅱ講評をホームページでチェックしてみると分かります。不合格の論文には問題文の趣旨に沿っていない論文が多いです。したがって，2 時間という短い時間内で，問題文の趣旨に沿って書ける②が有利と判断します。

Q

設問アの内容を踏まえて設問イを論述する，あるいは，設問アや設問イの内容を踏まえて設問ウを論述することは，必須なのでしょうか？

A

設問文や問題文に踏まえることを明示している場合は踏まえる展開をしてください。

設問文において，設問イやウで，踏まえることを明示している場合は，必ず踏まえる展開をしてください。設問文に明示していなくとも，問題文の趣旨に書いてある場合も，踏まえる展開が求められていると考えてください。それ以外の場合，合格論文を書くためには，必須，というわけでありません。論文の一貫性がより向上し，説得力が増すと考えてください。踏まえる展開を盛り込むことで，一般的な対応ではなく，状況に応じた対応ができることを採点者にアピールすることができます。これによって，一般論を論じる受験者よりは，アドバンテージがあると考えることができます。

9.2 学習中の問題を解消する

本書を読んだ直後に合格レベルの論文が書けるわけではありません。論述テクニックを，①説明できる，②使うことができる，③使って合格できる，この三つのプロセスを経る必要があります。ここでは学習中の質問について答えてみます。

(1) 論文を設計できる

Q 本書の第1部を2回熟読しました。何から始めたらよいのでしょうか？

A Just Do it！ 関所No. 1～6をやりましょう。

それが終わったら，新たに解きたい問題について，Just Do it！ 関所 No.4～6をやってください。

Q 本書に，ワークシートを活用した論文の書き方が紹介されています。しかし，実際の試験においてはワークシートを書いている時間などないはずです。更に，このワークシートによる論文の書き方がどのような場面で役に立つのか，分かりませんでした。

A ワークシートは論文設計方法を習得するためのツールです。

ワークシートについてですが，論文を書いたことのない，論文の書き方の分からない人のために，“ワークシートに基づいた論文の書き方”を紹介しています。本書では，“工夫のアピール”や“能力のアピール”などの論旨展開を利用して，問題文の趣旨に沿った論文を書けるようになるという意図で説明しています。

論文の書き方が役に立つ場面ですが，本番の試験で問題を見た場面で役立ちます。ワークシートにある，工夫のアピール，能力のアピールなどの論旨展開ができるようになれば，ワークシートを使わなくとも，問題文の趣旨にあるトピックや，自分で追加したトピックを活用して論旨展開ができると考えています。

Q **質問書で“分からない”としか，答えられない質問項目があります。どうしたらよいでしょうか？**

A **“分からない”を選択してください。ただし，分からない理由を簡潔に書くとよいです。**

理由を“分からない”の下あたりに書いておくとよいです。質問書はコンピュータ採点ではありませんので，分からない箇所については，採点者に“受験者の誠意”が伝わればよい，と考えてください。“答えようと努力していない”，“記入漏れのミスがある”と採点者に判断されなければ問題ありません。

Q **本書で書いてある内容を全て反映しないと，合格論文にならないのでしょうか？**

A **いいえ。ただし，反映できるようになると合格の可能性は高まります。**

本試験の時間は限られています。短い時間内に合格を引き込むためには，いろいろな論述テクニックを取得しておく必要があります。取得した論述テクニックを時間内に，適宜，引き出して活用すればよいでしょう。多肢選択式問題や記述式問題では，本試験の採点で 60 点以上が合格です。それと同様に，本書の内容の 6 割ほどを本試験で実現できれば，合格レベルに達すると考えています。ただし，専門家としての“考え”をアピールすることは必須と考えてください。

（2）論述できる

Q 問題文の前の質問書の内容で答えられない項目があり未記入にしておきましたが，減点対象になるのでしょうか？

A 未記入は，本試験の採点では減点対象になります。

未記入ではなく，少なくとも「分からない」を選択するようにしてください。しかし，論述式試験のある試験区分で「分からない」は，採点者によい印象を与えない可能性があります。そこで，分からない理由を「分からない」の下あたりに小さく書いておくとよいでしょう。質問書はコンピュータ採点ではありませんので，本当に分からない項目については，採点者に“受験者の誠意”を伝えればよい，と考えてください。

“努力もしないで”と採点者に判断されないように，未記入だけはやめましょう。

Q 論文を書く上で，高いレベルの守秘義務についてはいかがでしょうか。

A あなたが判断すべきです。

結論を先に言うと，これは，あなたとあなたの会社との契約，あなたの会社と顧客との契約に関係する話なので，私には契約の内容は分かりませんからあなたが判断すべきです。回答者はあらゆる責任を負うことはできません。以上を前提に，これからは一般的な話をさせていただきます。

高いレベルの守秘義務の場合，試験関係者から万一漏えいした場合，重大な社会不安を引き起こす可能性があります。例えば，国防など国家機密に関する題材などは書くべきではないでしょう。

また，宝くじシステムのように，システム名で顧客が一意に決まるシステム名の場合も守秘義務の問題が生じます。そこで私は，例えば，金融商品管理システムという表現で対処するように指導しました。参考にしてみてください。

Q

２部の事例集にある論文のように書かなければ，合格できないのでしょうか？

A

そのようなことはありません。２部の事例集の主目的は，本書の読者による論文内のトピックの再利用です。

2 部の事例集の論文は，字数も多く，書かれているトピックも多いために，実践レベルの合格論文ではないものがあります。本書の読者が，①論文を書く際の体裁を確認するため，②論文を書くためのトピックを集めるため，に事例集の論文を掲載していると考えてください。基本的には，事例集の論文は，事例集の論文に書かれているトピックを問題文の趣旨に合うように再構成することで，論文が書けるようになっています。

では，実践レベルの合格論文はどのように確認すればよいでしょうか。

本書をしっかりと学習して，規定時間内に自分で論文を書いてみてください。本書を学習すれば，自分の欠点は自分で分かるはずです。その欠点を改善した論文があなたの実践レベルの合格論文と考えてください。

Q

「なぜならば，～」の後の記述について，重要なことは分かりましたが，やはり書けません。

A

おまけ付きのお菓子法で考えてみては，どうでしょうか。

論文設計する際に重要なことは，“採点者に何をアピールして合格を決めるかを明確化する”ことです。これをキラーメッセージと呼んでいます。キラーメッセージを自分で説明できないと論文を設計した意味がありませんし，合格も難しいでしょう。

キラーメッセージの一つが，“なぜならば，～”の後の文章です。ここで一つの発想法としておまけ付きのお菓子法を考えてみました。通常，見込まれる効果に加えて，副次的な効果をアピールする方法です。次のような例を挙げることができます。

私はおまけ付きのお菓子を買うことにした。なぜならば，お菓子も美味しいし，楽しいオモチャも付いているからである。

どうでしょうか。読んでいて納得しませんか。「なぜならば，～」の後の文章は難しいです。しかし，その難しさを分かったということは，合格に近づいている証拠です。「私はAを先に行った。なぜならば，AよりもBの方が順番が先だからである」などと書いていては，採点者を納得させることは難しいです。

（3）評価を上げることができる

Q 会社の先輩に論文を添削してもらっていますが，試験ではB評価から上がりません。どのような対策を講じればよいでしょうか？

A 第三者による添削が効果的です。

いろいろな原因が考えられますが，会社の先輩に論文を添削してもらっていることを踏まえると，原因としては，**社内で内輪受けする内容を書いるために第三者が理解できず合格できない**，ということを挙げることができます。ある会社で，社内で相互に論文をレビューしていましたが，論文を5本以上書いても誰も合格できない状況でした。あるとき，本書を基にセミナを実施したところ，合格率が6割に達しました。内輪で優秀な論文は，第三者が読むと，内容が分かりにくい論文になっているようです。以上の点を踏まえると，先輩ではなく，会社以外の人にも読んでもらうことを考えてはいかがでしょうか。

Q B評価は何が足りないのでしょうか？

A 基本以外の全てが足りない可能性があると考えるべきです。

論文の内容によって，いろいろと考えられますので，一般的な点から回答させてください。まず，午後Ⅱの評価の分布ですが，不合格のほとんどはB評価です。したがって，**B評価は，もう少しで合格ではない**と考えてください。B評価であっても，もしかしたら，いろいろと改善すべき点があるということです。B評価となる原因と対策について，次に説明します。

① 問題文の趣旨に沿っていない

設問文に答えるだけでは，問題冊子に明記してある，問題文の趣旨に沿って書く，という条件を満たしていないということです。問題文を基にしっかりと論旨展開を設計する必要があります。これは，書ける内容を論述するのではない，ということでもあります。**合格するためには，問題文の趣旨に沿うように，論述内容をそ**

の場で考えることも重要です。

② 論文としての体裁に欠けている

論文に“思う”は禁物と，20 年以上前に教わりました。それを平成 21 年春のプロジェクトマネージャ試験で試してみました。設問ウで“思う”を連発です。やはり，B 評価となりました。内容はともかく，**“論文としての体裁に欠けている”など，採点者に不合格になる明白な口実を与えてはならない**，と考えるとよいでしょう。

③ 専門家としての“考え”のアピールが不足している

設問イやウでは施策などを問いますが，採点者は施策を導いた根拠や考えを探していると考えてください。なぜならば，施策などはテキストなどに書かれている一般論で書けるからです。専門家としての“考え”は，論文の題材ごとに異なるために，受験者の能力を評価しやすいと考えるとよいでしょう。

④ 専門家としての能力のアピールが不足している

例えば，施策を講じたら成功した，という論旨展開では，採点者は受験者の能力の程度が分かりません。したがって，施策を講じると新たに生じるリスクなど説明し，事前にリスク対策を講じておくという展開の方が，採点者に能力をよりアピールできるでしょう。このような能力アピールの論旨展開をしっかりと設計することが大切です。

⑤ 問題文の記述をなぞっている

論文の“結論”と問題文のトピックを同じにしているケースです。問題のトピックから論旨を展開させることが重要です。

以上，主なポイントを説明しましたが，詳細については論文の設計方法や論述方法が書かれている章で確認してください。

（4）2時間以内に論文を書き終えることができる

Q **論文を2時間で書き終える方法を教えてください。**

A **まずは3時間で書き終えるように訓練してください。**

時間内に書き終えるために重要なことは，字数を多く書き過ぎないということです。余裕をもたせて規定字数を 3 行ほど超過すればよいです。その上で，まずは 3 時間ほどで書き上げることができればよいと考えてください。

自宅において 3 時間で書ければ，本試験で 2 時間以内に書けるという根拠は，ただの経験則です。筆者も自宅では，なかなか 2 時間で書き終えることができません。しかし，本試験では 2 時間以内で書いています。

(5) 通信教育の課題を書ける

Q 通信教育の論文の課題に取り掛かっているのですが，提示されている課題に関して経験がなく，全く書くことができずにお手上げの状態です。

A 知識を基に論述してください。

本書では，問題文を膨らませて論文を書く方法を推奨しています。さて，この膨らませるための知識を，具体的にはどこからもってくるかが，問題になります。基本的には，専門知識，実務経験からもってきます。ポイントは，経験も知識の一部として，再利用可能な状態に整理することです。質問では，実務経験がない，ということですね。したがって，専門知識からもってくるしか方法はありません。このような場合，私はセミナなどで，次の方法を指導しています。

① 専門知識の学習
② 事例集のトピックの専門知識化，すなわち，論文へのトピックの流用
③ 問題文を基にした実務経験者へのインタビュー

最近のセミナでは，特に③を推奨しています。インタビュー技法を確認した上で，いろいろな経験者にインタビューしてみてください。インタビュー技法に関する専門知識も，論述に必要になるかもしれません。

なお，論述に最も重要なことは，筆者がいただいた合格者からのメッセージから分かります。それは，問題文の趣旨に沿って書くために**最も重要なことは一生懸命考えること**です。論文設計は，そのための訓練と考えてください。

(6) 論文添削の結果を有効に活用できる

Q 通信教育の論文添削を受けました。論文を書き直したいのですが，効果的な方法を教えてください。

A 添削内容を漏れなく反映するために，書き直す前に，添削内容に基づいて青色のペンで添削後の論文を修正しましょう。

添削しても添削内容が書き直した論文に反映されていないケースが多いです。これでは効果的な学習とはいえません。添削結果を基に，どのように書き直したいの

かを，赤の添削内容の近くに青色のペンで書いてみましょう。そのようにすることで，添削内容を有効に論文に反映できます。その上で，論文を別の用紙に書いてみるとよいでしょう。

Q

論文課題の実施は，時間はあまり気にせずに，完成度を優先した方が効果的でしょうか。それとも，制限時間内で書くようにした方が効果的でしょうか。

A

合格レベルの論文を書くことを優先してください。

合格レベルの論文を書くことが重要です。時間短縮は，その後に訓練してください。

自宅で，3 時間で書けるようになると，本番において 2 時間で書き終えられ可能性が高まります。なお，本試験における時間管理の方法は，本書の説明を参考にしてください。

Q

合格レベルの論文を書こうと，設問アでは800字，設問イでは1,600字，設問ウでは，1,200字を書いて添削を依頼しました。添削結果は60点未満のB判定でした。合格レベルの論文を書こうと努力した結果が，B判定では，これから先どのようにすればよいか，分かりません。合格に向けての指導をお願いします。

A

次に説明する合格レベルの論文の最低字数を基にして，自分の合格パターンの字数を決めましょう。次にその字数内で合格レベルの論文を書くようにしてもよいでしょう。

合格レベルの論文の字数ですが，少ない方の字数を考えると，設問アは 700 字，設問イは 900 字，設問ウは 700 字ほどです。設問イでは，設問イの前半の問いに答える字数が 400 字，設問イの後半の問いに答える字数が 500 字ほどです。設問イで合格を決めるポイントは後半にあると考えてください。後半を厚く書いて合格を決めます。

合格論文は，字数ではありません。本試験において，設問イを 1,500 字書いて不合格になった受験者の方もいます。字数を多く書いてもなかなか点数が伸びない例を次に示しておきます。参考にしてください。

(1) 冗長である

同じ内容を繰り返しても点数は伸びません。

(2) “前述のとおり”で始まる文がある

書くべき箇所を間違えて，前の章で書いてしまったので，“前述のとおり”と書く場合があります。試験では，適切に使用しましょう。

(3) “また，～した”を繰り返している

設問イの終盤で，“また，～した”を繰り返して，1,600 字にしている論文がありました。1 点の演技を 100 回繰り返しても 100 点にはなりません。専門家としての考えをアピールしてから施策を論じることが重要です。

(4) 状況説明を十分に論じた結果，オーソドックスな施策を一つだけ強調して論じている

500 字ほど状況を説明して，最後に“専門家をプロジェクトに参画させた”という施策をアピールする論文があります。この施策は状況によっては効果的な策ですが，この策を論じただけでは，合格は難しいと考えてください。

冗長ですが，繰り返して書きます。合格論文は字数ではありません。内容です。

Q **「なぜならば，～」という展開を複数箇所に盛り込んでいるのですが，点数が伸びません。どのようにしたら，よいでしょうか。**

A **「なぜならば，～」という展開は，設問イやウにおいて，それぞれ多くとも，二つに抑えて活用しましょう。**

「なぜならば，～」を連発している論文については，「～と考え，～した」という表現に変えるとよいでしょう。専門家としての考えを基に施策を論じる展開を重要です。

「なぜならば，～が重要と考えたからである」という文章を読んで，“なぜ重要と考えたの？”と質問したくなるときがあります。「なぜならば，～が重要と考えたからである」と書くときは，重要であると考えた根拠も含めるとよいでしょう。

9.3 試験前の問題を解消する

ひと通り学習が終わると，新たな疑問が出てくると思います。次は，学習後の質問に答えてみます。

（1）問題の選び方を説明できる

Q どのように問題を選択したらよいでしょうか？

A 一つの方法としては，問題文にトピックがより多く挙がっている問題を選ぶという方法があります。

どのような問題が出題されても合格論文を書けるように，問題文を活用して論述する方法を取得してください。これができれば，最短で合格できる可能性が高くなります。

（2）問題の趣旨に沿って書ける

Q 実務経験がないために，問題文の趣旨に沿って書けません。対処方法を教えてください。

A トピックを収集して再利用可能なように整理しましょう。

実務経験があっても，問題文の趣旨に沿って書くことは難しいです。実務経験がない場合，論述に必要なトピックは，前述のとおり，次のようにして，収集する方法があります。

① 専門知識の学習
② 事例集のトピックの専門知識化，すなわち，論文へのトピックの流用

③　問題文を基にした実務経験者へのインタビュー

トピックを収集したら，論文で再利用できるように，自分の言葉で整理することが大切です。問題文の趣旨に沿って，トピックを組み合わせて，足りない分についてはその場で考えて論述しましょう。合格者からのメールによると，経験の少ない若手の受験者は，この方法で合格しているようです。

Q 事例集を基に，トピックの整理が終わりました。論文を書く回数が多いほどよいのでしょうか？

A 論述に慣れたのならば，論文設計だけでもよいでしょう。

既にトピックをもっているので，イメージトレーニングをするとよいです。問題文を読みながら，手持ちのトピックを頭の中でまとめて，論文を設計するイメージトレーニングをしてください。その際に，簡単な論文設計書を書いてもよいでしょう。最終的に，これが本試験における論文設計方法になります。

(3) 論文添削の結果が60点未満の場合の対処方法を説明できる

Q 通信教育の第2回目の添削結果が60点未満で合格レベルに達することができませんでした。効果的な対処方法を教えてください。

A “急がば回れ”で，本書を，再度，学習してみることを薦めます。

筆者のケースですが，ある顧客の本試験合格者の添削時の点数は，50 点以上であったことが分かりました。添削時点で 50 点以上ではないと合格の可能性が極端に低くなることを意味しています。そこで 50 点を境にして，それぞれについて対処方法を書いてみます。

第 2 回目の添削結果が 50 点未満の方は，“急がば回れ”で，本書を，再度，学習してみることを薦めます。改善点が見つかると思います。

50 点以上の方は，添削結果を基にして，60 点に達しなかった原因を，本書を参考に分析してみてください。原因が分かったら，どのように書き直したらよいかを検討して，再度，論文を書き直すようにしましょう。

9.4 不合格への対策を講じる

残念ながら合格できなかった方からの相談や質問をまとめてみました。次の試験で合格するために，改善すべき点だけは早めに整理するようにしましょう。

（1）想定した問題が出題されなくとも合格できる

Q 想定した問題が出題されなかったのですが，来年度も同じように，想定した問題が出題されなかった場合，不合格になってしまいます。どのような対策を講じたらよいでしょうか？

A どのような問題が出題されても論述ができるように，問題文の論旨展開やトピックを活用して論述する方法の取得を薦めます。

本番では，想定した問題が出ないと私は指導しています。これを受け入れて論文練習しましょう。問題冊子に書いてあるとおり，問題の趣旨に沿って書くことが重要です。設問文の全てに答えるようにして，問題文の趣旨に，経験や専門知識を盛り込んで，論文を完成させる訓練をしてください。第 1 章 1.1 にある図表 1-2 が示している論文の書き方を実践するとよいでしょう。

仮に想定した問題が出題されたとしましょう。私は，ウキウキ状態になって論文を書き，最終的に時間不足になり，字が荒れて不合格になった人の話を聞いたことがあります。この話から分かることは二つあります。

一つ目は，後半になって字が荒れると，その焦りが採点者に移ってしまうということです。**段々と字の荒れてくる論文を読んでいると，採点者も読み方がおざなりになります**。採点者をこのような状況にしてしまっては，合格できません。これを回避するためには，一定の品質を保った字を書くことが重要です。

二つ目は，本当に不合格になった理由は時間不足か，ということです。類似問題ということで，過去問題の内容をそのまま書いた結果，問題文の趣旨に沿っていない論文になったのではないでしょうか。**類似問題であっても，問題文の趣旨に沿って再構成する**必要があると考えてください。

（2）論文全体の字数のバランスを考慮して論述できる

Q 本試験で規定字数には達しましたが，最後まで書き終えることができませんでした。何が悪いのでしょうか？なお，二度の論文添削を受けましたが，1回目は44点，2回目は57点でした。

A 時間不足の原因の一つには，字数不足を早めに回避するために設問イの前半でがんばり過ぎることを挙げることができます。

2 回目で 60 点に達していない点が気になります。60 点に達していない理由が添削内容に書いてあれば，それを基に改善してください。

時間不足の状況としては，設問イの前半に注力し過ぎていることがよくあります。字数不足が不安となるため，前半から風呂敷を広げ過ぎてしまうパターンです。具体的には，課題の挙げ過ぎです。これでは後半で収拾がつかなくなります。課題が一つでも，合格した方は多いです。工夫と能力のアピールなどを十分に行い，設問イは特に後半に注力するようにしてください。

Q 想定したボリュームが多過ぎ，書き終えることができませんでした。字数については，どのくらい超過すればよいのでしょうか？

A 規定字数を3行超過すればよいです。

論文のボリュームですが，字数は設問文にある規定字数を，余裕をもたせて 3 行超過すれば問題はありません。筆者が受験した平成 22 年秋の試験では，設問イは 3 行超過しただけですが，A 評価でした。

なお，第 2 部の事例集の論文は字数が多いものもあります。できるだけトピックを盛り込むことで，トピックを本書の読者に再利用してもらいたいからです。

（3）問題文をなぞった記述から脱却する

Q IPAの講評には，“問題文をなぞっただけの記述”とありますが，これを回避する方法を教えてください。

A 問題文の記述を基にして，そこから論旨を展開してください。

問題文の内容と論文の“結論”が同じ場合，問題文の記述をなぞっただけの記述と評価されます。それを回避するためには，問題文の記述を基に論旨を展開して，話を先に進めるようにしましょう。

（4）来年も受験する

Q 情報処理技術者試験で，以下の結果のとおり，不合格でした。
平成XX年度 X期　XX試験　成績照会
受験番号　XXXX-XXXX の方は，　不合格　です
午前Ⅰ得点 ***.**点
午前Ⅱ得点 72.00点
午後Ⅰ得点 75点
午後Ⅱ評価ランクB
初めての高度試験で，ここまでの結果を残せたのは、アイテックの合格ゼミに参加したお陰だと思っております。ありがとうございます。来年も参加しますのでよろしく，お願いします。

A 悔しいです。

午後Ⅱ評価ランク B ということで，私の力も今一歩足りなかったのでは，と思っています。来年は必ず合格を決めたいと思います。つきましては，ランク B の論文を再現して，今年度の添削論文とともに次年度のセミナに持参していただけると，より効果的，効率的に弱点を克服できると思います。

午後Ⅰ得点 75 点については立派だと思います。次回のセミナのときに，選択した問題をぜひ教えてください。なお，論述について 1 年間のブランクという状態を

回避するため，次回は，別の試験区分を受験してはどうでしょうか。論述力の維持・向上のためです。では，次回も，一緒にがんばりましょう。

第2部

論文事例

表　年度別　問題掲載リスト

年度	問番号	問題タイトル	著者	章	カテゴリ	ページ
令和4年度	1	災害に備えたITサービス継続計画について	岡山　昌二	2	サービスマネジメントシステムの計画及び運用	205
			森脇慎一郎			210
	2	ITサービスの運用品質を改善する取組について	岡山　昌二	3	パフォーマンスの評価及び改善	297
			庄司　敏浩			302
令和3年度	1	事業関係管理におけるコミュニケーションについて	岡山　昌二	2	サービスマネジメントシステムの計画及び運用	217
			森脇慎一郎			222
	2	サービス可用性管理の活動について	岡山　昌二	2	サービスマネジメントシステムの計画及び運用	229
			粕淵　卓			234
令和元年度	1	環境変化に応じた変更プロセスの改善について	岡山　昌二	3	パフォーマンスの評価及び改善	309
			森脇慎一郎			314
	2	重大なインシデント発生時のコミュニケーションについて	岡山　昌二	4	サービスの運用	369
			長嶋　仁			374
平成30年度	1	ITサービスマネジメントにおけるプロセスの自動化ついて	岡山　昌二	1	サービスマネジメント	181
			長嶋　仁			186
	2	ITサービスの運用チームにおける改善の取組みについて	岡山　昌二	3	パフォーマンスの評価及び改善	321
			粕淵　卓			326
平成29年度	1	ITサービスの提供における顧客満足の向上を図る活動について	長嶋　仁	3	パフォーマンスの評価及び改善	333
			鈴木　久			338
	2	継続的改善によるITサービスの品質向上について	岡山　昌二	3	パフォーマンスの評価及び改善	345
			長嶋　仁			350
平成28年度	1	ITサービスを提供する要員の育成について	岡山　昌二	2	サービスマネジメントシステムの計画及び運用	241
			長嶋　仁			246
	2	プロセスの不備への対応について	岡山　昌二	1	サービスマネジメント	193
			庄司　敏浩			198
平成27年度	1	ITサービスに係る費用の最適化を目的とした改善について	岡山　昌二	3	パフォーマンスの評価及び改善	357
			粕淵　卓			362
	2	外部サービス利用における供給者管理について	粕淵　卓	2	サービスマネジメントシステムの計画及び運用	253
			森脇慎一郎			258
平成26年度	1	ITサービスの移行について	鈴木　久	2	サービスマネジメントシステムの計画及び運用	265
			庄司　敏浩			270
	2	ITサービスの障害による業務への影響拡大の再発防止について	岡山　昌二	4	サービスの運用	381
			森脇慎一郎			386
平成25年度	1	サービスレベルが未達となる兆候への対応について	岡山　昌二	2	サービスマネジメントシステムの計画及び運用	277
			粕淵　卓			282
	2	外部委託業務の品質の確保について	長嶋　仁	2	サービスマネジメントシステムの計画及び運用	289

第1章

サービスマネジメント

平成 30 年度　問 1

ITサービスマネジメントにおけるプロセスの自動化ついて ・・・・・・・・・・・・・ 180

論文事例 1 ：岡山　昌二・・・・・・・・・・・・・・・・・・・・・・・・・・181

論文事例 2 ：長嶋　仁・・・・・・・・・・・・・・・・・・・・・・・・・・・186

平成 28 年度　問 2

プロセスの不備への対応について ・・・・・・・・・・・・・・・・・・・・・・・・・・・・ 192

論文事例 1 ：岡山　昌二・・・・・・・・・・・・・・・・・・・・・・・・・・193

論文事例 2 ：庄司　敏浩・・・・・・・・・・・・・・・・・・・・・・・・・・198

平成 30 年度 ▼ 問 1
IT サービスマネジメントにおけるプロセスの自動化について

IT サービスマネジメントを実践する組織では，IT サービスマネジメントにおけるプロセスを効果的かつ効率よく実施するために，ツールを使ってプロセスの作業を自動化している。例えば，

・“インシデント及びサービス要求管理プロセス”において，知識ベース検索機能を備えたツールを使って，サービスデスクが利用者からの問合せに対応する。

・“サービスの報告プロセス”において，ツールを利用してデータを集計し，サービス報告書をまとめる。

さらに，自動化の範囲を次のように拡大し，プロセスに関する自動化を進め，プロセスを首尾一貫して実行する程度（以下，プロセス成熟度という）を向上させていく。

(1) 自動化されずに人が行っている作業に新しい技術を適用する。

・サービスデスクが行っている利用者とのチャット対応作業の一部を，AI を活用し，人間に代わってコンピュータが対応する。

・人間がデータを入力して作成しているサービス報告書の作成作業の一部を，RPA（ロボティック・プロセス・オートメーション）を使って自動化する。

(2) プロセス間の連携を自動化する。例えば，変更管理プロセスからの“変更の成功”通知で，構成管理プロセスにおいて CMDB を更新する運用を自動化する。

IT サービスマネージャは，自動化の範囲の拡大に当たって，次のような活動を行う。

・プロセスで使っているツールの利用状況を把握し，今後の取組内容を決める。

・効果を評価するための KPI とその目標値を定め，実施計画を作成する。

・業務適用又は試行運用を開始し，期待する効果の達成度を評価する。

あなたの経験と考えに基づいて，設問ア～ウに従って論述せよ。

設問ア　あなたが携わった IT サービスの概要と，自動化対象としたプロセスの概要及び自動化の状況について，800 字以内で述べよ。

設問イ　設問アで述べたプロセスに関する，自動化の範囲の拡大に当たっての活動における取組内容及び実施計画について，KPI とその目標値を含めて，800 字以上 1,600 字以内で具体的に述べよ。

設問ウ　設問イで述べた活動によって実現したプロセスの自動化及び組織におけるプロセス成熟度向上の評価について，600 字以上 1,200 字以内で具体的に述べよ。

論文事例1

平成30年度　問1

岡山　昌二

設問ア

memo

第1章　ITサービスの概要と自動化対象としたプロセス

1．1　ITサービスの概要

　論述の対象とするITサービスは，情報サービス会社Ａ社における，ストレージサービスなどのITインフラ群を顧客企業向けに提供するIaaS形態のクラウドサービスである。Ａ社の運用部は，技術課とサービスデスクで構成され，私はサービスデスクを主にマネジメントするＡ社の運用部のITサービスマネージャである。

　IaaS形態のクラウドサービスでは，競合他社に対する競争優位を保つため，新サービスのリリースに加え，運用コストの削減やサービスの可用性の向上が重要となる。したがって，ITサービスの特徴としては，サービスマネジメントを含む運用業務の自動化の継続的な推進が必須である，という点を挙げることができる。

1．2　自動化対象としたプロセスの概要及び自動化の状況

　自動化対象としたプロセスは，クラウドサービスにかかわるインシデント対応及びサービス要求管理である。これらのプロセスの概要は，①サービス利用者はFAQを参照して自己解決を試みる，②解決できない場合，サービス利用者はサービスデスクに連絡して解決を依頼する，③サービスデスクで解決できるインシデントについてはサービスデスクで解決する（以下，一次解決という），④サービスデスクで解決できないインシデントは回答期限を示して技術課に機能的エスカレーションする（以下，二次解決という）である。サービスデスク及び技術課ではインシデントの解決手順が文書化されて登録されているノウハウDBを登録・更新して活用することでインシデントの目標解決時間の達成に役立てている。

　自動化の状況については，インシデントの解決手順が文書化されているノウハウDBを，サービスデスクにおいてAIツールを使い，検索の一部を自動化している。

設問イ

memo

第2章　自動化の範囲拡大の取組内容と実施計画

2.1　自動化の範囲の拡大に当たっての活動における取組内容

　定期的に実施する利用者へのサービス報告としてインシデントの解決時間について調査したところ，一次解決目標時間については，インシデントの優先度に応じた目標達成時間，例えば，優先度“高”の場合は2時間以内，などという目標を達成していた。ただし，二次解決所要時間については，目標達成はしていたが，サービスデスクが指定した回答期限に遅れることがあった。サービスデスク内で解決できれば，エスカレーション先の技術課の作業負荷が軽減でき，その結果，回答業務の優先順位を上げる交渉が優位に進むと考えた私は，一次解決率を現状の60%から向上させるために具体的にはノウハウDBを整備してエスカレーションを減らし，一次解決率の向上に取り組むことにした。

2.2　実施計画

　一次解決率を向上させるという取組みにおいて私は，技術課のメンバにヒアリングを行った。その結果，エスカレーションされたインシデントのうち，30%は，サービス内容の変更直後に，短期間に集中して発生したインシデントであることが判明した。プログラムの異常終了など，想定できるインシデントであれば事前に解決手順を設定してサービスデスクに開示することで一次解決率が向上すると考えた。そこで私は，サービス変更前までに，想定できるインデントとその解決手順について，技術課で検討して事前にノウハウDBに登録することとした。

　実施計画では一次解決率を向上させるという目標の達成度を評価するためのKPIを設定した。これについては，前述のサービスマネジメントを含む運用業務の自動化の継続的な推進が必須というITサービスの特徴を踏まえ，一次解決率に加えて，プロセスの自動化という観点から

memo

のKPIということになる。
　プロセスの自動化の観点から，ノウハウDBの新規登録件数を毎月10%向上させるというKPIを設定した。登録件数が増えることで，AIツールによる検索対象が拡大してAIによるプロセスの自動化が推進されるからである。 900字
　次に，プロセス成熟度の高度化の観点から，一次解決率を60%から75%に向上させるKPIを設定した。一次解決率の向上は，サービスデスクの成熟度を向上させるだけはなく，例えば，一次解決率が向上することで技術課におけるインシデント対応作業が軽減され，軽減された分だけ，クラウドサービスを活用した新サービスの提供にかかわる作業などに注力できるからである。AIツールの検索の容易性向上と，ノウハウDBの整備による一次解決率の向上は，言い換えると，インシデント管理と問題管理の相互連携強化によるプロセス成熟度の高度化につながると判断した。 1000字 1100字 1200字
　ただし，インシデント対応の一次解決率を向上させて技術課の作業を軽減したとしても，技術課による二次解決所要時間が短縮されるとは限らないと考えた。そこで，技術課に対して一次解決率を向上させて技術課の作業負荷の軽減を約束する代わりに，技術課において，インシデント対応ための時間を事前に確保する旨を要請するように計画した。 1300字
　その後，AIツールによる検索を容易にする手順整備や，技術課によるノウハウDBの登録作業の手順整備を行った後，当初は，3か月ごとにKPIの評価を行い，必要に応じて改善するように計画した。 1400字

1500字
1600字

ここに注目！

計画について論じるときは，語尾が“計画した”となるように論じましょう。

設問ウ

memo

第３章　プロセスの自動化の評価及び組織におけるプロセス成熟度の高度化の評価

３．１　プロセスの自動化の評価

　ノウハウDBの新規登録件数を毎月10%向上させるというKPIについては，最初の３か月ではKPIの目標値を達成できなかった。ただし，この時点で登録手続が整備されていることを確認した。これについては事前に想定したとおり，ITサービスにかかわる新規リリースや変更がなかったからであった。それ以降の評価では，月間10%増を達成しており，プロセスの自動化という観点からは目標値の毎月10%増を達成している。これを根拠にプロセスの自動化については“良好”と評価する。

　なお，ノウハウDBへの検索はAIツールを利用しているが，サービス利用者によるFAQの検索については，AIツールを活用していない。現在，サービス利用者によるインシデントの自己解決率の向上を計画中である。

３．２　組織におけるプロセス成熟度の高度化の評価

　一次解決率を60%から75%に向上させるKPIについても，最初の３か月は目標を達成することができなかった。ただし，技術課へのインシデント対応時間の事前確保の結果，二次解決所要時間については25%の短縮が実現されていることを確認できた。

　インシデント管理と問題管理の連携を強化する狙いでプロセス成熟度の高度化の観点から設定した，一次解決率を60%から75%に向上させるというKPIの目標値については，予定より半年遅れて目標値75%を達成することができた。これについては，AIツールに学習させる情報に不足があり，AIツールのアウトプットの精度を向上させるのに時間がかかったことが原因である。したがって，プロセス成熟度の高度化については良好より低い“普通”と評価する。

　なお，現在計画中のAIツールを活用したFAQの検索で

ここに注目！

この問題では設問イでKPIと目標値を定めているので，設問ウでは，この論述例のように，目標値の達成状況を踏まえて評価するようにしましょう。

は，この経験をいかして，必要な学習情報の洗出しに留意した計画としている。

－以上－

memo

900字

1000字

1100字

1200字

論文事例2

平成30年度　問1

長嶋　仁

memo

設問ア

1－1　ITサービスの概要

携わったITサービスは，食品メーカA社の社内ユーザ向けのアプリケーションサービスである。具体的には，受発注管理サービスや生産管理サービスなどの業務管理サービスと，コミュニケーションや文書作成のための各種のソフトウェア利用サービスを提供している。

アプリケーションには，開発部門が内製して社内環境やPaaS上で動作するものと，SaaSを利用しているものがある。ITサービス部門では，アプリケーション及び基盤の運用管理，利用者対応などの業務を行っている。

1－2　自動化対象としたプロセスの概要

自動化の対象とした構成管理プロセスでは，構成管理ツールを用いてCMDBを管理している。CIに関する情報は，サービス要求管理やインシデント管理，リソース管理，サービスレベル管理などの多くのプロセスにおいて参照・活用されている。

CIの属性情報には，インシデント履歴や変更履歴などの関係属性情報が含まれる。これらの情報は，インシデント管理プロセスや変更管理プロセスの活動に伴って，随時追記される。

1－3　自動化の状況

従来は，多くのCIはDCを含む社内環境に設置されており，自作のツールを使って定期的に属性情報を収集していた。そして，変更のあった情報をCMDBに反映して更新する運用を行ってきた。

しかし，クラウドサービスやモバイル環境の利用が進み，自作のツールでは収集できない情報が増え，更新作業の煩雑化や遅れといった問題が顕在化してきた。

そこで，クラウドサービスが提供するAPIを用いてCIの属性情報を取得できる，新たな構成管理ツールを導入し，情報収集及びCMDBの属性情報の更新を対象とする自動化を実現した。

設問イ

２－１　自動化の範囲の拡大に関する取組内容

　CMDBのCIの属性情報を，最新の状態に更新する作業の自動化は達成した。しかし，インシデント履歴などの関係属性情報の追記は手作業で実施されている。その理由は，インシデント管理や変更管理では，構成管理とは別のツールを使っており，情報が連携されていないからである。

　私は，自動化の範囲の拡大に向けて，インシデント管理を担当するサービスデスク及び運用グループと，構成管理や変更管理を担当する基盤グループにヒアリングを行い，それぞれのツールの利用状況を把握した。

　ツールに関して，サービスデスクが管理する機能は，サービスデスクのメンバが使いやすいようにカスタマイズされている。しかし，基盤グループが管理するCMDBのインシデント履歴は，転記時に簡略化され，さらに転記漏れもある。そのため，サービスデスクにおける問合せ対応時に，CMDBから必要な情報が得られないといった問題が明らかになった。

　この状況を踏まえ，CMDB更新の自動化に関して，次の二つの課題を整理した。

①インシデント管理や変更管理で使うツールに入力された履歴情報から，関係属性情報をCMDBに転記入力する作業を自動化して作業工数を削減し，情報の正確性を向上する。

②サービスデスクが必要な情報をCMDBから参照できるように，自動化と合わせて関係属性情報の内容を見直し，情報の有用性を向上する。

　これらの課題をITサービス部門で共有し，続いて自動化の実施計画を検討した。

２－２　自動化の範囲の拡大に関する実施計画

　実施計画の検討では，まず，各グループが必要とする情報を精査した。

100字
200字
300字
400字
500字
600字
700字
800字

memo

ここに注目！

この二つの課題と，設問イの終盤に論述されているKPIを関連付けて論じてもよいでしょう。

memo

　問合せ対応やインシデント管理で使うツールでは，タスクをチケットと呼ぶ単位で管理している。そのため，CMDBの履歴情報とチケットを紐づけることがポイントだと判断した。そこで，業務視点で重要性の高い，サービス要求履歴及びインシデント履歴に関する項目の見直しと，サービスデスク業務への適用を先行して実施する計画とした。

　自動化の方法に関して，新たに導入した構成管理ツールには，他のツールとのデータ連携機能がある。そこで，インシデント管理で使うツールのデータのエクスポート処理と，構成管理ツールのインポート処理を定期的に実行し，連携処理を自動化することとした。

　また，実施計画では，自動化とともに，履歴情報の有用性の向上の効果を評価するために，次のKPIと目標値を定めた。

①サービス要求履歴及びインシデント履歴の自動更新率
　・目標値は100％と定めた。

②問合せ対応等で有用だった履歴情報の件数及び比率
　・目標値は件数を10件／月，比率を50％と定めた。

設問ウ

3－1　プロセスの自動化の評価

　サービス要求履歴及びインシデント履歴の自動更新率はKPIの目標値の100％を達成した。先行適用では，対象とした履歴情報を全て連携する自動化を実施したので，これは計画どおりである。

　これまでの自作のツールで作り込む方法とは異なり，ツールが提供するAPI及びデータ連携機能を利用することによって，自動化の移行自体も効率的，かつ正確に進められたと評価している。

　二つ目のKPIの問合せ対応で有用だった履歴情報の件数及び比率は，件数が50件／月，比率が70％となった。件数に関しては，サービスデスクのメンバが取組みに積極的だったこともあり，想定を大きく上回った。

　CMDB上の履歴情報が有用と判断された比率も，目標を上回った。チケット番号との紐付けによって，過去の問合せ内容を参照しやすくなり，従来からのKPIである一次回答時間の向上に効果があることが実証された。

　プロセスの自動化に関しては，単に従来の手作業を自動処理に置き換えるのではなく，連携させる情報を見直したことが有効だったと考える。

3－2　組織におけるプロセス成熟度向上の評価

　従来は，手作業によって非同期に連携させていたサービス要求管理及びインシデント管理プロセスと，構成管理プロセスの連携を自動化した。そのため，プロセスを首尾一貫して実行する程度であるプロセス成熟度が向上したと考える。

　この取り組みの成果を踏まえ，変更管理プロセスや問題管理プロセスなどで発生する履歴情報の連携の自動化を進め，プロセス成熟度を向上させていきたい。

　また，現在のCMDBと直接には連携していない，情報セキュリティ管理プロセスで扱う情報の取扱いを検討したいと考えている。具体的には，情報セキュリティ管理プ

memo

ここに注目！

定量的に評価している点がよいです。

memo

ロセスではログ情報が急増している。現状，ログ情報とCIとの紐付けは，必要に応じて手作業で行っている。紐付けが有用なケースを議論して連携の自動化に取り組みプロセス成熟度の向上を目指したい。

900字

－以上－

1000字

1100字

1200字

IPA発表採点講評

ITサービスマネジメントにおけるプロセスの自動化範囲の拡大に当たっての活動における取組内容及び実施計画，並びに，プロセスの自動化及び組織におけるプロセスの成熟度向上の評価について論述することを求めた。プロセスの自動化を，新しい技術によって実現した経験のある受験者にとっては取り組みやすいテーマであったようで，具体的なツールの事例が挙げられ，適切に論述されていた。また，KPIによる目標管理を日頃から行っている受験者にとっては論述しやすいテーマであったようで，適切な論述が多かった。一方，プロセス成熟度については，他プロセスとの連携や管理の一元化など，プロセス成熟度の高度化に向けたマネジメント活動を伺わせるものは少なく，対象プロセスの一過性の限定的な改善にとどまるものが多かった。ITサービスマネージャには，プロセス成熟度の向上に向けた，継続的な改善への取組みが望まれる。

Memo

平成 28 年度 ▼ 問2
プロセスの不備への対応について

IT サービスマネジメントで規定されるプロセスの確立は，IT サービスの品質を確保する上で重要である。例えば，インシデント管理のプロセスに不備があってインシデントの対応に時間が掛かったり，問題管理のプロセスに不備があってインシデントの発生が減らなかったりする。

IT サービスマネージャは，発生したインシデントに対処した後に，インシデントの内容や対応状況を整理し，インシデントの原因である問題を識別する。プロセスの不備がある場合には，プロセス単体の観点（手順の曖昧さ，抜け・漏れ，想定外の事象の発生など）だけでなく，プロセス間の連携の観点（共有する情報の不足，連携するタイミングの悪さなど）も含めて調査し，対策を検討するべきである。

また，インシデントの原因となった問題を解決した後，過去に発生したプロセスの不備に起因するインシデントの傾向分析を行うなど，事前予防的な活動を行うことも重要である。

あなたの経験と考えに基づいて，設問ア～ウに従って論述せよ。

設問ア　あなたが携わった IT サービスの概要と，不備があったプロセスの概要及び不備の内容について，800 字以内で述べよ。

設問イ　設問アで述べたプロセスの不備をどのように調査し，どのような対策を立案したか。工夫した点を含め，800 字以上 1,600 字以内で具体的に述べよ。

設問ウ　プロセスの不備に関連して行った，事前予防的な活動について，600 字以上 1,200 字以内で具体的に述べよ。

プロセスの不備への対応について（1/5）

論文事例1

平成28年度　問2

岡山　昌二

設問ア

memo

第1章　ITサービスの概要及び不備のあったプロセス

1．1　ITサービスの概要

　産業機器を製造・販売するA社の情報システム部は管理課と開発課で構成されており，その管理課は，工場での部品生産を管理する生産管理サービス，全国の営業所からの注文受付と発送指示を行う受注発送サービス，及び業績管理を行う会計サービスを提供している。管理課の下にサービスデスクが配置され，そこでは，これらのITサービスに関するサービス利用部門からの問合せに対して，サービスデスク要員がメールや電話で対応している。

1．2　不備のあったプロセスの概要

　サービス利用部門から問合せがあった場合，まず，サービスデスクで問合せを受け付けて優先度を設定し，サービスデスク内で解決できない場合は，開発課にエスカレーションする。このように，A社ではサービスデスク内にインシデント管理の機能，開発課に問題管理の機能をもたせている。

　サービスデスクが，利用部門と締結しているSLAのうち，問題解決時間に対処せず放置し，目標値を達成できない状況に至るという事態が発生した。設問イで述べることになるが，分析の結果，エスカレーション時に問題解決時間が長引くことから，不備のあるプロセスとしては問題管理の問題コントロールにおいて，ワークアラウンドのフィードバックに時間がかかり過ぎるということが判明した。

　私は，管理課に所属するITサービスマネージャとして，問題管理の問題コントロールや，インシデント管理プロセスと問題管理プロセスの連携の観点から，プロセス不備への対応を次のように行った。

設問イ

memo

第2章　2．1　プロセスの不備の調査方法及び対策の立案

2．1　プロセスの不備の調査方法

サービスデスクのスーパーバイザは，インデント管理の一環として，問合せ対応の進捗を管理している。具体的には，開発課にエスカレーションして回答期限が過ぎた場合には，開発課にワークアラウンドなどの回答を催促している。そこで私は，問合せ対応の進捗管理資料を分析した。その結果，サービスデスク内で解決した場合の平均回答時間よりも，エスカレーションした場合の平均回答時間の方が3倍ほど時間を要していることが分かった。

更に進捗管理資料を，ITサービスの種類別などに分類して分析を進めると，業績管理を行う会計サービスにかかわる，優先度“高”の問合せに時間を要していることが判明した。

そこで私は，分析の結果を基に，開発課の問題コントロールを行う担当者にヒアリングを実施することにした。その結果，開発課において会計サービスを担当する会計グループでは，問題コントロールは，支援業務として扱われ，優先度が低いという第一の問題が判明した。

しかし，問題管理というプロセス単体の問題だけではなく，プロセス間の連携についても調査すべきである。第一の問題について，開発課の会計グループにおけるメンバにもヒアリングを行った。その結果，エスカレーションの際に，回答期限は指示されているが，その回答期限を遵守する意識が低いという真の問題があることが判明した。

2．2　対策の立案

調査の結果，第一の問題として，開発課の会計グループにおける問題コントロールの優先度が低いという点である。一方，真の問題としては，問題管理プロセスの問

題コントロールにおいて，担当する要員において全般的に回答期限を遵守する意識が低いことである。この対策として，「管理課と開発課の間で新たに運用レベル合意書を締結することによるプロセス間における連携の確実性の向上」という対策を立案した。

インシデント管理と問題管理の問題コントロールの連携を確実にするために，回答期限の遵守にかかわる運用レベル合意書を，管理課と開発課の間で締結することにした。これによって，問題コントロール全般の回答期限の厳守にかかわる目標設定が徹底され，その結果，会計グループ内での問題コントロールの業務の優先順位が高められると考えたからである。

ただし，SLAの目標達成が危ういことに対して即効性のある対策を講じる必要があった。そこで，ITサービスマネージャとして私は，開発課の課長と交渉して，会計グループに優先度“高”のインシデントがエスカレーションされた場合，最優先で対処する旨を提案した。しかし，新たに標準原価サービスが提供開始となることから，要員不足によって協力は難しいという説明を受けた。そこで私は譲歩して，問題コントロールの業務上の優先順位を現状よりも上げ，暫定的に少なくとも２名の要員でインシデント対応することを提案して，合意することに成功した。

900字
1000字
1100字
1200字
1300字
1400字
1500字
1600字

memo

ここに注目！
困難な状況を説明して，そこからのブレークスルーを表現することで，“工夫”をアピールしています。

設問ウ

memo

第3章　事前予防的な活動

3．1　事前予防的な活動のための分析と結果

　問題解決時間にかかわるSLAの目標達成のためには，事前予防的な活動も重要である。そこで私は，プロセスの不備の観点から，利用部門の問題解決にかかわるインシデントの傾向分析を，利用部門へのアンケート調査と併せて実施することにした。その結果，再問合せの発生が増加傾向にあることが判明した。

　具体的には，サービスデスクの回答に従って作業をしても問題が解決せず，再度問い合わせることになるという事態が発生していることが判明した。インシデント管理プロセス及び問題管理プロセスの不備である可能性があった。

　そこで私は，次の活動を行った。

3．2　事前予防的な活動

　再問合せの発生に関して，関連する管理プロセスを全体的に点検した結果，次の活動を行った。

(1)インシデント管理プロセスにおいてサービス要求のクローズ前の利用者への解決確認の徹底

　最初にインシデント管理プロセスにおいて，サービスデスクが，インシデントのクローズの直前に，利用者が回答に基づいた対処を行い，問合せが解決したことを確認することを徹底させる活動を行った。

　このようなインシデント管理プロセスの不備を是正する活動で，再問合せの減少が期待でき，それによって，問題解決時間を短縮させる効果を短期的に期待できると考えた。

(2)問題管理プロセスの問題コントロールにおける問題解決の確認の徹底

　再問合せに関するインシデント対応の履歴を分析すると，問題コントロールにおけるワークアラウンドの結果確認が不十分であるという問題があることが判明した。

そこで私は，開発課と管理課で締結する運用レベル合意書において，“インデントの解消率”というワークアラウンドの有効性についても定量的な目標値を含めることとした。

900字

　これらの事前予防的な活動は，インシデント管理や問題管理プロセスなど，関連するプロセス全体をチェックして行うことが，マネジメントプロセスの全体最適という面から重要となる。

1000字

－以上－

1100字

1200字

memo

ここに注目！

“マネジメントプロセスの全体最適”ができるITサービスマネージャであることをアピールしています。

論文事例２

平成28年度　問２

庄司　敏浩

memo

設問ア

1．プロセスの不備への対応について

1．1　私が携わったITサービスの概要

通信機器販売会社のＳ社は，インターネットで注文を受け付ける販売サービスを実施している。サービス提供時間は24時間365日である。インターネット経由の注文が増えていることから，このサービスはＳ社にとって売上拡大のために重要なサービスになっている。このサービスを提供するシステムの開発・保守・運用を当社が請け負っている。私は，当社でこのサービスの運用に責任をもつITサービスマネージャを務めている。

このシステムは当社のデータセンタ内に設置されており，私を含むITサービスマネジメントチームが，常時稼働監視を行っている。また，インシデントが発生した場合には，インシデント対応も行っている。そのためのインシデント管理プロセスを定めて運用している。

1．2　不備があったプロセス

不備があったプロセスは，そのインシデント管理プロセスであった。監視システムに表示されるメッセージには「通知」，「警告」，「異常」の３種類がある。表示メッセージが「警告」又は「異常」の場合には，インシデントとして扱い，インシデント管理システムに記録する。記録されたインシデントに対しては，優先度を割り当て，「対応要」，「不要」を決め，何らかの復旧が必要な場合には目標復旧時間を設定する。そして割り当てた優先度に従って，段階的にインシデント対応を行う。１次対応チームで解決できない問題は，２次対応チーム，３次対応チームへとエスカレーションする。インシデントが解決したら，回復状況を記録し，インシデントが発生した原因も分析し記録する。

ところが，標的型攻撃に対してこのインシデント対応の流れが機能せずに，顧客情報を漏えいさせてしまったのである。

設問イ

2．プロセス不備への対応
2．1　プロセス不備の調査

　S社の販売管理システムの利用者の一人が，標的型メールの添付ファイルを開封してしまい，顧客情報が外部に持ち出されるというインシデントが発生した。実際に被害が出てしまったこともあり，私は今回のインシデントがなぜ発生したのか調査を行った。まず，当社が導入している仕組みで今回の事象は防ぐことができなかったのかを調査することから始めた。状況を把握し，今後の改善策へ結び付けるために，事実確認から始めることが重要と考えたからである。

　まず，システムの仕組みを調査した。標的型メール自体は当社が導入している監視システムをすり抜ける巧妙なものだったので，メールが利用者へ到着することは防ぐことはできなかった。しかし，当社は「メール監視システム」も導入しており，顧客情報などの特定の重要情報が入ったメールを事前にチェックし，「警告」メッセージを出力する仕組みになっていた。そこで今回も対象ファイルについて検知できていたのかを知るために，ログを解析した。その結果，顧客情報が外部へ送信される前に「警告」メッセージが出力されていたことが分かった。

　システム的には顧客情報を漏えいさせることなく解決させることが可能だったことは確認できた。次に私はインシデント対応に問題がなかったかを調査した。現在のインシデント管理プロセスでは，「警告」メッセージに対して優先度を付け，「対応要」，「不要」を判断するのはシステム監視の担当者となっている。結果的に情報漏えいが発生したので，担当者の判断が正しくなかったと結論付けた。そこで，担当者が正しく判断できなかった原因を分析した。現在，「警告」メッセージについて「対応要」，「不要」の判断は完全に人為的な判断に任

memo

ここに注目！

趣旨にある“プロセス間の連携の観点”からも調査していることをもっとアピールすると，更によくなります。

memo

されており，明確な判断基準はなかった。基準がない状態で個人に判断を任せたら，判断ミスは今後も起こり得ると私は考えた。

2．2　プロセス不備への対策

私は，このような判断ミスをなくすために，インシデント管理プロセスに，対応手順だけではなく判断基準も設けることにした。

「異常」については，対応が必要と明確に判断できる。問題は「警告」レベルである。「警告」は監視システムが「異常」と自動的に判断することはできず，対応が必要か否かについて何らかの判断が必要な事象に対して出力される。一部の事象は監視担当者が判断できるが，監視担当者では判断できないこともある。

監視担当者では判断できない事象を当社で網羅的に洗い出すのは困難なので，当社では監視担当者が判断できる事象を洗い出すことにした。それ以外のことについては，誰の判断を仰ぐ必要があるかを定義することにした。

このとき，私はインシデント対応におけるエスカレーションの考え方を適用するように工夫した。全ての事象について誰に判断を仰げばよいか，S社側でも特定できないことがある。それらの事象に対してS社側で1次判断窓口を設けてもらうようにし，そこから判断先をさらにエスカレーションするような形式をとった。

さらに，「警告」メッセージが出力されたときに，判断を待つために時間が掛かりすぎると問題が生じることも考えられる。そこで，判断許容時間を設定し，その時間内に判断できなければどのように対処するかを決め，マニュアル化した。このとき，あまり細かく定義し過ぎると監視担当者が誤判断を起こしやすくなるので，事象をパターン分けして5段階に分類した。この分類ごとに判断許容時間と時間が過ぎたときの対処を決めることで，運用をシンプルにするよう工夫した。

設問ウ

3．不備に対する事前予防的活動

　今回の顧客情報の漏えいを発生させてしまった直接的な原因は，監視担当者の判断ミスである。しかし，人間はミスを犯すものであり，判断ミスを完全になくすことはできない。そういう意味で，今回の事象の根本原因は，人によるあいまいな判断にプロセスを依存させてしまったことであると私は考えている。

　そこで，私はインシデント管理プロセスに限定せずに，プロセス全般について，判断基準が不明確なことによってミスが生じる可能性があるところを洗い出した。そして，判断基準をできるだけ明確にすることで，事前予防を図った。

　なお，標的型攻撃の典型的な攻撃パターンは，まず特定の企業をターゲットにして利用者が添付ファイルを開封しやすいような偽メールを送る。利用者がファイルを開封するとウイルスに感染して情報が持ち出される。S社の販売管理システムの利用者の一人が，このメールにだまされてしまったことになる。

　情報セキュリティインシデントにはソーシャルエンジニアリングの手法が使われており，システムだけでカバーしきれない面がある。

　事前予防としては，利用者一人一人の意識を高めて，極力，被害に遭いそうな危険な行為を避けてもらうようにしていくことも重要と考えている。そこで，セキュリティインシデントに対する事前予防策として，S社には全従業員への定期的なセキュリティ教育の実施を提案した。また，標的型攻撃については，標的型攻撃を装ったメールを送信し，本来は開いてはいけないメールを開いてしまったことを調査するなど，訓練も併せて行うようにした。適切な行動が取れていなかった利用者には，注意喚起を行い，さらにセキュリティ意識を高めてもらうための対応も行った。

memo

ここに注目！

設問に“プロセスの不備に関連して行った”とあるので，マネジメントプロセスに絡めて論じてもよいでしょう。

memo

人為的なミスの予防は難しい面がある。今後は，AIの仕組みも活用して，自動的に，より精度の高い判断ができるようにし，利用者の負担をなくしながらリスクを軽減できるような仕組みも取り入れていきたいと考えている。

900字

－以上－

1000字

1100字

1200字

IPA発表採点講評

IT サービス提供中に発生したインシデントの原因（問題）がプロセスの不備に起因する場合の対策，及びプロセスの不備に関連して行った事前予防的な活動について具体的に論述することを求めている。プロセスを意識し，出題の意図をくんだ論述もある一方で，プロセスを意識せずインシデントの対策だけに終始する論述も散見された。IT サービスマネージャとして，プロセスに基づいた IT サービスマネージメントを実践することを期待したい。また，事前予防的な活動については，対象としたプロセスの不備に関連した論述が多くみられ，プロセス全体をふかんした事前予防的な活動の論述は少なかった。IT サービスマネージメントの活動全体を見渡した事前予防的な活動を普段の業務で期待したい。

第2章

サービスマネジメントシステムの計画及び運用

令和４年度　問１
災害に備えたITサービス継続計画について ………………………… 204
論文事例１：岡山　昌二……………………205
論文事例２：森脇　慎一郎…………………210

令和３年度　問１
事業関係管理におけるコミュニケーションについて ……………… 216
論文事例１：岡山　昌二……………………217
論文事例２：森脇　慎一郎…………………222

令和３年度　問２
サービス可用性管理の活動について ………………………………… 228
論文事例１：岡山　昌二……………………229
論文事例２：粕淵　卓………………………234

平成 28 年度　問１
ITサービスを提供する要員の育成について ………………………… 240
論文事例１：岡山　昌二……………………241
論文事例２：長嶋　仁………………………246

平成 27 年度　問２
外部サービス利用における供給者管理について …………………… 252
論文事例１：粕淵　卓………………………253
論文事例２：森脇　慎一郎…………………258

平成 26 年度　問１
ITサービスの移行について …………………………………………… 264
論文事例１：鈴木　久………………………265
論文事例２：庄司　敏浩……………………270

平成 25 年度　問１
サービスレベルが未達となる兆候への対応について ……………… 276
論文事例１：岡山　昌二……………………277
論文事例２：粕淵　卓………………………282

平成 25 年度　問２
外部委託業務の品質の確保について ………………………………… 288
論文事例１：長嶋　仁………………………289

令和４年度 ▼ 問１
災害に備えたITサービス継続計画について

災害によるITサービスの中断・停止は事業に大きな影響を与える。ITサービスマネージャは，災害発生による事業への影響を極小化するためのITサービス継続計画を，事前に策定しておく必要がある。

ITサービス継続計画には，ITサービス継続要件を実現する対策実施，教育訓練，維持改善，緊急時対応が含まれる。

ITサービス継続計画の策定に向けた具体的な手順は，次のとおりである。

① 災害によって発生する，ITサービスの継続に影響を与える事態を特定する。例えば，事態には，ハードウェア障害，通信障害，停電などがある。

② 特定した事態による事業への影響を分析して評価する。例えば，影響には，業務の長時間停止，保有データ消失による事業継続不可などがある。

③ 事業への影響を極小化するための具体的な対応策を立案する。例えば，対応策には，災害発生時のサービス代替手段の準備，重要データの遠隔地保管，復旧手順の策定，災害発生に備えた教育訓練の定期実施などがある。対応策は，事業継続計画で定めた目標（目標復旧時間，目標復旧時点，目標復旧レベル）に従って決定し，ITサービス継続計画に反映する。

また，社会環境の変化，技術動向などによって事業への影響も変わるので，ITサービスマネージャには，ITサービス継続計画を見直し，改善していく活動が望まれる。

あなたの経験と考えに基づいて，設問ア～ウに従って論述せよ。

設問ア　あなたが携わったITサービスの概要と，“災害によって発生する，ITサービスの継続に影響を与えると特定した事態”，及び“分析して評価した事業への影響”について，800字以内で述べよ。

設問イ　設問アで述べた事業への影響を極小化するために策定したITサービス継続計画の目標と，計画に反映した対応策及びその対応策が妥当であると判断した理由について，800字以上1,600字以内で具体的に述べよ。

設問ウ　設問イで述べた対応策の評価，及び“ITサービス継続計画を見直し，改善していく活動”について，600字以上1,200字以内で具体的に述べよ。

論文事例1

令和4年度　問1

岡山　昌二

設問ア

memo

第1章　ITサービスの概要，特定した事態，影響

1．1　ITサービスの概要

　A社は，インターネットの顧客に対して動画をネット配信する企業である。論述の対象となるITサービスは，A社のシステム部が運用している動画配信システムによる動画配信サービス（以下，ITサービスという）である。ITサービスの利用者としてはA社の営業部があり，営業部の業務担当者が，顧客へのサービス料金請求など，ITサービスにかかわる管理をしている。

　ネット配信にかかわる同業他社は多く存在し，ITサービス内容も大差がない。そのため，ITサービスの品質低下が顧客離れに直結するというITサービスの特徴を挙げることができる。

1．2　特定した事態と分析して評価した事業への影響

　A社では従来からITサービス継続計画を策定して災害への備えを行ってきた。しかし，東京と大阪の両方が被害を受ける広域災害などが最悪の状態で現実化する事態については対応することが難しい状況であった。そこで，今回は，特定した事態として，南海トラフ地震と首都直下型地震が連続して発生し，東京と大阪が同時被災する事態を想定して計画を策定することにした。

　ビジネスインパクト分析を実施した結果，サービス自体はクラウドサービスを利用しているため提供可能であるが，商用電源の停止など，公共インフラの活動停止によって，業務担当者による管理業務を継続することが難しいことが判明した。さらに，公共インフラの停止によって，大量の顧客離れが発生するという影響があることも判明した。

　私はA社システム部のITサービスマネージャとして，事業への影響を極小化するため，次に述べる施策を講じた。

100字 200字 300字 400字 500字 600字 700字 800字

設問イ

memo

第2章　ITサービス継続計画の目標と対応策

2.1　ITサービス継続計画の目標

　顧客へのサービスについては，ITサービスの品質低下が顧客離れに直結するというITサービスの特徴を踏まえて，PaaS形態のクラウドサービスをマルチリージョン契約している。そのため，日本における広域災害が発生してもサービス継続可能となっている。そこで，ここでは業務担当者によるITサービスの管理業務の継続性に着目して論じる。

　東京と大阪が同時被災する事態では，商用電源が停止するために顧客側の都合によってITサービスを利用することができない。そのため，ITサービスだけを早く復旧しても意味がないと考え，ビジネスインパクト分析の結果，目標復旧時間を1週間，目標復旧時点を災害発生時とした。

　目標復旧レベルについては，業務担当者の50%がリモート接続してITサービスを管理できる，とした。

2.2　対応策と妥当であると判断した理由

　社会インフラが復旧した時点で業務担当者がITサービスに接続するためには，光回線などの有線回線ではなく，スマートフォン回線などの無線回線が必須となると考えた。なぜならば，実際に東日本大震災時に無線回線が有効に働いていたからである。そこで私は，現在，リモートワークで使われているPC端末を全て無線回線接続する対策を講じることにした。ただし，PC端末200台分のネットワーク代金が固定費として新たに必要となるという課題が生じた。そこで，インターネットプロバイダ各社を調査し，利用料金を比較することにした。その際，業務担当者が接続できればよいと考え，大都市圏をカバーできるプロバイダ，という制約条件を設定して，料金比較をした。

　その結果，無線ルータなどの接続用機器の費用を含めて，インターネット通信をしない場合は無料という料金プランがあることが判明した。その料金プランを法人契約で使うことを前提とした，広域災害に対応可能な計画を策定することにした。

“業務担当者はスマートフォン回線を使ってITサービスにリモートアクセスして管理業務を継続する”という対策が妥当と判断した理由については，次のとおりである。

①既にＡ社ではリモートワークが推進され，ほぼ全業務のリモートワークが実施済みであること

②ITサービスにおいては，WebAuthnを利用した利用者認証など，顧客情報漏えい対策が実施済みであること

③スマートフォン回線を利用した接続より広域災害に強いインターネット接続方法がないこと

これらを根拠に，当該対策は妥当であると判断する。

900字
1000字
1100字
1200字
1300字
1400字
1500字
1600字

memo

ここに注目！

設問にある“対策が妥当であると判断した理由”というキーセンテンスを，そのまま使って論じている点を確認してください。

設問ウ

memo

第３章対応策の評価及び計画の見直し改善して行く活動

３．１　対応策の評価

　再策定したITサービス継続計画を基に，まずは，各業務担当者が使っている回線からスマートフォン回線を利用したリモートワークを実施する予行演習を計画した。

　ITサービスではPaaSをマルチリージョンで使っているため，目標復旧時間，目標復旧時点は達成することはできた。問題は目標復旧レベルである。目標復旧レベルについては，営業部員の50%がリモート接続してITサービスを管理できる，とした。実際の接続は難しくなく，各自30分以内にPCを無線接続してITサービスを利用することができた。したがって，対応策の評価については“良い”と評価する。

　しかし，実際の広域災害時に何パーセントの業務担当者がPCを利用して業務が継続できるか不明という課題が新たに生じた。

３．２　計画の見直し改善して行く活動

　広域災害時に何パーセントの業務担当者がPCを利用して業務が継続できるか不明という課題については，次のようにして計画を見直した。

①管理業務自体の削減

　広域災害が発生した場合は，ITサービスの利用料金を一時的に無料して，その旨をホームページなどからアナウンスすることで，業務担当者による管理業務を極力減らすように計画を見直すことにした。

②目標復旧レベルの達成への方向性の測定

　判定マニュアルを作成して，各業務担当者の自宅の安全度を５段階評価で判定してもらい，その値を基に業務担当者の復旧レベルを試算することにした。１年に一度，試算して業務担当者全体の自宅の安全度を評価する。これによって目標復旧レベルの達成に近づいているのか否か，を判定し，目標復旧レベルの達成度を予測することにした。
　計画を改善していく活動としては，今後も予行演習を定期的に実施する計画である。その際，できるだけリアリティのある予行演習にするために，表向きの演習シナリオと，実際の演習シナリオの両方を用意しておき，演習内で不測事態を発生させることが重要であると考えている。具体的には表向きのシナリオでは参加するキーマンが，実際の演習シナリオでは負傷してしまい演習に参加できない，などである。
　このように，不測事態を盛り込んだシナリオを作成することで，より有効性の高いITサービス継続計画に改善している。

－以上－

900字
1000字
1100字
1200字

memo

ここに注目！

ITサービス継続計画の予行演習において，採点者にリアリティのある演習シナリオをアピールするための論文ネタとして覚えておくとよいでしょう。

論文事例2

令和4年度　問1

森脇慎一郎

設問ア

memo

1．私が携わったITサービスと災害による影響

1．1　私が携わったITサービス概要

運送業を営むK社は，九州，四国，中国地方を営業エリアとして配送拠点をもち，従業員800名を抱える中堅企業である。

K社が運送する荷物の入荷や出荷，配送状況の管理は，北九州のデータセンターに設置された配送管理システムによって一元管理されている。配送管理システムはK社の情報システム部門によって平日8時から20時までの12時間運用，稼働率99.9%以上，3時間以内の障害回復などのSLAを定めて保守運用されている。

私は，K社情報システム部のITサービスマネージャであり，配送管理システムのITサービス継続計画の責任者に従事している。

1．2　災害によるITサービス及び事業への影響

K社の本社がある北九州は，近年の大型台風や線状降水帯による風水害が多発している。確実な事業継続のために，私は災害影響を考慮したITサービス継続計画を検討した。

風水害によるITサービスの継続に影響を与える事態としては，暴風雨による停電，通信回線の切断による通信障害，浸水によるハードウェア障害などが考えられる。しかし，配送管理システムはデータセンターの6階に設置されているため浸水の可能性は低く，停電と通信障害を検討の対象とした。

次に，対象とした災害による事業影響を評価した。データセンターに予備電源はあるが，3時間までの停電にしか対応できない。土砂崩れや洪水による電線や通信回線の切断は復旧に数日かかることもあり，いずれの事態も風水害のない営業地域も巻き込んで長時間の業務停止につながる。このことから，私はこれらの災害は非常に事業影響の大きい事態であると判断した。

設問イ

2．災害影響を最小化するための目標と対応策

2．1　災害の影響を最小化するための目標

　発送管理システムが停止した場合，荷物の入出荷や発送状態の管理を一時的に紙で管理することになる。しかし，一つの配送センターでは１日に10,000件以上の荷物を取り扱っており，１時間システムが停止すると停止期間中のデータ再登録に５時間を要する。そのため，システム停止時のデータ再登録稼働を１日未満に抑制するため，システムの目標復旧時点はシステム停止の１時間前，目標復旧時間は３時間に設定した。

　また，発送管理システムには過去データの集計や分析機能もあるが，これらの機能は数日程度利用できなくても事業影響が小さい。そのため，目標復旧レベルは入出荷管理と発送管理機能に限定し，これらの機能はシステム停止前と同じサービスレベルで復旧することとした。

2．2　対応策及び妥当性の判断理由

　私は，風水害による長時間のシステム停止が発生した場合に，事業継続計画で定めた目標復旧時点，目標復旧時間，目標復旧レベルを満足できる対策方法を検討した。その結果，対策として，⑴中国エリアへのバックアップサイト設置，⑵バックアップサイトへの切替え手順確立，⑶年２回の災害対策訓練の実施，の三つを実施することとした。

⑴中国エリアへのバックアップサイト設置

　今回の検討においては，最悪の場合，風水害によって数日間の停電，又は通信障害が発生することを想定している。そのため，目標復旧時間である３時間以内の復旧を満足するためには，北九州以外のエリアにバックアップサイトを設置する必要がある。なぜなら，同じエリアで二重化したとしても，風水害によっては同じような状況になる可能性があるからである。私は，過去数年の風水害発生状況を鑑み，中国エリアにバックアップサイト

memo

100字
200字
300字
400字
500字
600字
700字
800字

memo

ここに注目！

中国エリアにバックアップサイトを設置するという対策が妥当と判断した理由を論じてもよいでしょう。

を設置することとした。ただし，バックアップサイトのコストを最小化するために，目標復旧レベルである入出庫及び発注管理機能が動作するために必要なハードウェアだけをバックアップサイトに設置することとした。

また，目標復旧時点のシステム停止１時間前を満足するために，主サイトとバックアップサイト間で１時間ごとにデータ同期をとる方式を採用した。通信障害が発生した場合は遠隔操作でバックアップサイトにデータ移行できず，洪水等が発生している場合はデータセンターで直接作業することもできない。そのため，常にデータ同期をとる仕組みにすることで，目標復旧時点を満足できるようにした。

⑵バックアップサイトへの切替え手順確立

バックアップサイトを準備したとしても，切替え手順が確立できていなければ目標復旧時間での復旧ができない可能性がある。そのため，私は主サイトのシステム停止からバックアップサイトでのシステム稼働再開までの手順を整備し，中国エリアの情報システム部社員による切替え手順の習熟訓練を実施した。これらの取り組みによって，最短２時間で切り替えられる手順を確立し，確実に目標復旧時間を満足できる体制とした。

⑶年２回の災害対策訓練の実施

災害発生によるシステム停止時は，事業影響を最小化するために従業員もシステム停止時の運用方法について理解し，円滑に切り替えできるようにする必要がある。そのため，システム停止時の紙運用への切替え連絡や紙運用の方法，システム復旧後のデータ再登録といった一連の作業を従業員に習熟させる必要がある。これらを踏まえ，私は台風シーズンの前後の５月と11月の１年に２回，従業員全体で災害対策訓練を実施することとした。

これらの対策によって，事業継続計画で定めた目標を達成できるITサービス継続計画を策定した。

設問ウ

3．対応策の評価及び改善の活動

3．1　対応策の評価

私は，策定した風水害による停電，通信障害に関するITサービス継続計画について，策定から1年間運用した後に振り返りを実施した。

幸いにも想定した数日レベルでシステムが停止するような事態は発生しなかったものの，2時間程度の通信障害は発生しバックアップサイトへの切替えを実施するケースがあった。この際，中国エリアの情報システム部によるバックアップサイトへの切替え，従業員の紙運用への切替えを実施したが，切替え手順の確立や災害訓練の成果もあり円滑に切替えを進めることができた。結果的にバックアップサイトに切り替える前に通信障害が回復したが，対策が事業継続計画で定めた目標に対して適切であったと私は評価した。

ただし，通信障害が長期化するかどうかは判断が難しいため，通信障害発生時のバックアップサイトへの切替え判断については考え方の整理が必要と考えている。

3．2　ITサービス継続計画の改善活動

また，私は少なくとも1年に1回，ITサービス継続計画の見直しを実施することとしている。なぜなら，事業内容が変化して目標復旧時間などが変更となる場合や災害によって受ける影響が変化する可能性があるからである。見直しのタイミングとしては，年度末に1回と事業内容や経営方針の変更が発生したタイミングで実施している。また，年度末の定期見直しでは，事業動向に加えて技術動向などの情報も収集し，より良いITサービス継続計画になるよう見直しを検討し，改善を図るよう努力している。

－以上－

memo

ここに注目！

評価では，設問イで設定した目標復旧時点や目標復旧時間の達成度を示してもよいでしょう。

memo

900字

1000字

1100字

1200字

IPA発表採点講評

日頃から，災害に備えたITサービス継続計画の策定に関わっている受験者にとっては取り組みやすいテーマであったようで，顧客の事業継続計画の目標を正しく理解し，ITサービスの特徴を踏まえた適切な対応策が具体的に論述され，高い課題解決能力が伺える解答が多かった。一方で，ITサービス継続計画の目標を論述せずに対応策だけを論述したもの，又は，ITサービス継続計画の目標と対応策が整合していない論述も少なからず見受けられたが，これらはITサービス継続計画に対する経験，知見がないことに起因しているものと思われる。

ITサービスマネージャには，事業を正しく理解し，事業継続計画に沿った効果的なITサービス継続計画の策定，見直し及び改善への取組が望まれる。

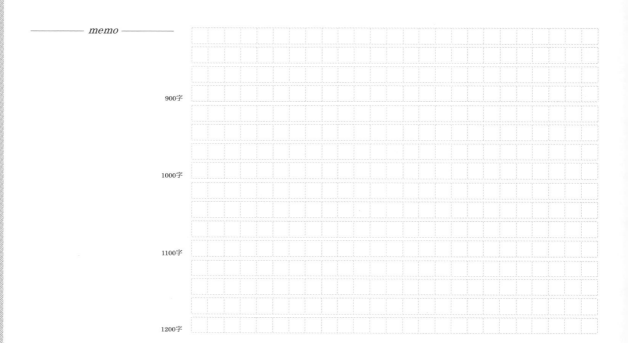

Memo

令和３年度 ▼ 問１
事業関係管理におけるコミュニケーションについて

顧客との関係を良好に保つための事業関係管理は，IT サービスマネージャの重要な業務である。事業関係管理では，顧客の事業及び業務内容を深く理解し，顧客の期待に沿ったサービスの提供に向けて，顧客満足の把握と改善，利害関係者間の調整などのマネジメント活動が必要となる。

事業関係管理では，目的に応じて，顧客とのコミュニケーションだけでなく，サービスの供給に関与する利害関係者とのコミュニケーションも必要である。

コミュニケーションの対象とする情報には，例えば，サービスの要求事項，サービスのパフォーマンス傾向，サービス満足度，苦情，障害対応の状況，新規サービス及びサービス変更に関わる要求事項などがある。

コミュニケーションの仕組みとしては，ミーティングでの報告，電子メールでの相談，グループウェアでの情報共有，SNS 又は連絡ボードでの連絡などが考えられる。

情報の重要性，迅速性，緊急性などに配慮して，情報伝達の間隔や方法を定めるなど，サービスや組織の特徴を踏まえた効果的な取決めを行い，確実に実践していくことが重要である。

あなたの経験と考えに基づいて，設問ア～ウに従って論述せよ。

設問ア　あなたが携わった IT サービスの概要と，事業関係管理の概要及び事業関係管理におけるあなたの役割について，800 字以内で述べよ。

設問イ　設問アで述べた事業関係管理のために特に重要と考えたコミュニケーションについて，その目的，対象とした情報，特に重要と考えた理由，及びコミュニケーションの仕組みについて，工夫した点を含めて，800 字以上 1,600 字以内で具体的に述べよ。

設問ウ　設問イで述べたコミュニケーションについて，顧客との良好な関係を保つという観点でどのように評価しているか。また，今後の課題と対応についてどのように考えているか。600 字以上 1,200 字以内で具体的に述べよ。

論文事例1

令和3年度　問1

岡山　昌二

設問ア

memo

第1章　ITサービスの概要と事業関係管理の概要

1．1　ITサービスの概要

　X社は，医薬品メーカであり，医薬品の研究開発を行っている。X社の研究部には，研究開発を専門にする従業員（以下，研究職員という）がおり，貸与されたPCを使用して研究開発をしている。論述の対象となるITサービスは，研究職員が作成した論文や研究資料を検索する機能をもつ検索システムが提供する検索サービスである。研究職員は検索サービスを利用して研究を行うため，検索サービスの停止が研究開発のスケジュール遅延に直結するというITサービスの特徴を挙げることができる。

　X社の情報システム部（以下，情報システム部という）は，検索サービスのサービスデスク機能をA社に委託している。私はA社のITサービスマネージャの立場でA社のサービスデスクを統括している。加えて，X社は検索システムのアプリケーションプログラム管理及びシステム構成機器管理をB社に委託している。

1．2　事業関係管理の概要

　A社と顧客である情報システム部とはSLAを締結しており，月次でサービスレベル報告会を開催していた。一方，A社は，X社が委託しているB社とは，情報システム部を介してコミュニケーションをしていた。このように情報システム部がコミュニケーションの中心となっている状況であった。そのため，インシデント発生時は，情報システム部の業務負荷が高くなった。

1．3　事業関係者管理における役割

　A社のITサービスマネージャである私は，情報システム部と定期的なコミュニケーション及び緊急時のコミュニケーションをとっていた。しかし，顧客との良好な関係を保つ観点から，次に示すような改善策を顧客に提案して，良好な関係を，より深める活動をした。

100字 200字 300字 400字 500字 600字 700字 800字

設問イ

memo

第２章　事業関係管理におけるコミュニケーション

２．１　コミュニケーションの目的，対象とした情報，理由

　検索サービスを開始して２か月が経過した時点で研究職員から「検索結果が表示されるまでの時間が掛かりすぎる」というクレームをサービスデスクが複数件受け付けた。サービスデスクは情報システム部の担当者に連絡して，インシデントの解決を依頼した。情報システム部の担当者は，Ｂ社に連絡してインシデントの解決を依頼した。

　このようにインシデント発生時には，情報システム部の担当者がハブとなって活動するため，担当者の負荷が重く，結果的に非効率的な障害対応になっていた。

　そこでＡ社のITサービスマネージャである私は，次の提案を情報システム部にすることにした。

⑴目的，対象とした情報

　対象とする情報は，インシデント受付時にインシデントの重要度が“高”と判定されたインシデント対応情報，目的は，早期に情報を共有してITサービスを迅速に復旧するため，である。

⑵特に重要と考えた理由

　情報システム部の担当者がハブとなって情報共有するため，インシデント対応業務が非効率となっている。Ｘ社，Ａ社，Ｂ社，それぞれが同時に情報共有できる，コミュニケーションの仕組みを導入することについて，特に重要と考えた理由は，情報システム部の担当者の負荷を低減し，結果的にボトルネックが解消してITサービスの迅速な復旧が期待できるからである。

　具体的なコミュニケーションの仕組みについては次に論じる。

２．２　コミュニケーションの仕組み

　情報の重要性，緊急性などを基に，情報伝達の方法や

memo

間隔を決定すると，次のようになる。
　インシデントの重要度が“高”と判定されたインシデント対応情報が対象であるため，重要性，緊急性について，それぞれ“高”と考え，メールの重要度“高”で電子メールを使って連絡をとり，その後に電話連絡をするとした。なぜならば，電話連絡だけであると，エビデンスが得られないからである。
　ただし，これだけでは，X社，A社，B社に横断するインシデントの場合，対応が不明確になったり，対応に時間が掛かったりする。全員が即座にメールを読むとは限らないし，3社同時に電話することも難しいからである。
　そこで私は，検索サービスの停止が研究開発のスケジュール遅延に直結するというITサービスの特徴，及び3社が距離的に離れているという組織の特徴を踏まえて，3社同時のビデオミーティング（以下，フォーラムという）を開催することをX社に提案して取り決めることにした。フォーラムであれば，3社の担当者が同時に顔合わせすることで，迅速なコンセンサスを得ることができると考えたからである。
　ただし，電子メールや電話で済むようなレベルのインシデントでは，その方が効率的であると考え，フォーラムの設置基準などのフォーラム実施案についても作成して，月次で開催されるサービスレベル報告会において，情報システム部に対して提案した。

900字
1000字
1100字
1200字
1300字
1400字
1500字
1600字

ここに注目！
「ただし～」などと展開して，“ビデオミーティングを開催する”というトピックを，ここまで膨らませて論旨展開していることを確認してください。

設問ウ

memo

第3章　コミュニケーションへの評価及び課題と対応

3．1　コミュニケーションへの評価

　インシデントへの抜本的な対策が取れず，暫定的な対策によって2か月の間，ITサービスを提供している状況が発生した。抜本的な対策まで，インシデントが再発する可能性が高いという状況であった。そこで私は，フォーラムを開催することを情報システム部に提案した。具体的には，X社，A社，B社の3社が共同でインシデントモデルを作成することである。インシデントモデルを作成した根拠は，事前に定義した時間内にインシデントを解消できることを，情報システム部及び研究職員に示すことができ，これによってインシデント発生に関わる顧客の不信を抑えられるからである。

　サービスデスクへの問合せ後のアンケートを集計した結果，“インシデントモデルを作成することで，ITサービスの安定度に不安をもつ研究職員の不信感などを解消することができた”ことが判明した。これらは，フォーラムの開催によって実現できたと判断する。したがって，フォーラムというコミュニケーション方法は，顧客との良好な関係を保つという観点では，サプライヤ各社が協調して，インシデントモデルの作成などの活動を迅速に決定して，顧客がもつ不安を払拭できたことを根拠に“良好”と評価する。

　電子メールを送信した後に電話連絡するという方法については，二重連絡という面では非効率であるが，コミュニケーションのエビデンスを残すという面では重要である。顧客との良好な関係を保つという観点では，“言った言わないの問題”が発生していないことを根拠に，“概ね良好”と評価する。

3．2　今後の課題と対応

　フォーラムの開催は重要なインシデントに限定している。なぜならば，高い頻度でフォーラムを開催していて

ここに注目！

ここでは，フォーラム開催という施策を評価すればよいです。ただし，“インシデントモデルの作成”という論文ネタを紹介している点がよいです。

memo

は，業務全体の効率性が低下するからである。ITサービスのマネジメント業務の効率性確保が，今後の課題と考える。実際に情報システム部の判断で，フォーラムの月次開催が追加されたからである。

900字

　月次開催を除くと，重要度の高いインシデントが発生しなければ，フォーラムを開催する必要はない。したがって，インシデントの発生抑制を第一に考えることが重要である。その上でフォーラム開催の月間の上限回数を設定し，上限に達した場合は，フォーラム開催の重要度に応じて，次月に開催するなどの対応が必要であると考える。

1000字

－以上－

1100字

1200字

論文事例2

令和3年度　問1

森脇慎一郎

設問ア

memo

1．私が携わったITサービスと事業関係管理の概要

1．1　私が携わったITサービス概要

　S市は，人口50万人を超える政令指定都市であり，以前から行政サービスの電子化に積極的に取り組んでいる。市民向けサービスの各種手続きの電子化だけでなく，S市の発注工事や委託役務，物品調達等にかかわる入札や業者管理，発注業務も電子化している。

　業者管理システムで管理している業者数は約30,000者，年間入札件数は約2,000件であり，業者が主に利用する電子入札システムは24時間365日運用している。また，電子入札に不慣れな業者の利用サポートのためにヘルプデスクも設置しており，電話受付は平日9時から17時，メール受付は24時間365日対応している。

　これらの業者管理システムや電子入札システムの運用保守及びヘルプデスク業務は，SIerのT社に委託している。また，T社はシステムの保守業務の一部をU社，ヘルプデスク業務をV社に委託し，本ITサービスをS市に提供している。

1．2　事業関係管理の概要と私の役割

　私はT社のSE部門に所属しており，本ITサービスのITサービスマネージャとしてS市からの委託業務全体を統括している。

　その中でも，事業関係管理業務は顧客であるS市との関係を良好に保ち，本ITサービスを継続的に利用いただくために非常に重要な私の業務である。具体的には，顧客満足度やクレーム，期待や直近の動向などをS市とのコミュニケーションやS市から発信されている情報などから収集し，本ITサービスの改善につなげている。また，S市だけでなく，SE部門の部下や本ITサービスの一部を供給しているU社，V社ともコミュニケーションを取り，S市の要望などに対して迅速に対応し，事業関係の良好化に努めている。

設問イ

2．特に重要と考えたコミュニケーションとその仕組み

　私が事業関係管理業務を進める上で特に重要と考えていたコミュニケーションは，顧客であるS市の満足度や期待を把握することである。なぜなら，顧客と良好な関係を築くためには，顧客が現状のITサービスレベルをどのように認識しているか把握し，期待に沿ったITサービスを提供する必要があるためである。これらの収集した情報を基に改善策を検討し，利害関係者間の調整を実施した上でITサービスに反映することで，顧客満足度を高め，より良い関係を構築できるようマネジメントしている。

　私は，S市の満足度や期待を把握するために，情報の内容に応じて複数のコミュニケーションの仕組みが必要と考えた。なぜなら，収集したい情報ごとに重要性や緊急性が異なるため，単一のコミュニケーションの仕組みだけでは情報の性質に合わず，顧客の期待するスピード感に適合しないことがあるためである。また，事業関係管理業務に必要となる様々な情報を漏れなく収集するためにも，複数のコミュニケーションの仕組みが必要である。具体的には，定例ミーティング，電子メール，掲示板の三つのコミュニケーションの仕組みを準備した。

　定例ミーティングは隔週で実施し，直前の2週間のサービスレベルの達成状況をS市に報告するとともに，本ITサービスに対する改善要望などの緊急性は低いが重要な情報を収集することを目的としている。定例ミーティングでのやり取りは議事録を作成し，社内及びU社やV社に即時に共有している。また，特に重要な改善要望については社内外の利害関係者を招集し，改善策の検討したうえで次回の定例ミーティングで報告することで本ITサービスの継続的な改善のサイクルを構築した。

　次に，電子メールは緊急性の高い苦情対応や公表されていない政策や予算等の限られた関係者にだけ伝達した

100字
200字
300字
400字
500字
600字
700字
800字

memo

ここに注目！

専門家としての考えをアピールしている点がよいです。

memo

い情報のコミュニケーション手段として活用している。電子メールのやり取りは，開封通知を必須とするルールを設けた。こうすることで，確実に相手に伝わったことを確認できるため，Ｓ市も信頼できるコミュニケーション手段として活用できると考えたからである。また，苦情対応のような緊急性の高いものについては，必ず１日以内に対応状況を報告し，Ｓ市との信頼関係の悪化を抑制する仕組みとした。

　最後に掲示板は，緊急性も重要度も低い改善要望や質問事項のコミュニケーションの仕組みとして活用している。掲示板はＳ市の対応窓口とＴ社の社員だけでなく，Ｕ社やＶ社にも公開されており，関係者が直接内容を確認できる環境とした。こうすることで，質問事項の伝達や回答の共有を簡単に実現でき，掲示板のスレッド機能を活用することで過去のやり取りも簡単に確認できるからである。また，掲示板のアンケート機能を活用して，定期的に顧客への満足度調査を実施している。これによって，定例ミーティングでは得られないような満足度に関する情報や満足度の変化を確認することができ，顧客とのより良い関係構築が可能となるからである。

設問ウ

3．コミュニケーションの評価と今後の課題

3．1　コミュニケーションの評価

私は，三つのコミュニケーションの仕組みについて，事業関係管理業務の確実な実施に必要不可欠な仕組みであり，今後も活用していきたいと考えている。

特に，収集したい情報の性質に合わせてコミュニケーションの仕組みを複数用意したことについては，仕組みの使分けは必要であるものの顧客の満足度や期待に関する情報を漏れなく収集し，顧客の期待するスピード感で対応することができている。これは私としても良い仕組みであると評価しているとともに，顧客からも高い評価を得ており，良好な関係構築に寄与できていると考えている。

3．2　今後の課題と対応

私は，これらのコミュニケーションの仕組みについては高い評価をしているが，まだ見直しの余地があると考えている。

例えば，S市から複数の苦情連絡があった場合，それぞれの現在の対応状況や経過が電子メールでは管理しにくい。この課題については，参照できるメンバを限定した掲示板を用意し，掲示板のステータス管理やスレッド機能を活用することで可視化することを考えている。また，掲示板の通知機能を使用することで新規スレッドの追加や更新を電子メールで通知することができ，苦情に関するやり取りの即時性をなくすことなく対応できると考えている。

また，掲示板のアンケート機能は，現在，S市の対応窓口だけが利用しており，利用者である職員や業者の声を全て収集できていない。利用者には公開して，より多くの情報収集する仕組みに改善することを考えている。

－以上－

100字
200字
300字
400字
500字
600字
700字
800字

memo

ここに注目！
論文の終盤で事例の詳細を論じることで，採点作業直前の採点者に，しっかりと合格をアピールしています。

memo

900字

1000字

1100字

1200字

IPA発表採点講評

事業関係管理のために特に重要と考えたコミュニケーションについて，その目的，対象とした情報，特に重要と考えた理由，及びコミュニケーションの仕組み，並びに，顧客との良好な関係を保つという観点での評価，今後の課題と対応について具体的な論述を期待した。日頃から顧客事業への貢献を意識し，顧客志向の高いレベルでのマネジメント活動を行っている受験者にとっては取り組みやすいテーマであったようで，“顧客満足の把握と改善”，“利害関係者間の調整”など，供給者管理の強化にまで踏み込んだ効果的なコミュニケーションの内容が具体的に論述されていた。一方，顧客満足の向上を目的とはしているものの，単なる供給者側のコミュニケーション強化やサービスレベル向上をテーマとした論述も少なからず見られた。これは，事業関係管理に対する経験，知見が不足していることに起因しているものと思われる。IT サービスマネージャは，顧客の事業環境を正しく理解し，顧客の事業成果に貢献する IT サービスの提供を目的とした取組を心掛けてほしい。

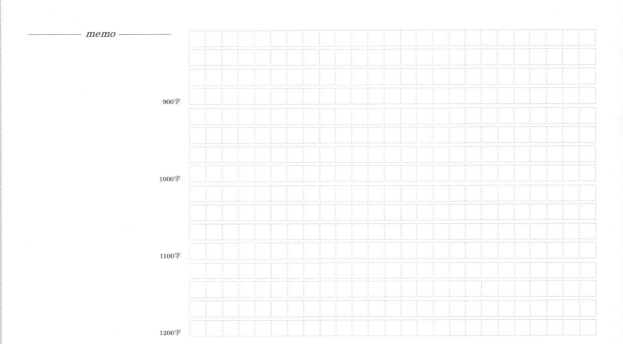

Memo

令和３年度 ▼ 問２
サービス可用性管理の活動について

IT サービスマネージャには，顧客とサービス可用性の目標を合意した上で，サービス可用性を損なう事象の監視，課題の抽出，改善策の実施など，サービス可用性の目標を達成するための活動を行うことが求められる。

サービス可用性の目標及び目標値については，IT サービスの特徴を踏まえて，例えば，サービス稼働率 99.9%などと顧客と合意する。

サービス可用性の目標を達成するために，次のような活動を行う。

① サービス可用性を損なう事象を監視・測定する。

故障の発生などサービス可用性を損なう事象を監視して，事象の発生回数と回復時間などを測定する。また，評価指標を定めて測定結果を管理する。

② 測定結果を分析して，課題を抽出し，改善策を実施する。

例えば，インシデントによって，MTRS（平均サービス回復時間）が悪化している場合は，拡張版インシデント・ライフサイクルでの検出，診断，修理，復旧及び回復のどこで時間を要していたかを分析する。復旧段階の時間が長く，手順の不備が原因であった場合は，復旧手順を整備する。

また，サービス停止には至らないが，平均応答時間が増加している場合は，原因を分析して改善策を実施し，将来のサービス拡大などの環境変化に備える。

あなたの経験と考えに基づいて，設問ア〜ウに従って論述せよ。

設問ア あなたが携わった IT サービスの概要と，サービス可用性の目標及び目標値，並びにそれらと IT サービスの特徴との関係について，800 字以内で述べよ。

設問イ 設問アで述べたサービス可用性の目標を達成するために重要と考えて行った活動について，監視対象とした事象と測定項目は何か。測定結果の評価指標は何か。また，測定結果をどのように分析したか。800 字以上 1,600 字以内で具体的に述べよ。

設問ウ 設問イで述べた分析の結果から，サービス可用性の目標を達成するために対応が必要と考えた課題と改善策は何か，又は，将来の環境変化に備えて対応が必要と考えた課題と改善策は何か。いずれか一方の観点から，600 字以上 1,200 字以内で具体的に述べよ。

論文事例 1

令和３年度　問２

岡山　昌二

設問ア

第１章　ITサービスの概要とサービス可用性管理

１．１　ITサービスの概要

　Ｚ社は全国に120店舗をもつ小売業者である。３年前にPOSサービスを提供するPOSシステムを入れ替えた。論述の対象となるITサービスはＺ社におけるPOSサービスである。POSサービスを利用することでレジ業務の初心者でも精算ミスが発生せずに効率的な現金管理が可能となる。POSサービスによって，レジの精算待ち時間の短縮が実現されている。レジ待ちの時間が増えた場合，顧客は商品の購入を止めることもあり販売機会の損失につながる。店舗によってはPOSレジが１台しか設置されていないケースもある。そのため，ITサービスの特徴としては高い可用性が求められるという点を挙げることができる。

　店舗では１台のストアコントローラを設置し１台以上のPOSレジが稼働している。Ｚ社の本社で稼働するPOSシステムでは，店舗のストアコントローラから販売データやPOSレジの稼働データを収集している。

１．２　サービス可用性の目標及び目標値並びにITサービスの特徴との関係

　Ｚ社では販売部門とITサービス部門とが，POSサービスの可用性にかかわる目標と目標値を設定して，顧客である販売部と合意した上でSLAを締結している。具体的には，店舗のサービス時間帯におけるサービス稼働率の確保という目標に対し月間99.5％以上という目標値である。これらは，高い可用性が求められているというITサービスの特徴を踏まえて目標値が設定されている。

　私は，Ｚ社のITサービス部門に所属するITサービスマネージャの立場で，次に述べるようにサービス可用性管理を行った。

100字
200字
300字
400字
500字
600字
700字
800字

memo

ここに注目！

設問文に沿って，目標と目標値を書き分けています。

設問イ

memo

第2章　監視対象，測定項目，評価指標，測定結果の分析

2.1　監視対象とした事象と測定項目，及び測定結果の評価指標

あるときPOSレジの故障によって3時間，店舗のPOSレジが使用できない事態が発生した。今後，このような長時間サービスが停止するインシデントが発生した場合，SLAを遵守できない事態になる。そのため，障害報告書の確認や関係者へのヒアリングの前に，直ちにPOSレジのハードウェアの障害を監視対象の事象とした。なぜならば，POSレジが3時間という長い時間もサービス停止する事態が過去に発生しておらず，今回の障害によって，店舗における販売機会の損失が発生したからである。測定項目としては，店舗におけるサービス停止時間とした。測定結果の評価指標は，サービス停止時間が平均サービス停止時間に60分を加えた時間内，である。

ここに注目！
障害報告書を見れば原因が分かるのでは？という採点者の疑問を抑えるように表現を工夫しています。

2.2　測定結果の分析

監視対象とした，ストアコントローラに蓄積されているPOSレジの障害情報を収集し，それらを基に横軸に時間の経過，縦軸にサービス停止時間をプロットしたグラフを作成して，収集データを分析した。その結果，今回の3時間というサービス停止時間は特異な状況であることが判明した。なぜならば，多くは，平均サービス停止時間である60分前後に各ハードウェア障害のサービス停止時間がプロットされているからである。測定結果の評価指標が超過していることを根拠に今回の3時間というサービス停止時間は特異な状況であることが判明した。

そこで私は，分析結果を基に，今回のインシデントの関係者にヒアリングを実施することにした。店舗の担当者からは，POSレジが使えなくなった直後に本社の販売システムの担当者と連絡を取り合えたことが判明した。それを根拠に拡張版インシデント・ライフサイクルにお

memo

ける“検出”には問題がないと判断した。次に，その他の“診断”や“修理”などのどこで時間を要していたかを確認するために，POSレジの保守を担当しているX社の，当該POSレジを修理した保守要員にヒアリングすることにした。その結果，インシデントが発生した店舗が，X社の保守拠点と距離面で離れていること，及び交換部品が保守拠点において在庫切れしていたこと，以上2点が重なったことで，修理に時間がかかったことが分かった。加えて，最近，X社では保守拠点の再編成を実施し，インシデントが発生した店舗に近いX社の保守拠点が統合されてなくなったことが判明した。

900字
1000字
1100字
1200字
1300字
1400字
1500字
1600字

設問ウ

memo

第3章　サービス可用性の目標を達成するために対応が必要と考えた課題と改善策

3．1　サービス可用性の目標を達成するために対応が必要と考えた課題

分析の結果から判明した課題は次の二つである。

①今月のSLAを遵守するという課題

既にサービスが3時間停止しているため，同様のサービス停止が発生した場合，今月のSLAを遵守できないと考えた。サービス停止時間をできるだけ抑制するように極力対策をとり，今月のSLAを遵守しなくてはならないという課題があった。

②翌月以降は余裕をもってSLAを遵守するという課題

今月，SLAを遵守できたとして翌月もこのような状況では安定したサービスを提供できない。そこで，インシデント管理の目的である早急にサービスを復旧するという観点から，インシデントが発生しても，サービス停止時間が長引かないようにして翌月以降は余裕をもってSLAを遵守するという課題があった。

以上の課題に対して，次の改善策を講じた。

3．2　改善策

二つの課題について，それぞれ次の改善策を講じた。

①交換部品の在庫の確保

今月のSLAを遵守するという課題については，保守拠点としてX社に旧拠点を復活してもらう，保守部品の在庫切れをなくす，などの対策を検討した。前者についてX社の予算に関係することなので難しいと考えた。そこで私は，保守部品の在庫切れが生じないようにすることが重要と考え，在庫管理を徹底する旨をX社に申し入れた。これによって，同様なインシデントが発生しても，少なくとも，前回よりは60分間の短縮が期待できる状況となった。

②X社とZ社の間で新たにSLAを締結

ここに注目！

“～という課題については”と書くことで，課題と改善策を関連付けしています。こうすることで，箇条書のタイトル部分に“交換部品の在庫の確保”という改善策を挙げて，視覚的にも改善策をアピールできます。

memo

　翌月以降は余裕をもってSLAを遵守するという課題はあるが，今後，X社の保守拠点について更に統合が進む可能性がある。そこで私は，今回のインシデントを供給者管理にまで拡張する必要があると考え，X社とZ社の間でPOSレジの修理時間に関する外部委託契約を締結することにした。具体的には，POSレジの目標修理時間を60分として設定して両社で合意することにした。

　以上のように私は，サービス可用性管理をインシデント管理やサービスレベル管理にまで拡張してサービスマネジメントシステムの全体最適を行った。

－以上－

900字
1000字
1100字
1200字

論文事例2

令和3年度　問2

粕淵　卓

設問ア

memo

1．私が携わったITサービスの概要とサービス可用性

1．1　私が携わったITサービスの概要

A社は，化粧品メーカで，5年ほど前からオンライン販売による売上げを伸ばしている。私はA社の情報システム部に所属するITサービスマネージャである。A社のオンライン販売のシステムは，インターネット回線及びネットワーク機器，セキュリティ機器，Webシステム，メールやDNSなど複数の機器で構成されている。システムは基本的に冗長化されており，かつ最も大事な販売管理システムのWebサーバは，負荷分散装置によって通信が振り分けられ，障害時には自動で切り替わるようになっている。

情報システム部では，社内からのシステムの問合せを受け付けるサービスデスク機能の他に，可用性管理，障害管理，変更管理など，各種のITサービスを提供している。

1．2　サービス可用性の目標とITサービスの特徴との関係

(1)サービス可用性の目標値

情報システム部は，オンライン販売システムに関して，A社の営業部とサービス可用性に関するSLAを締結している。サービス稼働率は99.5%であり，これが目標値である。

(2)目標値とITサービスの特徴との関係

なぜ稼働率はこのような高い目標値なのか。A社の化粧品の売上げの7割は，オンライン販売システム経由であり，販売管理システムに関するITサービスというのは，営業部からすると非常に重要である。万が一システムが停止してしまうと，営業部にとっては，死活問題になる。

設問イ

2．可用性の目標と達成するために行った活動と，測定結果

2．1　可用性の目標を達成するために行った活動

　システムは基本的に冗長化されているとはいえ，負荷分散装置の故障や，メールシステムなどの自動切替えができないシステムのトラブルなども発生する。稼働率99.5％というのは，1か月におけるシステム停止時間は3時間程度しかない。一度でも故障すると，復旧には1時間以上掛かることはよくある。

　そこで，監視対象の事象としては，SNMPのポーリングとトラップによって，可用性を損なうような障害をリアルタイムで監視した。

　そして，情報システム部での測定項目としては，障害の事象の発生回数とMTRS（平均サービス回復時間）を測定した。

　測定結果の評価指標は，前述の測定項目によって計算される稼働率が，SLAの99.9％を遵守できているかである。

2．2　測定結果の分析

　測定結果を分析した結果，この半年間で，平均サービス回復時間が少しずつ悪化し，ここ3か月はSLAを満たせていないことが分かった。背景にある原因は，導入から時間が経過し，機器故障が増えていることと，サイバー攻撃によって原因不明な事象も増えているからだと分析できた。

　ただし，これらの機器の劣化やサイバー攻撃は，自社でコントロールできることではない。コントロールできるのは，それらが発生したときの対処である。

　そこで，対処に関して，拡張版インシデント・ライフサイクルでの検出，診断，修理，回復のどこで時間を要していたかを分析した。まず，「検出」に関しては，SNMPによる監視によって迅速に行えていた。次に，「回

memo

ここに注目！

“拡張版インシデント・ライフサイクル”を論文ネタとして使えるように準備しておきましょう。

論文事例2

令和3年度　問2

memo

900字
1000字
1100字
1200字
1300字
1400字
1500字
1600字

復」作業も，基本的には待機系に切り替えたり，機器交換などの単純作業で，手順書も整理されたりしている。このため，対応は30分程度でできる。分析の結果，最も時間が掛かっているのは，「診断」であった。インシデント対応の方法には大きく二つあり，方法1は，診断によって原因を究明してその場で「修理」，「回復」対処する方法。方法2は，診断による原因が不明の場合，「修理」をあきらめて待機系に切り替えて「回復」する方法である。過去の事象を調査すると，方法1で解決するのか，あきらめて方法2にするかの判断が非常に遅れたことがあった。中には，2時間ほど調査をした結果，原因が分からずに方法2での切替え作業をした事例もあった。

設問ウ

3．対応が必要な課題と改善策

3．1　対応が必要な課題

対応が必要な課題は，方法1の対応か，方法2の対応かの意思決定プロセスを改善することである。現在は，明確なプロセスが存在せず，担当者の判断で行われていた。担当者の心理的には，方法2の交換作業や待機系への切替えは，現地作業が発生するし，また，後日，元に戻す必要もあるので手間が掛かる。なるべくなら方法1で対処したいという心理が働いていた。

そこで，適切なタイミングで診断の結論を出し，早期の復旧をすることが求められた。

3．2　改善策

改善策は，組織内でインシデント対応の意思決定プロセスを明確化することである。具体的には，担当者が一人で判断するのではなく，情報システム部の組織で判断することにした。最終判断はITサービスマネージャで組織の長である私であるが，私が不在のときも考慮し，サブリーダでも判断できることにした。

また，調査は必ず2名以上の体制で行うことにした。というのも，最終判断を私やサブリーダに仰ぐには，状況を整理して説明をする必要がある。実機での調査をする担当者，その状況を踏まえて状況を説明する担当者というように役割を分けることで，迅速な意思決定につなげられる。また，「診断」時間は15分という時間制限を設け，その時点で原因が分からなければ，強制的に方法2によって切り替える対処にすることにした。

こうすることで，サービス可用性の目標を達成した。

－以上－

memo

ここに注目！

設問にある「サービス可用性の目標を達成するために対応が必要と考えた課題」にある“サービス可用性の目標”を絡めてみてもよいでしょう。

memo

900字

1000字

1100字

1200字

IPA発表採点講評

可用性管理の活動内容を具体的に論述することを求めた。特に目標を達成するために重要と考えて行った活動について，測定項目や評価指標に基づいて定量的に分析を行って課題や改善策を検討していることについての具体的な論述を期待した。多くの受験者は，測定項目の傾向に基づいて分析を行っていたものの，測定項目や評価指標が明確でない解答も散見された。また，品質，性能など複数の視点から測定項目や評価指標を定めて評価している解答は少なかった。IT サービスマネージャは，サービス可用性の目標を達成するために，活動の測定項目や評価指標を定めて定量的に分析を行うことを心掛けてほしい。

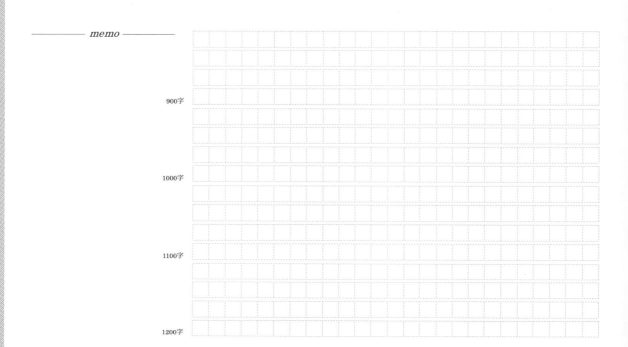

Memo

平成28年度 ▼ 問1
ITサービスを提供する要員の育成について

ITサービスマネージャは，ITサービスを提供する要員を適切にマネジメントすることが求められる。ITサービスを提供する要員に，適切な知識と技能及びそれらを適用する能力（以下，"要員の能力"という）が不足している場合には，ITサービスマネジメントの活動に支障を来す。例えば，

- 問題管理プロセスを適切に運用する能力が不足している場合，インシデント発生時の事後対応的な活動にとどまり，事前予防的な活動を実施できず，インシデントの再発防止ができない。
- キャパシティの予測技法に関する知識が不足している場合，キャパシティ計画を適切に策定できず，サービスの応答時間の目標が達成できない。

このような場合，ITサービスマネージャは，ITサービスを提供する"要員の能力"を高めるための要員育成目標を設定し，次のような活動を行う必要がある。

- ITサービスを提供するチームの役割を踏まえた上で，個々の要員の経験などを考慮し，"要員の能力"のうち重点的に高める必要がある能力を決定する。
- 要員教育，訓練など，要員育成策を決定する。

具体的には，要員育成計画の作成，OJTの着実な実施，モチベーション維持のための方策の実施などを行う。また，社内の人材育成体系，外部の研修機関の活用などにも考慮する必要がある。

あなたの経験と考えに基づいて，設問ア～ウに従って論述せよ。

設問ア　あなたが携わったITサービスの概要と，ITサービスを提供する上で必要となる"要員の能力"について，必要となる理由を含めて800字以内で述べよ。

設問イ　設問アで述べた"要員の能力"のうち重点的に高めようとした能力及び実施した要員育成策について，工夫した点を含めて，800字以上1,600字以内で具体的に述べよ。

設問ウ　設問イで述べた要員育成策の評価，及び今後改善したいと考えている内容について，600字以上1,200字以内で具体的に述べよ。

論文事例1

平成28年度　問1

岡山　昌二

設問ア

memo

第1章　ITサービスの概要及び要員の能力

1．1　ITサービスの概要

消費者向けのスポーツ用品を製造・販売するK社では，売上拡大を図るために，消費者向けオンラインショッピングサイトを新規に開設し，K社の情報システム部ITサービス課が運用を担当することになった。このオンラインショッピングサイトのWeb注文受付サービス（以下，Wサービスという）を提供するために必要なマネジメントを，ITサービス課に所属する私が担当することになった。

新規にWサービスを開始するため，利便性の低下などによって客離れが生じないように，ITサービスの特徴としては，応答性などの利便性が重視されるという点を挙げることができる。

1．2　要員の能力と必要となる理由

Wサービスは，PaaSとして提供されるクラウドサービス上に構築する。したがって，要員の能力としては，クラウドサービスにおけるリソース管理能力が必要となる。この理由としては，クラウドサービスのリソース管理はクラウドサービスの利用料金に直結するため，ランニングコストの削減に有効だからである。

Wサービスは，24時間提供される。したがって，オペレーションチームリーダには，24時間365日体制を継続できる要員管理能力が求められる。理由としては，この能力が不足すると，オペレーションに関するスーパーバイザ不在の時間帯が生じたり，インシデント対応が迅速に実施できなかったりするからである。

クラウドサービスにおける　リソース管理能力など，Wサービスの提供に必要な要員の能力や，特に重要と考えた要員の育成にかかわる活動を次に述べる。

100字
200字
300字
400字
500字
600字
700字
800字

設問イ

memo

第２章　重点的に高めようとした能力及び要員育成策

２．１　重点的に高めようとした能力

　Ｗサービスの提供開始において，24時間365日体制を維持できる要員管理能力などが必要となる。そこで私は，リソース管理応答性などの利便性が重視されるというITサービスの特徴を踏まえ，クラウドサービスにおけるリソース管理能力を重点的に高めようと考えた。

　クラウドサービスの提供開始に当たり，多めのリソースを確保しておけば，応答時間の悪化などの事態は回避できる。ただし，リソース管理が最初から不適切に実施されてしまうと，コスト増の状態が継続してしまい，そのような状況を断ち切るタイミングが難しくなってしまう。そこでＷサービスの提供開始時点から，クラウドサービスのリソースを最適化して管理することにした。

　Ｗサービスを担当するグループを，新人を加えた８名のチームとして新たに編成し，チームリーダとサブリーダを任命した。この２名については，Ｋ社の基幹システムの性能管理及びキャパシティ管理を経験している。そのため，業務の繁忙期などの変動要素を把握することが容易であると考え，クラウドサービスのリソース管理に適していると判断した。

２．２　実施した要員育成策

　リソース管理能力にかかわる要員の育成では，情報システム部の人材育成計画に沿って，体系的要員育成カリキュラムを作成することが重要である。更に，PDCAのマネジメントサイクルに沿って能力育成計画を実施する必要がある。そこで私は次の観点から体系的なカリキュラムを計画し，要員育成策を講じることにした。

①外部セミナーによる専門知識習得

　研修期間として，クラウドサービスの提供業者による外部のセミナーを受講させることによって，専門知識のレベルを向上させることにした。

ここに注目！

PDCAサイクルに沿ってマネジメントできるITサービスマネージャであることをアピールしています。

ただし，セミナーを受講しただけでは，専門知識を習得したことを確認することができない。そこでクラウドサービス提供業者に依頼して試験を入手し，K社内において，PDCAマネジメントサイクルのチェックに該当する終了試験を実施し能力を定量的に評価することにした。

② OJTによるリソース管理の能力育成

専門知識を習得しただけでは，能力を育成することができない。そこでクラウドサービス業者に依頼してコンサルタントを派遣してもらい，業務委託契約でクラウドサービスのリソース管理の業務支援してもらうことにした。

確実なOJTの実施のために，Wサービスをパイロット運用して，そのリソース管理を手始めに実施することにした。初めから本番環境によるリソース管理であるが，パイロット期間中であればリスクは少ないと判断した。

ただし，コンサルタントの費用は高いため，短い期間で効率的，かつ効果的に能力を育成する必要がある。そこで，パイロット運用時のリソースを，セミナーで専門知識の習得を終えたK社の要員に設定してもらい，その内容をコンサルタントがレビューするというOJTの手順を採用した。このレビューについても定量的に評価を実施し，PDCAマネジメントサイクルのチェックの位置付けとした。

このように，専門知識の習得及び効果的効率的なOJTの実施の観点から，体系的要員育成カリキュラム，及びPDCAマネジメントサイクルに沿った要員育成計画を作成して実施した。

memo

ここに注目！

「ただし，～」という展開を盛り込むことで掘り下げた論述ができます。

設問ウ

memo

第3章　評価及び今後改善したいと考えている内容

3．1　要員育成策の評価

　PDCAのチェックに該当する，セミナーの終了試験及びコンサルタントによるレビューを定量的に評価した結果，目標値を達成した。したがって，PDCAのアクションに該当する活動は実施不要と判断した。

　Wサービスについてはパイロット運用期間を無事に終え，その後，段階的に利用者を拡大することができた。利用者へのアンケートを実施した結果，応答性には問題がない点，及びクラウドサービスの運用コストが，類似する他社の事例に比べて抑えられている点，及び外部にコンサルタントが高評価している点，以上，3点を根拠に，要員育成策は成功したと判断する。

　セミナーによる専門知識習得については，通常行われることであるが，業者から終了試験を入手して独自に実施することで，要員が緊張してセミナーを受講できたと判断する。もし，この策を実施しなかった場合，効果的なOJTは，専門知識不足によって難しかったと判断する。

　OJTによるリソース管理の能力育成については，Wサービスのパイロット運用期間やその後の利用者拡大においても，応答時間の悪化などの問題が生じなかった。もし，この策を実施しなかった場合，過剰なリソースの設定によって，高い運用費用を支払う結果となっていたと判断する。したがって，この策も成功と評価する。

　なお，この施策ではコンサルタント費用が発生したが，クラウドサービスの運用コストを削減できたため，コンサルタント費用については，回収期間を投資判断基準値より短い12か月に抑えた。以上を根拠に，コンサルタントへの投資は適切であったと判断する。

3．2　今後改善したいと考えている内容

　今回は，2名に限定して要員育成を実施したが，外部のセミナーや教育機関を活用した専門知識の習得などは，

担当するチーム全員に実施すべきであったと判断する。そのように考えた根拠は，今回はリーダ及びサブリーダに，チーム全体の専門知識のレベルの底上げも担当してもらったが，その作業に想定以上の時間を要したからである。

今後は，24時間365日体制の合間を活用して，外部のセミナーや教育機関に任せられる部分は，できるだけ任せて，効率的にチームの専門知識のレベル向上に務めていきたいと考えている。

－以上－

900字
1000字
1100字
1200字

memo

ここに注目！

“根拠”という言葉を使って客観性を確保しています。

論文事例2

平成28年度　問1

長嶋　仁

memo

設問ア

１－１　携わったITサービスの概要

　私が携わったITサービスは，小売業A社のWebサイトを中心とするシステムの運用管理サービスである。本システムは，私が所属するD社のIDCに設置されており，運用サービスチームの７名で管理している。Webアプリケーションは，D社開発部門が受託開発している。

　ITサービスマネジメントの対象は，IT基盤の運用管理全般である。具体的には，インシデント管理，問題管理，構成管理，変更管理，キャパシティ管理，セキュリティ管理などのプロセスを遂行している。

　本論文で述べるセキュリティ管理では，インターネットからの不正アクセス対策，マルウェア対策，内部不正防止対策，アカウント管理，BCM，パッチ管理，外部委託によるWebサイトの定期的な脆弱性診断などのISMS業務を行っている。

１－２　ITサービスを提供する上で必要となる要員の能力

　セキュリティ管理を遂行する上で必要となる要員の能力には，セキュリティインシデントマネジメントにかかわる次のようなものがある。

①脆弱性対応能力
②セキュリティインシデントハンドリング能力
③セキュリティ監視能力
④脆弱性の診断能力

　これらの能力が必要となる理由は，IT環境の変化である。例えば，パッチ管理については，これまでは，特定のベンダの提供情報に基づいて対応できた。しかし，構成アイテムの多様化やオープン化が進んでおり，脆弱性対応に主体的に取り組む必要が出てきた。また，外部から脆弱性を指摘された場合には，ITサービスを停止することを余儀なくされる可能性があり，特にインシデントの事前対応を強化することが重要になってきた。

設問イ

2－1　重点的に高めようとした要員の能力

設問アで述べた要員の能力のうち，重点的に高めようとした能力は，①の脆弱性対応能力である。私がリーダを務めるチームでは，これまでは社内システムの運用管理を中心に担当してきた。そして，前述のようにベンダの提供情報に基づいてパッチ適用などの作業を行うことで対応できていた。そのため，チームの要員は一連の脆弱性対応の知識や実践経験がなく，能力が不足していると考えた。

そして，要員育成の計画に先立ち，脆弱性対応能力を構成する知識や技能として，次のような項目を挙げた。

・システムの構成要素及び脆弱性に関する知識
・脆弱性情報の収集や対応要否判断の技能
・回避策の適用判断及び適用の技能
・脆弱性対応の検証及び適用の技能

2－2　実施した要員育成策

(1)要員育成計画の作成

育成計画の策定では，まず体得すべき能力を明確にした。現状の知識能力は，脆弱性対応を何となく分かっているレベルであり，技能は，ベンダの指示に従った作業を実施するレベルである。そこで，要員が単独で一連の標準的なプロセスを主体的に遂行できることを目標とした。

そして，チームのKPIとして，定期的な脆弱性診断における指摘ゼロを目標値とした。また，要員個人のKPIとして，単独で実施した脆弱性対応件数を設定した。

(2)要員育成策

育成策で工夫した点は，実践的な能力を体得するために，OJT方式の教育訓練方法を採用したことである。当初は，外部の研修受講による知識習得から着手することを検討した。しかし，調査した範囲では，インシデントハンドリングや脆弱性診断能力を対象とする研修が多い

memo

ここに注目！

困難な状況を説明して，そこからブレークスルーを表現することで“工夫”をアピールしています。

memo

一方で，脆弱性対応の能力向上に関する実践的な研修が見当たらなかった。私は，D社のその他の関係会社で，これまでも人的交流のあるE社のIT基盤運用部署と折衝して，OJTのための要員の受入れを依頼して，承認された。

　OJTでは，チームの要員1人を選抜し，E社の運用部署において一連の脆弱性対応の作業を経験させることにした。E社の要員が実際の本番システムを対象として行う脆弱性対応を一緒に実施しながら，一連のプロセスを学習する。そして，D社に戻った後にチームの他の要員に展開することとした。

　D社チーム内でのOJTにおいては，モチベーション維持に関して工夫した。具体的には，脆弱性にD社独自の属性を付加することによって，要員の得意分野を活かすことを考えた。要員には，サーバ環境やネットワーク機器，開発経験がある場合にアプリケーションなど，それぞれの得意分野がある。得意分野はより深く学びたいという気持ちがあるので，最初は得意分野の脆弱性対応を担当し，知見や知識を他の要員にレクチャするようにした。

設問ウ

memo

3－1　要員育成策の評価

実施した要員育成策は，現状では目標を達成していると評価している。E社でOJTを行った要員は，E社の脆弱性対応プロセスを，D社の体制やIT環境を考慮し，運用サービスチームとしての脆弱性対応プロセスにカスタマイズした。そして，他の要員に展開することができた。

現在では，JPCERT/CCやJVN-DBなどによって提供される脆弱性情報を基に，一連の脆弱性対応を実施できるようになった。E社でのOJTにおいて，関係ベンダや機関との対応なども学ぶことができたことも収穫で，何をどこにどのように問い合わせればよいかといった，実践的な対応技能を体得できた。

全ての要員が，複数回の脆弱性対応を実施しており，個人としてKPIを達成するとともに，直近の脆弱性診断では，脆弱性対応の誤りや漏れに関する指摘はゼロ件であり，チームのKPIも達成することができた。

また，要員が得意分野を担当するという施策によって，脆弱性対応という面倒な作業にも積極的に取り組むことができたと考えている。

3－2　今後の改善内容

要員育成に関する今後の改善としては，脆弱性対応をより効率的に遂行できる能力の向上を図りたいと考えている。

今回のOJTではE社の対応プロセスをベースとしたがE社で使用している運用管理ツールはD社では使用していない。そのため，OAソフトを併用するなどしており，情報管理が一元化されていない。脆弱性情報は増加する一方なので，運用管理ツールをより活用した脆弱性対応能力の育成について，計画・実践していきたいと考える。

－以上－

100字 200字 300字 400字 500字 600字 700字 800字

ここに注目！

“より効果的”の“より”という言葉を使って，今後の改善内容に論点展開しています。

memo

900字

1000字

1100字

1200字

IPA発表採点講評

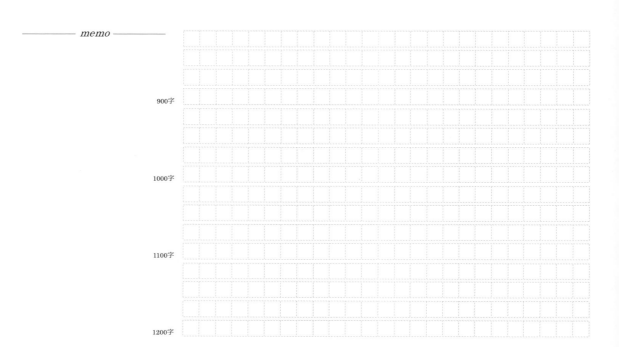

ITサービスを提供する要員の育成について，ITサービスに必要となる“要員の能力”及び実施した要員育成策についての論述を求めている。受験者の論述では，必要な“要員の能力”としてインシデント管理，問題管理及びキャパシティ計画を扱う内容が多かった。また，SLAの策定などサービス水準管理の能力や危機管理能力などを対象とする論述も見られた。育成内容がOJT，研修，勉強会などキーワードだけの表面的な論述もあったが，一方では，要員の育成を喫緊の課題として捉え，具体的に論述できている優れた内容も多く見られた。また，要員育成策の評価については，個別のITサービスの問題が解決されたことだけにとどまった論述も多く，育成目標を定めて定量的に管理している様子がうかがえる論述は少なかった。クラウドサービスの利用やセキュリティ対策の強化などITサービスマネージャを取り巻く環境は急速に変化している。安定したITサービスの提供に向けて適切な要員の育成を期待する。

Memo

平成 27 年度 ▼ 問2
外部サービス利用における供給者管理について

IT サービスを提供する際に，業務の一部や全てを外部委託すること，IT サービスの基盤に外部のデータセンタやクラウドサービスを活用することなど，供給者が提供するサービス（以下，外部サービスという）を利用することが広く行われている。

外部サービスを利用する上で，IT サービスマネージャは，顧客からの要求事項に応えるために供給者に対して次のような要求事項を明らかにしなければならない。

・品質や性能，費用
・インシデント連絡や業務報告などのコミュニケーション
・機密情報の取扱いなどの情報セキュリティ

IT サービスの提供時には，IT サービスマネージャは供給者管理を徹底し，IT サービスの可用性低下，業務の遅延，情報セキュリティ事故発生などの品質低下が起こらないようにする必要がある。

このため，IT サービスマネージャは，次のような活動を行うことが重要である。

・供給者への要求事項に基づいて，例えば，故障発生などの品質項目，機密情報へのアクセスなどの情報セキュリティ項目について，範囲・間隔を定めて監視する。
・評価基準を設け，監視結果や業務報告から外部サービスについて評価する。
・供給者への要求事項に照らして不適合がある場合は，原因と再発防止策について報告を求める。

また，顧客からの要求事項などの変化に応じて供給者への要求事項を見直すだけでなく，品質項目の監視内容を見直すなど，供給者管理の改善の継続も重要である。

あなたの経験と考えに基づいて，設問ア～ウに従って論述せよ。

設問ア　あなたが携わった IT サービスの概要，顧客からの要求事項，及び利用した外部サービスについて，800 字以内で述べよ。

設問イ　設問アで述べた顧客からの要求事項に応えるために，供給者に求めた要求事項と，供給者管理の活動内容について，800 字以上 1,600 字以内で具体的に述べよ。

設問ウ　設問イで述べた供給者管理の活動の評価と，供給者管理の改善の継続について，600 字以上 1,200 字以内で述べよ。

論文事例1

平成27年度　問2

粕淵　卓

設問ア

memo

1．私が携わったITサービスの概要と費用の改善

1．1　私が携わったITサービスと外部サービスの概要

D社は関西に本社をもつR社の情報システム部門が独立して設立された会社である。R社の子会社として，R社の基幹系システム及び情報系システムのネットワーク，サーバ，アプリケーション，端末の運用保守の多くを担っている。提供しているITサービスとしては，問合せを受け付けるサービスデスクの機能やインシデント管理，可用性管理などがある。私はD社のITサービスマネージャである。

1．2　顧客であるR社からの要求事項

サイバー攻撃の高度化の進展や，情報漏えい事件の多発によって，セキュリティ対策が強く求められる時代である。親会社のR社からは，D社で管理している機密情報，顧客情報や従業員情報などの個人情報の管理，つまりセキュリティ対策が強く要求されている。

1．3　利用した外部サービス

ITサービスを提供する際に，業務の一部を外部委託することが増えている昨今，D社も，外部のデータセンタやクラウドサービスを活用している。その中の一つに，災害時における社員の安否確認システムがある。国内のSI事業者であるS社のクラウドサービスがコスト面と機能面において優れているため，R社と合意の上で採用した。このシステムは，D社が構築しているシステムと連携して動作をする。この安否システムに登録される従業員の個人情報や連絡先は，S社のクラウドシステム側で管理されるため，セキュリティ面での安全性の確保が求められる。そこで，情報セキュリティ対策に関する確認が行われた。

設問イ

memo

ここに注目！

ITサービスの特徴を踏まえて論旨を展開すると，対象事例の特徴を踏まえたマネジメントができるITサービスマネージャであることを，よりアピールできます。

2．供給者に求めた要求事項と供給者管理の内容

2．1　供給者に求めた要求事項

　外部サービスを利用する上で，ITサービスマネージャは，顧客からの要求事項に応えるために供給者に対してセキュリティに関する要求事項を明らかにする必要がある。

　S社のクラウドサービスでは，大量の従業員の個人情報，及び家族情報を扱う。情報セキュリティに関して情報漏えいを起こさないための要求事項を次のように整理した。

①システムに関するセキュリティ対策

　SQLインジェクションなどのサイバー攻撃に対する対策，OSやアプリケーションの修正パッチの適用，など

②人的なセキュリティ対策

　特に特権的な権限をもつシステム運用に携わる人に対するセキュリティに対する管理，など。

③物理的なセキュリティ対策

　入退室管理や防犯設備などに加え，可用性を確保するための電源や設備の二重化の実施，など。

2．2　供給者管理の活動内容

　ITサービスマネージャである私は，供給者管理を徹底し，情報セキュリティ事故発生が起こらないようにする必要がある。そのため，次の活動を行った。

①情報セキュリティ対策の管理項目一覧を使った管理

　情報セキュリティ対策の管理項目一覧をチェックリストとしてS社に提示し，定期的に管理状況の報告を依頼した。リストを作る際には，IPAの資料や，情報セキュリティ管理基準を活用した。

②ツールによるセキュリティ診断

　S社のシステムに対して，ペネトレーションテストを行い，セキュリティの脆弱性診断を実施した。

③運用レポートの提出の依頼

　管理者権限の管理，操作ログ，入退室記録などを基に，セキュリティの項目における運用レポートを四半期ごとに提出するように求め，不適切な事案が起こっていないかの確認をした。 900字
　これらの対策を実施したところ，システムにおける特権的な権限であるrootのアカウントが，S社の複数のメンバで共有されているなどのセキュリティ上の問題があった。S社に対し，それらの不適合に関して改善を求め，無事に解決した。 1000字
　D社内の情報セキュリティ委員会で判断した結果，不適合を改善したS社のサービスであれば，情報セキュリティに対する要求事項を満たしていると合意がなされた。 1100字

1200字
1300字
1400字
1500字
1600字

memo

ここに注目！
問題が発見した経緯をもっと説明すると更によくなります。

設問ウ

memo

ここに注目！

趣旨にある“顧客からの要求事項などの変化に応じて〜”に，もう少し寄せて論じてみてもよいですね。

3．供給者管理の評価と改善の継続について

3．1　供給者管理の活動の評価

　セキュリティ対策に関しては，一部分だけを対策しても不十分であり，対策の網羅性が求められる。今回の対策に関しては，情報セキュリティ管理基準などの公の資料を活用したことで，網羅的に抜け漏れの少ない対策ができた。また，外部の専門家に，レビューに参加してもらうことで，対策の有効性を高めることができた。結果として，顧客からの要求事項を満たせる活動ができた。また，親会社のR社からも，今回の対策に関して「これなら安心だ」と高い評価をもらうことができた。

3．2　供給者管理の改善の継続

　ITサービスを取り巻く環境は常に変化し，特にセキュリティに関しては，日々，脆弱性が報告されている。セキュリティ対策に関する活動は，1回実施すれば終わり，ではなく，継続的に実施する必要がある。なおかつ，攻撃者の技術や攻撃手法そのものが進化するため，対策活動の内容についても，改善していく必要がある。

　そのために，日々の情報収集や技術研鑽によってD社内での管理技術を高めることも重要である。加えて，自社だけでは補えない部分もあるので，外部の専門ベンダに委託することも重要だと考えている。例えば，外部の専門ベンダにペネトレーションテストを依頼するなどである。

　また，同じ管理や検査をしていると，マンネリ化による惰性がセキュリティの不備につながるリスクもある。実施メンバを定期的に変えたり，定期的な意識付けを行ったりすることも併せて実施していきたい。

－以上－

memo

900字

1000字

1100字

1200字

論文事例2

平成27年度　問2

森脇　慎一郎

memo

設問ア

1．ITサービスの概要

1．1　私が携わったITサービスの概要

M社は，従業員3,500人を抱え，中国地方を中心に120店舗を展開している小売業者である。M社の売上管理，在庫管理，発注管理等の各種業務は全てシステム化されており，M社のシステム管理部門が開発から運用保守までを一元的に管理している。

これらのシステムは，営業時間の朝7時から夜10時まで全従業員が利用している基幹システムである。そのため，システム管理部門では，システムの監視，インシデント対応だけでなく，従業員からの問合せに対応するために専門のコールセンターを設けている。

私は，M社のシステム管理部門に所属しており，ITサービスマネージャとして，これらのシステムの保守・運用に携わっている。

1．2　顧客からの要求事項及び外部サービスの概要

M社の基幹システムは，M社の業務運営に直結する生命線であり，高い性能や確実な保守・運用が求められている。そのため，システムに求められる要求事項をSLAとして明文化し，利用部門とシステム管理部門の間で取り交わしている。具体的には，営業時間内のシステム稼働率99.99％，応答時間6秒以内，インシデントに対する1時間以内の1次対処，年間重大インシデント数2件以内，コールセンターの1次回答率60％以上，呼損率10％未満，月1回の報告実施などがある。

M社のシステム管理部門には，コールセンター業務に関して十分な設備やノウハウがなかったことから，専門の外部ベンダB社に委託している。B社は，対応スクリプトに基づく問合せ対応に加え，月単位の回線数やオペレータ数の変更，月単位の対応報告などのサービスを提供しており，他社での利用実績も豊富であったことから委託先に選定した。

設問イ

2．供給者に求めた要求事項と供給者管理の活動内容

2．1　供給者に求めた要求事項

　私は，コールセンターを外部委託するに当たり，まず委託先への要求事項を明確化した。コールセンター業務は，問合せを起因としたインシデント対応などシステム管理部門との連携が必要になる業務であり，全体でSLAを順守するためにコールセンターに対し，それ以上のサービスレベルを要求しなければならない場合がある。そのため，要求事項の明確化に当たっては，利用部門との間で取り交わしているSLAの内容をそのまま委託先の要求事項とするのではなく，必要に応じて追加，修正を実施した。また，情報セキュリティやコンプライアンスといった，社会的責任に関する事項も，要求事項として盛り込んだ。

　これらを踏まえ，私は委託先への要求事項として，次の三つをまとめた。

(1) SLAをそのまま適用できる要求事項

　1次回答率60％以上，呼損率10％未満など，コールセンターだけで対応できることに関する要求事項。

(2) SLAより高いサービスレベルの要求事項

　インシデントに関するエスカレーション10分以内，週1回の報告実施など，システム管理部門との連携が必要な要求事項。

(3) SLAに追加する要求事項

　月1回の機密情報へのアクセス記録，ユーザアクセス権限リストの提出など，情報セキュリティに関する要求事項。

2．2　供給者管理の活動内容

　ITサービスの一部を外部委託したとしても，利用者とのSLA順守の責任はシステム管理部門にある。そのため，SLAを満足できる要求事項で外部委託先と契約するだけでなく，確実に外部委託先が要求事項を順守できている

memo

ここに注目！

“SLAの内容をそのまま委託先への要求事項とするのではなく，必要に応じて追加，修正を実施した”という記述に沿う具体的な例を前もってまとめておくとよいでしょう。

memo

ここに注目！
事例の詳細を論じている点がよいです。

ことを管理する必要がある。私は，外部委託先管理の活動として，次の二つを実施した。

⑴要求事項順守状況の週次報告

　要求事項の各項目について，実績値に基づき５段階評価したレポートを，Ｂ社から毎週報告するよう求めた。例えば，１次回答率が70%以上は５（過剰品質），65%以上～70%未満は４（問題なし），62%以上～65%未満は３（注意），60%以上～62%未満は２（危険域），60%未満は１（不適合）とした。

　報告を週１回とした理由は，不適合項目が出た場合でもすぐに是正することで，１か月の運用としてはSLAを順守することができるからである。

⑵危険域／不適合項目への対応

　週次報告での不適合項目については，原因の究明と再発防止策の実施を義務付け，翌週の報告での経過観察を実施した。また，危険域の項目についても，改善の余地がないかを分析，報告するよう義務付け，効果があると思われる対応について実施を求めた。

　ただし，対策方法については，費用に跳ね返るものもあるため，複数案の中から費用対効果を踏まえて対策することとした。

　これらの取組みによって，外部委託先の要求事項順守状況を客観的に管理し，タイムリーに対策することで利用部門とのSLA順守に努めた。

設問ウ

3．供給者管理の活動評価と改善の継続について

　外部委託先の要求事項順守状況の管理徹底によって，外部委託に関連するSLA項目については，これまでに不適合となったことはない。また，半年ごとに実施している利用部門への満足度調査に関するアンケートでも，コールセンター業務については高い満足を得ている。これらのことから，十分な外部委託先の管理ができており，非常に高いレベルで安定的なITサービスを提供できているものと自負している。

　一方，外部環境や内部環境の変化に伴って，利用部門とのSLAの見直しは定期的に必要である。そのため，M社では，半年ごとの利用部門へのアンケートや，年度末にSLA項目の見直しを実施している。併せて，利用部門とのSLAに基づいて設定されている外部委託先の要求事項や管理方法についても，見直しを実施して継続的なITサービスの提供に努めている。

　また，継続的に外部委託先の管理を行うためには，外部委託先の管理方法自体の改善も必要である。なぜなら，要求項目の増加によって，同じ管理方法では運用できないなどの問題が発生する場合があるからである。そのため，私はB社に対しても半年ごとにアンケートを実施し，必要に応じて外部委託先の管理方法の見直しを実施することとしている。例えば，B社からは報告稼働の軽減の要望があったため，要求事項ごとの実績値集計をシステム化するなどの改善を実施している。

　これらの取組みによって，今後も継続的かつ安定的に高いレベルのITサービスを提供できるよう努めていく。

－以上－

100字 200字 300字 400字 500字 600字 700字 800字

memo

ここに注目！

B社からの要望よりも，顧客からの要望について例示すると，“顧客からの要求事項などの変化”という趣旨に，より沿った内容になります。

memo

900字

1000字

1100字

1200字

IPA発表採点講評

顧客からの要求事項及び利用した外部サービス，並びに供給者に求めた要求事項及び供給者管理の活動内容などについて論述することを求めた。外部サービスを利用して顧客にITサービスを提供するという経験は多くの受験者にあるようで，顧客からの要求を踏まえて的確に供給者の管理を実践している様子のうかがえる優秀な論述が多かった。一方で，顧客からの要求と供給者への要求に整合性のみられないもの，供給者の提供するサービスの監視や評価が表面的で管理の徹底ができているのか疑わしいもの，などが見受けられた。ITサービスマネージャとして供給者を管理した経験がないと，説得力のある論述を構成することは難しいようである。設問ウでは，ITサービスを取り巻く環境の変化に応じて，供給者管理を継続して改善していく取組みについての論述を期待したが，ほとんどが発生した不適合の改善についてであった。大局的な視点からの考察を期待したい。現在では，外部サービスの利用は必須となっているといえよう。供給者管理についてJISやITILによって理解を深め，安定的かつ効率的なサービスの提供に努めていただきたい。

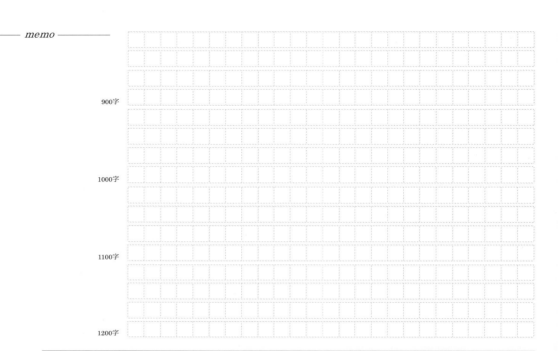

Memo

平成26年度 ▼ 問1
ITサービスの移行について

ITサービスの安全かつ円滑な開始に向け，顧客やIT部門の関係者と連携してITサービスの移行を確実に実施するための計画（以下，移行実施計画という）を策定することは，ITサービスマネージャの重要な業務である。

移行実施計画では，①ITサービスの受入基準に従って移行の対象となるITサービスを検証する方法と，②移行手順及び移行体制を整え稼働環境に展開する方法，などを計画する。その際に，対象となるITサービスの特徴や各種制約など移行の実施において考慮すべき点とその対応策を明確にすることが重要である。

具体的には，まず，①については，リリースの内容，運用手順，運用体制，キャパシティなどの検証において考慮すべき点を，②については，稼働環境に展開する上で，時間，環境，体制の制約など考慮すべき点を洗い出す。次に，考慮すべき点について，関係者と十分に協議し，対応策を決定する。また，対応策が確実に実施されるよう工夫することも重要である。

移行の実施後は，移行実施計画に沿って実施した結果についてレビューを行い，その結果を例えば組織のナレッジとして蓄積し，共有するなど，活用することも重要である。

あなたの経験と考えに基づいて，設問ア～ウに従って論述せよ。

設問ア　移行の対象としてあなたが携わったITサービスの概要と，移行実施計画の策定に当たって洗い出した考慮すべき点のうち，特に重要と考えたものについて，800字以内で述べよ。

設問イ　設問アで述べた考慮すべき点について関係者と協議し，決定した対応策，決定した理由，及び対応策が確実に実施されるための工夫について，800字以上1,600字以内で具体的に述べよ。

設問ウ　設問アで述べたITサービスの移行実施後のレビュー結果とその活用について，600字以上1,200字以内で具体的に述べよ。

論文事例1

平成26年度　問1

鈴木　久

設問ア

memo

1．移行対象として携わったITサービスの概要と移行実施計画での重要な考慮点

1．1　移行対象として携わったITサービスの概要

私は，食品メーカーであるＥ社において，各種ITサービスの管理を行うITサービスマネージャである。今回，移行に携わったITサービスは，クレーム処理対応記録システムサービスである。各工場及び本社のクレーム処理担当者が，クレーム処理の実施記録をネットワークシステムの中で都度保存し，必要時閲覧するサービスを立ち上げた。今までは，ローカルベースでの文書ファイルを月次で集計していたが，リアルタイムでクレーム処理記録を共有・閲覧する要望がありサービスを変更するものである。このサービスは，Ｅ社の基幹ネットワーク上で提供する，ユーザが限られた比較的小規模なサービスである。しかし，製品マスタや顧客マスタを利用するプロセスがあり，このサービスの性能や，他のサービスへの影響を考慮して移行を進めていく必要があった。

1．2　移行実施計画に当たって洗い出した重要な考慮点

今回の移行実施計画に当たって，特に重要と考え，洗い出した考慮すべき点は，①新サービスの性能を実際のネットワーク環境において評価して検証を進めていくことと②移行の際に，地方の端末の設定などユーザの協力のもとに進めていくことである。今回の移行では年替わりでの新サービスのリリースが求められたので，年末年始の時期をうまく利用して効率的に移行する必要があった。比較的に小規模で社内的な影響度はそれほど大きくないサービスなので，その点を加味して移行の方法や段取りを検討することが可能であった。本件に関して，他のサービスの管理との兼ね合いであまりリソースや時間を割けない状況であり，特に「効果的なやり方」を考慮して移行を検討していった。

memo

ここに注目！

本試験の採点者は前のページを見ないこともあるので，このように引用することが重要です。

設問イ

2．考慮点について決定した対応策，決定理由，工夫点

2．1　考慮点について関係者と協議し，決定した対応策

　先に述べた考慮点①「新サービスの性能を実際のネットワーク環境において評価して検証を進めていくこと」に関して，まず，限りなく本番環境に近いテスト環境でテストを行うこととした。テスト用のネットワークに設置したサーバに，一時的に端末を接続して動作確認を行う。同時のネットワーク上での他のサービスによるトラフィック状況を考慮してテストすることを合わせて行うことにした。

　また，考慮点②「移行の際に，地方の端末の設定などユーザの協力のもとに進めていくこと」に関しては，各工場での端末の切り替え設定作業は，実際のユーザの協力を仰ぎ，進めていくこととした。

2．2　決定した理由

　対応策を決定した理由は以下のとおりである。

　考慮点①については，比較的に小規模で社内的な影響度はそれほど大きくないサービスといっても，確実に稼働を担保するためにはいきなりリリースするというのはやはりリスクがあることに配慮した。年末の時期であっても，休日を利用し，効率的に本番環境に近いテスト環境での検証が可能であり，スケジュールを組んで実施すべきであると判断した。他のネットワークとの並行稼働の影響があると考えられたので，そのような状況下で検証することが望ましいといえる。

　考慮点②については，ITサービスの供給側のリソースに限りがあり，地方にある工場の端末側の作業に人員を割り当てるのは困難だったからである。サービスの規模や複雑さからすると，検証作業のみならず設定作業もユーザに協力してもらい，リソース不足を解消可能であった。

memo

2．3　対応策が確実に実施されるための工夫

考慮点①に関する工夫としては，最終的な運用テストを本番運用で行った点である。本来ならテスト環境での運用テストで他のサービスの通信トラフィックを発生させて検証するのが望ましいが，この状況をうまく設定できなかった。

そこで，この検証は本番運用で行うこととした。サービスの特性上，影響はそれほど大きくないと考えられたので，影響の少ない昼休みの1時間で運用し，様子を見ながら拡大していくやり方を取った。何かしら深刻な問題があればすぐに停止することで了解を得た。この方法では，新サービスのパイロット運用をいつどの時間で行うと広く告知すると，この影響を気にしたり，検証を邪魔してはいけないなどといった，他のサービスのユーザの過度の配慮により，本来の通常の他のサービスの利用状況と並行した新サービスの状況確認という目的が果たせない懸念があった。これに対しては，告知は上長レベルにとどめ，担当者には伝えないようにユーザ側に依頼し検証の有効性を担保するようにした。

考慮点②に関する工夫としては，新サービスのみを提供するサーバを1台準備し設定したことがあげられる。既存のサーバの中でキャパシティに余裕のあるサーバがあり，新サービスのサーバ機能は十分納められる。ただし，今回ユーザによる移行設定を依頼する状況なので，何かしらの問題発生や切り戻しの必要の際に，作業混乱をできるだけ招かないようにという配慮で，このサービス専用の小さいサーバを準備し，ユーザの移行作業の協力についてより理解を得られるようにした。

設問ウ

memo

3．ITサービスの移行実施後のレビュー結果とその活用

3．1　ITサービスの移行実施後のレビュー結果

今回の，最終的な検証をパイロット運用を進めながら確認し，予定されたサービスの形に拡張していくやり方や新サービスを小さいハードウェアの設置により，ユーザが協力して移行作業を行っていくというやり方は，特に問題なく，円滑に実施できた。

ITサービスのマネジメントレビューの場で，このサービスの移行については，比較的小規模のサービスの移行での，作業負荷を抑制したやり方や，ユーザ側に協力してもらう手段やその過程に配慮してシステム構成を考えていくアイデアは，優れているとの評価を得た。

3．2　レビュー結果の活用

ITサービスには大規模で影響が大きいものもあれば，ごく限られたユーザのみが利用する影響がそれほど大きくないサービスもある。ITサービスマネジメントとして，サービスに応じて，効率的・合理的なやり方を考え実践する必要があると考える。

ここに注目！
この論旨展開は，他の論文でも流用しやすいと考えます。

今回の移行事例は，「小規模なサービスの効率的な移行方法」として文書化し参照できるようにするつもりである。今後同類の小規模なサービスの移行を検討する際には，大きな力になるものと確信している。また，今後のITサービスの移行時には，同様に移行の経緯ややり方・考え方をまとめて文書化していきたい。このような情報が蓄積されることで，色々な移行のケースの参考資料として活用可能となるからである。

ITサービスのリリース時期は事業の都合と関係しているので，非常に重要な場合が多い。移行を確実に円滑に実施することはITサービスマネジメントの中でもきわめて重要である。努力を怠らず，移行に関する知識やスキルを集積してレベルアップしていこうと考えている。

－以上－

memo

900字

1000字

1100字

1200字

論文事例2

平成26年度　問1

庄司　敏浩

設問ア

memo

1．ITサービスの概要と移行実施計画上の考慮点

1．1　私が携わったITサービスの概要

　私は情報システムの開発・運用を請け負う会社に勤めており，大手食品スーパーA社のネットスーパー・システムのITサービスマネジメント業務を行っている。このシステムは当社のデータセンター内に設置されており，当社はシステムの稼働監視，システム・オペレーション，障害対応，ヘルプデスクといった業務を請け負っている。

　A社のネットスーパーは，24時間365日サービスを提供している。ネットスーパーは日々進化しており，競合他社は次々と新しいサービスを提供してくる。他社のサービスに負けないために，A社のサービスも日々進化させる必要がある。本論文では，A社のネットスーパー・システムで，ネット上のセールを実施する機能を付与する等の機能強化対策時の移行について論述する。

1．2　移行実施計画の策定時に考慮した重要な点

　移行実施計画時点で考慮しなければならない点はいくつもある。その中で重要と考えた点は次の二点である。

①受入基準としてのキャパシティの検証方法

②移行作業時にサービスを止めない仕組み

　①の受入基準については，移行を実施するに先立ち，移行を実施してよいかを判断するための，当社とA社との間で合意された基準がある。受入基準の一つとしてキャパシティが十分かという項目がある。ネットスーパーは利用量が右肩上がりで増加しており，サービス開始後のシステムダウン等のトラブルを防止するため，キャパシティについて十分な検証が必要であると考えた。

　②については，ネットスーパーは24時間365日サービスを提供している。A社は今回のシステム改修でサービスを中断することは考えていなかった。そのため，移行作業実施に伴ってサービスを止めない仕組みを考える必要があった。

設問イ

memo

2．移行実施計画上の考慮点に対する対応策

2．1　関係者と協議し決定した対応策について

2．1．1　受入基準としてのキャパシティの検証

前述したように，移行実施可否を判断するための受入基準に，キャパシティが十分かという項目がある。私は，今回の移行においてキャパシティが十分であるかを検証することが困難であると考えた。なぜならば，ネットスーパー・システムの平均的な利用量の見込みは示されているが，ピーク時における利用量の見込みが示されていなかったからである。というのは，今回の機能強化では，ネット上でセールを実施する機能を付加している。セール実施中は通常よりも利用量が増加することが見込まれる。しかし，これまでの延長線上で利用量が増加する見込みしか示されておらず，セール時の瞬間的増加が考慮されていなかったのである。

そこで，私はA社のサービス責任者を含む関係者にこの問題を指摘し，対応策を検討した。計画していた移行実施日までにそれほど時間的な余裕がない中で，再度キャパシティ計画を練り直す時間はなかった。そこで，私は短期的解決策を模索した。このシステムのキャパシティ計画は5年間を想定している。5年間のキャパシティ計画の見直しは困難なので，移行後1年間の見込みだけ示すことを提案した。移行後1年間キャパシティが足りていれば，移行を実施し，その後に2年目以降のキャパシティ計画を行う。そして，必要に応じてキャパシティの増強を計画することとした。こうすれば，現在の時間枠の中で移行可否の判断が無理なく行えると判断した。

私の案に沿って，1年目のキャパシティの検証を行い，移行を実施することが承認された。

2．1．2　移行作業時にサービスを止めない仕組み

移行作業時にサービスを止めないということに対しては，本システムのサーバは6台あったため，サーバを2

memo

グループに分け，順次移行を行うことを提案した。つまり，移行作業時は3台の縮小構成でサービスを提供することとし，停止させている3台に対して移行作業を実施する。すべての移行が開始したら，同時に新サービスへの切替を行うというプランだ。縮小構成でも対応できるように，利用量の少ない時間帯に移行を実施する。利用量分析をした結果，深夜2時～朝の8時までは利用量が少ないことが分かった。

　この案で実現可能なことを関係者に納得してもらうために，上記時間帯の利用量を3台の構成でまかなえることを示した。同時に，詳細な移行スケジュールを作成し，6時間で移行が完了できることを示した。そして，私の案が了承された。

2．2　対応策が確実に実施されるための工夫について

　2.1.1で示したキャパシティの検証については，移行可否判断を行うだけではなく，2年目以降のキャパシティ計画を行わないと，対策を実施した意味がない。この点について，対応策が確実に実施されるようにフォローすることが重要であると考えた。そこで，当社とA社との間で月次で開催している定例運用会議における課題管理表に，この作業を課題として載せ，対応期限と対応責任者を明確にした。対応責任者には，私の他にA社のサービス責任者の名前も載せ，A社内でも確実に意識されるように工夫した。そして，定例運用会議の席上で課題の進捗状況について確認する場で，2年目以降のキャパシティ計画実施について検討するようにした。

　定例運用会議の議事録はA社のCIOにも配布されるため，当社もA社もここで検討されていることはおろそかにできない。このように，A社のCIOを含めて課題を共有することで，2年目以降のキャパシティ増強計画も立案することができた。

ここに注目！

もう少し，ITサービスの移行に寄せて書くと，もっとよくなります。

設問ウ

memo

３．移行実施後のレビュー結果

私は，ITサービスマネジメントの効果をあげるために，何らかのアクションを実施した後にレビューを行い，教訓を導き出すことが重要であると考えている。このような活動を繰り返すことで，継続的改善を実施することができる。そこで，今回も，移行実施後にレビューを行って，教訓を得るようにした。

キャパシティの検証については，受入基準に基づいて移行実施の可否判断を行う際に，可否判断が十分にできないことに気が付いた。しかし，これはもっと早いタイミングで気が付くべきことであると考えた。そこで，移行実施の可否判断に入る前のキャパシティ計画に問題がなかったのかを，開発部門と一緒に検討することにした。そして，サービスを強化する上で，具体的にどこが変わったのかを特定し，サービスの変更によって生じる影響を検討するようなプロセスを，システム方式検討作業の一環として加えてもらうようにした。

移行作業時にサービスを止めない仕組みについては，システムの構成とサービス利用量の特性を考慮して，二段階で移行を行ったことが成功要因と分析した。ただし，常に今回の移行のように縮退運転でサービスがまかなえるとは限らないと考えた。そこで，あらかじめ今回のような対応が取れるように，システム構成を検討する段階から考慮するように意見を出した。特に，最近は仮想化やクラウドサービスの利用によって，瞬間的にキャパシティを増やせるような仕組みも存在する。このような仕組みを取り入れることも考慮して，設計段階からサービスを止めたい移行ができるようなシステム構成を考えてもらうように意見を出した。

ITサービスマネージャの役割はできあがったシステムのサービスをマネジメントするだけではないと考えている。このように，サービスマネジメントで得た教訓をシ

memo

ここに注目！

レビュー結果の活用について，事例の詳細を盛り込むともっとよくなります。

ステム企画や設計・開発段階にフィードバックして，よりよいサービスが提供できるように貢献することも重要な役割である。今回は，結果的に移行作業が成功しただけではなく，教訓をフィードバックすることができた。そのことでよりよいサービスが提供できるようなプロセスの改善に資することができたという点で，私の活動は評価できるものであったと考えている。

900字

－以上－

1000字

1100字

1200字

IPA発表採点講評

ITサービスの移行実施計画を策定する際に特に重要とした考慮点と対応策，移行実施後に行ったレビューの結果の活用などについて論述することを求めた。ITサービスマネージャとして移行の実施を経験している受験者にとっては取り組みやすかったものと考えられる。関係者との協議や確実な実施のための工夫を具体的に論述するなど，ITサービスの安全かつ円滑な開始に向けて精力的に取り組む姿のうかがえる良質な論述が多かった。しかし，開発部門が担当すべき移行作業に終始し，ITサービスマネージャの視点のない論述や，“移行実施計画”を“移行設計” と誤解した論述が見受けられた。これは，ITサービスマネージャの役割が正確に理解できていない，JISで規定しているITサービスの移行に関する知識が不足している，などによるものと推測される。設問ウの移行実施後のレビュー結果の活用については問題文中の例をやや詳しく述べたものがほとんどで，深い考察や広範な見識に基づいた活用についての論述が少なった。ITサービスの移行はサービスマネージメントシステムの対象の一つであり，シラバス（情報処理技術者試験における知識・技能の細目）を確認した上で，JISやITILを理解して取り組むことを期待したい。

Memo

平成 25 年度 ▼ 問 1
サービスレベルが未達となる兆候への対応について

サービスレベルについて顧客と合意し，合意したサービスレベルを遵守することは，IT サービスマネージャの重要な業務である。サービスレベルを遵守していくためには，サービスレベルが未達となる兆候に対して適切な対応を図ること（以下，兆候の管理という）が重要となる。

兆候の管理に当たっては，まず，監視システムやサービスデスクなどを通じて，システム資源の使用状況や性能の状況，利用者からの問合せ状況などの情報を幅広く収集する。

次に，それらの状況の変化や傾向などを分析するとともに，過去の事例も参考にしながら，サービスレベルが未達となる兆候であると認識した場合には，原因を究明して適切な対策を講じる。

また，兆候の管理を効果的に行うためには，関連部門と連携することによって，様々な情報を多面的に分析するなどの工夫が重要である。さらに，兆候の管理を行う仕組みを継続的に改善していくことも必要である。

あなたの経験と考えに基づいて，設問ア～ウに従って論述せよ。

設問ア　あなたが携わった IT サービスの概要と，兆候の管理の概要について，800 字以内で述べよ。

設問イ　設問アで述べた兆候の管理において，サービスレベルが未達となる兆候及びそのように認識した理由と，サービスレベルを遵守するために実施した対策及びその結果について，800 字以上 1,600 字以内で具体的に述べよ。

設問ウ　設問アで述べた兆候の管理を効果的に行うための工夫と，仕組みの改善について，600 字以上 1,200 字以内で具体的に述べよ。

論文事例 1

平成 25 年度　問 1

岡山　昌二

設問ア

第１章　ITサービスの概要

１．１　ITサービスの概要

A社は中古自動車の中堅の販売会社であり，日中はオンライン業務を行い，夜間はバッチ業務を行う販売管理システムを運用している。論述の対象は，この販売管理システムによるITサービスである。８時から21時までのオンライン業務のサービス時間帯では，営業店から入力されたデータに基づいて，車両の受注処理や入出庫処理が行われている。オンライ業務終了後の夜間バッチ業務では，各種の実績集計処理や各種マスタファイルのメンテナンス処理が行われている。

販売管理システムのシステム構成は，Webサーバと業務サーバがそれぞれ冗長構成になっており，冗長構成のどちらか１台に障害が発生した場合には，縮退運転で運用する方式（以下，片寄せ運用という）になっている。

販売管理システムは顧客との対面時に車両検索などに使われる。そのため，ITサービスの特徴としては，応答時間重視という点を挙げることができる。

１．２　兆候の管理の概要

合意されたサービスレベルの応答時間に関しては，“ピーク時間帯において99％の応答時間が５秒以内”という目標値が設定されている。A社のITサービス部では，片寄せ運用時であっても，販売部から提出されたピーク時間帯におけるトランザクション数の予測値を処理できるようにリソース設計し，年初に実機でツールを使い応答時間を確認している。

ITサービス部では①応答時間や，各種サーバのリソースの使用状況を監視システムから収集して作成した要約レポート，②サービスデスクに寄せられた店舗の社員からの問い合わせの要約レポートを作成している。兆候の管理としては，担当者からの要約レポートを基に，ITサービス部の週次報告会で兆候の分析をしている。

設問イ

memo

第2章　サービスレベルを遵守するための活動

2.1　サービスレベルが未達となる兆候及びそのように認識した理由

A社では店舗からの要望によって，オンライン業務時間帯を延長することになった。バッチ業務時間帯が短縮されると，バッチ処理にインシデントが発生した場合，オンライン開始時間が遅れることになる。そこで，一部のバッチ処理を切り出して，オンライン業務時間帯に実行することになった。そのような運用変更が開始されて最初のITサービス部の週次報告会において，業務サーバのページング回数が急激に増加している状況が問題となった。

この状況を分析した結果，この状況が発生した背景には，サーバに障害が発生して片寄せ運用であり，運用変更により切り出したバッチ処理が実行されていたことが判明した。私は過去の障害事例において，ページングが多発すると応答時間が悪化する事例があることを確認したうえで，現状を放置すると，サービスレベルが未達になると認識した。理由は，片寄せ運用時に切り出したバッチ処理を実行すると，実記憶メモリが不足するためにページングが多発することに加え，ピーク時間帯のトランザクション数は増加傾向にあるため，将来的にはOSのオーバーヘッドが増加して応答時間の悪化を招くからである。

ここに注目！

兆候を論じる際は，サービスレベルに現状では影響を与えていないことが重要です。

2.2　サービスレベルを遵守するために実施した対策及びその結果

ページングの多発を抑えるためには，暫定的な対策として，片寄運用時にはバッチ処理を実行しない旨を徹底することにした。

抜本的な対策としては，①実メモリの所要量計算を行い，業務サーバの実メモリを増設する。②バッチ処理のプログラムをチューニングする，という案を検討した。

memo

その結果，①を採用することにした。なぜならば，チューニングをしてメモリの使用量を減らせる保証はなく，適切にメモリを増設すれば，ページングの発生を確実に抑えられると考えたからである。

900字

なお，業務サーバのメモリ増設については，変更管理プロセスを通す必要がある。変更管理プロセスにおいて，可用性などの検証を行い，稼働中のサービスへの影響が最小になるようにリスクをコントロールした。

1000字

1100字

1200字

1300字

1400字

1500字

1600字

設問ウ

memo

第3章　兆候の管理を効果的に行うための工夫と仕組みの改善

3.1　兆候の管理を効果的に行うための工夫

ITサービス月次報告会において，今回のページングの発生について，営業部に報告を行った。その結果，ページングが多発した時間帯において，販売部が該当月から販売キャンペーンを実施していたことが判明した。更にヒアリングを行うと，営業部からのピーク時間帯のトランザクション数の予測値については，現状では販売キャンペーンを考慮していないことが判明した。

販売部では，販売キャンペーンを，今後，毎月実施する予定である。私は，販売キャンペーンにおけるトランザクション数を予測することは難しいと考えた。なぜならば，キャンペーンの内容によってトランザクション数が大きく変動するからである。

ここに注目！
工夫をアピールするために困難な状況を説明しています。

そこで私は長期的には，次の二つの代替案を策定することにした。

①仮想サーバへのリプレイス

物理サーバ自体の信頼性も上がり，バッチ業務用とオンライン業務用の資源を動的振り分けて，販売キャンペーン中のピーク時の資源不足にも対処できると考えた。

②クラウドサービスへの移行

リアルタイムにリソースを追加できる点，今後のリソース管理作業が軽減できる点を根拠に，クラウドサービスへ販売管理システムへの移行を代替案とした。

短期的には，キャンペーン中のピーク時間帯には，バッチ処理をしないことを継続することで対処しようと考えた。なぜならば，販売キャンペーンと障害発生による片寄運用が重なる可能性は低いからである。

ただし，短期間であって最悪のケースを想定しなければならない。そこで私は，両者が重なる最悪のケースでもページングの多発で抑えられることを，実メモリを増

memo

設後に実機を使ったテストで検証し，応答時間が悪化しないことを確認した。

3．2　仕組みの改善

　兆候の察知の精度を上げるには，トランザクションの予測値に，販売キャンペーンによる増加分を考慮するように仕組みを改善しなければならないと考えた。そこでマーケティング部において事前に作成された販売キャンペーンの販売予測情報を基に，トランザクション数の予測値を補正するように，マーケティング部及び販売部と交渉した。その結果，トランザクション数を予測する仕組みに，販売キャンペーン分を補正するプロセスを加えることで，仕組みを改善した。

　更にトランザクション数の予測値と実績値を比較して乖離があれば対処するという機能をITサービス月次報告会にもたせ，継続的に改善するようにした。

－以上－

論文事例2

平成25年度　問1

粕淵　卓

設問ア

memo

1．ITサービスの概要と兆候管理の概要

1．1　私が携わったITサービス

　A社は，全国で約1,000人の社員が所属し，本社と3つの工場，10の直営店を持つ化粧品メーカである。私はA社システム課のITサービスマネージャである。

　我々システム課のITサービスは，A社のネットワーク，サーバ，生産管理システム，PCなど，すべてのシステムの運用管理である。特に，サービスデスクとして利用者からの問い合わせに対応することと，インシデント対応が重要なミッションである。

　これまで，利用者から問い合わせ対応の遅さが問題視されていた。それが原因で，商品の納期遅れにまでつながったこともあった。そこで，サービスデスクにおける，問合せ回答を24時間以内に実施するサービスレベルが設けられた。その遵守率は98%と定められた。

1．2　兆候の管理の概要

　社内の問い合わせと言えど，会社の業績に影響する大事なサービスレベルである。定められたレベルを遵守していくために，サービスレベルが未達となる兆候に対して，兆候の管理が求められる。

　具体的には，以下の二つの情報を収集して管理することにした。

①問合せの回答をするまでの時間

　問合せ管理システムにより，問合せを受け付けてから回答するまでの時間を管理する。

②社員の残業時間

　勤務管理簿によって，回答に時間がかかることが要因で，残業が増えていないかを管理する。

設問イ

memo

2．未達になる兆候と遵守するための対策
2．1　サービスレベルが未達となる兆候と理由
(1)兆候
　8人いたメンバーであったが，3月末に1人の社員が退職し，人事異動によって2人のメンバーも交代した。同時に，社員のPCが，シンクライアントシステムに切り替えられた。
　これらの外部要因がきっかけとなり，兆候の管理をしていた項目の中に変化が現れた。①「回答までの時間」は，これまでの，平均約12時間から，約18時間になった。②「社員の残業時間」も，約2倍に増えた。
　私は，これはサービスレベルが未達となる兆候ではないかと考え，詳しく調べることにした。
(2)そのように認識した理由
　過去の事例でも，人員の入れ替わり時には，未経験さが起因して，このような事象は発生した。しかし，すぐに改善した。一方，今回に限っては，①回答時間も，②の残業時間も，悪化したまま改善する兆しがみられなかった。よって，サービスレベルが未達となる兆候であると認識した。
2．2　サービスレベル遵守のための対策と結果
(1)遵守するために実施した対策
　ITサービスマネージャである私は，問合せ管理システムの履歴分析と，メンバーへのヒアリングで原因究明にあたった。
　今回の原因は，異動してきた2人のメンバーがスキル不足のために十分に機能していないことであった。以前からいる5人のメンバーで，これまでの8人分の業務をこなしていたのである。
　そこで，対策として次の三つを実施した。
①新メンバーの担当業務を明確化
　問合せ対応にはITの十分なスキルが必要である。新メ

ここに注目！
人事異動時にスキル不足が分からなかった理由を書くともっとよくなります。

memo

ンバーが，A社の全システムの問合せ対応をするのは難しい。そこで，比較的対応が簡単なPC周りの問合せに限定することにした。これまでのメンバーは，サーバやネットワークなどの高度な問合せも担当する。

②マニュアルの整備と教育

　恥ずかしながら，当社ではマニュアルが整理されておらず，新メンバーへの教育もほとんどしていなかった。そこで，会社が休みの土日４日間にメンバーを出勤させ，マニュアルの整理と，新メンバーへの教育を行った。

③「よくあるQ&A」の社内Webへの掲載

　問合せの内容は，同じものが多いが，そのナレッジを活用できていなかった。そこで，よくある問合せとその対処方法を，Q&Aとして社内Webに整理して掲載した。これも，４日間の土日出勤の中で，暫定的に実施し，今後も順次増やすことにした。

⑵その結果

　効果は徐々に現れた。対策を開始して１か月くらいは，回答時間も残業時間も大きな変化はなかった。教育効果はすぐに出るものではないと分かった。しかし，新メンバーが，PC部分に特化した知識を蓄積し，マニュアルの見方も分かり，経験がついてきた。また，社内Webに「よくあるQ&A」が掲載されていることが利用者に浸透するに従い，回答時間も残業時間も，徐々に減ってきた。

設問ウ

3．兆候の管理を行うための工夫と仕組みの改善

3．1　兆候の管理を効果的に行うための工夫

兆候の管理を行うための仕組みとして，回答するまでの時間や，残業時間などを判断基準としていた。しかし，これらは自動で取得できるのではない。能動的に取得して初めて取得できる。業務が多忙であったりすると，ついその兆候を見逃してしまう恐れがある。

そこで，メンバー毎の回答時間や残業時間を，表計算ソフトで簡単に見ることができるように簡易なスクリプトを作成した。加えて，これをメンバーも見ることができるようにもしたことで，兆候に気づきやすくなるようにした。

3．2　仕組みの改善

今回のように，回答までの時間や残業時間という数字だけに頼った兆候管理は，最適な仕組みではないということが分かった。私は当初，回答までの時間が遅れているのは，単にメンバーが変わったからだと決めつけていた。サービス未達になる兆候と明確に認識したのは，各人へのヒアリングを実施してからであった。

回答時間や残業時間に関しては，作成したスクリプトによって，効果的に数字化できるようになった。しかし，その内容については実際にヒアリングし，状況を確かめるまで分からない。サービスレベルを遵守していくためには，システム的な面と，人的な面の両面から兆候の管理をしていきたい。

－以上－

memo

ここに注目！

もう少し，「管理を行うための仕組み」に寄せて書くともっとよくなります。

memo

900字

1000字

1100字

1200字

IPA発表採点講評

顧客と合意したサービスレベルが未達となる兆候について，認識した兆候とサービスレベルを遵守するために実施した対策，管理を効果的に行う工夫と仕組みの改善などについて論述することを求めた。サービスレベルの維持活動は受験者にとってなじみのあるテーマのようで，不断の情報収集と的確な分析によって兆候を認識したことが伺える良質な論述が見受けられた。しかし，兆候と認識した理由が不明なものや，単なるインシデント対応についての論述が少なからず見受けられ，兆候の管理を確実に実施している受験者は多くはないと推測される。また，効果的に管理する工夫では問題文の例を引用しただけで，実経験に基づいているのか疑わしいものも見受けられた。これは，ITサービスマネージャとして効果的な管理に注力した経験がないことに起因するものと推察される。兆候の管理は，サービスレベルを遵守するための有効な方策の一つである。管理プロセスの確立と継続的な改善に積極的に取り組むことを期待したい。

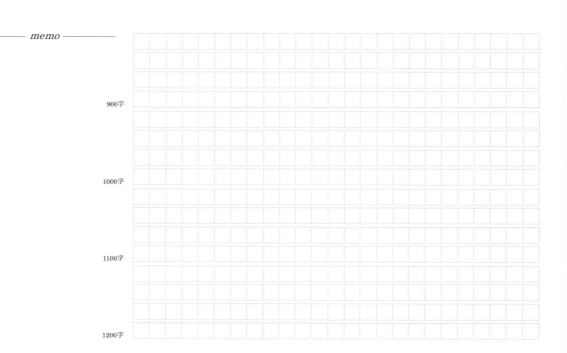

Memo

平成 25 年度 ▼ 問2
外部委託業務の品質の確保について

IT サービスの提供においては，IT サービスの提供に必要な業務の一部を外部委託する場合がある。外部委託業務の品質は，顧客や利用者に提供する IT サービスの品質に影響を与える。したがって，外部委託業務の品質について委託元と委託先で合意した上で，合意した品質を継続的に確保することが，双方の IT サービスマネージャには求められる。

品質の合意に当たっては，外部委託業務の内容だけでなく，提供する IT サービスの特徴，顧客との SLA への影響などを考慮して，委託元と委託先とで協議する必要がある。合意した品質を継続的に確保するためには，作業プロセスの確立，要員の確保，品質管理体制の整備などにおける課題を踏まえて，品質確保策を立案し，実行しなければならない。

また，品質確保策の実行において，品質に関わる問題を把握した場合には，業務遂行上の観点だけでなく管理上の観点も含めて，対策を講じる必要がある。

あなたの経験と考えに基づいて，設問ア～ウに従って論述せよ。

設問ア　あなたが携わった IT サービスの概要と，外部委託業務の概要及びその外部委託業務の品質が IT サービスの品質に与える影響について，あなたの立場（委託元か委託先か）を明確にした上で，800 字以内で述べよ。

設問イ　設問アで述べた外部委託業務において，品質の合意に当たって協議したこと及び合意した品質と，その品質を継続的に確保する上での課題及び品質確保策について，800 字以上 1,600 字以内で具体的に述べよ。

設問ウ　設問イで述べた品質確保策の実行において把握した品質に関わる問題と，その問題を把握した経緯及びその問題に対して講じた対策について，600 字以上 1,200 字以内で具体的に述べよ。

論文事例 1

平成25年度　問2

長嶋　仁

設問ア

memo

1－1　ITサービスの概要

通信販売業A社の情報管理部が提供しているITサービスは，ECサイト及び社内システム，ネットワーク基盤の運用管理で，次のようなサービスがある。100字

- 外部のデータセンタに設置したECサイトやメールサーバの運用管理とインターネット接続サービス
- 社内サーバや社内ネットワークの運用管理
- 拠点や倉庫間のVPN接続サービス及び本社のインターネット接続サービス 200字
- 各種のアプリケーションサービス
- サービスデスク

1－2　外部委託業務の概要

300字

A社のグループ企業で私が所属するB社の運用部門は，委託先としてITサービスの提供に必要な業務の一部を行っている。具体的には，社内サーバや社内及び拠点間のネットワークの運用管理，アプリケーションのうちでB 400字 社の開発部門が納入した購買や経理システムに係るサービス，サービスデスクである。システムの運用管理として，監視業務，障害対応業務，各装置のセキュリティ設定及び脆弱性対応業務，サーバや端末装置の保守業務 500字 などを主に行っている。

なお，外部のデータセンタ内の運用管理は別の企業が受託しており，インシデント発生時には，私が携わっているサービスデスクと連携することになっている。600字

1－3　外部委託業務の品質がITサービスの品質に与える影響

A社の情報システムに係わる広範な業務を受託しているため，業務の品質はITサービスの品質に大きく影響する。700字 特に，A社では対顧客サービスに係わる業務の継続性を重視しているので，受託業務の中では監視業務や障害対応業務の品質がITサービスの可用性に影響すると言える。

800字

設問イ

memo

２－１　外部委託業務の品質の合意

私は，業務受託に向けてA社の情報管理部のITサービスマネージャと業務の品質を協議した。品質を設定する根拠になる要件は，A社の社内SLAである。ヒアリングにおいて重要度の高い項目を確認した結果，前述のようにITサービスの可用性が挙げられた。関連するサービスレベルの目標値は，次の通りである。

・サービス復旧時間（大規模災害時等を除く）
　対顧客サービス：3時間以内
　その他社内向け：6時間以内
・稼働率：99.5%
・サービス時間：24時間無停止ではなく，若干の停止時間を許容するが，原則として24時間稼働

私は，年間の稼働率目標値と，平均的な障害発生頻度を踏まえて，ポイントとなるSLA項目はサービス復旧時間と考えた。そこで，次に挙げるような項目を受託業務の品質目標として選定し，合意した。

・障害通知時間：30分以内（通常利用時間帯）
・障害対応時間：2時間以内（対顧客サービス）

品質の目標値は，A社の事業実態に合わせることによって，受託業務コストが過大にならないように考慮した。例えば，サービスは原則24時間稼働となっているが，事務所では通常は夜間の利用がなく，倉庫は夜間の利用がある一方で，日中に利用の少ない時間帯がある。そこで，サービスの種類と時間帯別に目標値を設定することをA社に提案して承認された。

ここに注目！

「提供するITサービスの特徴，顧客とのSLAへの影響などを考慮して」という趣旨に沿っている点がよいです。

２－２　継続的な品質確保のための課題と品質確保策

合意した受託業務の品質を継続的に確保する上での課題は，障害の切り分けプロセスの確実性の維持である。障害対応時間は，障害の検知時間，切り分け時間，リモートあるいは現地での復旧作業時間の総和である。その中では，経験的に切り分け時間のばらつきが大きく，時

間を要してしまうケースが多いと認識していた。
　私は，切り分けに時間を要する原因は，メンバのスキルや経験に依存していることと考えた。運用グループには，要員ローテーションのために，開発グループから移ったばかりのメンバや，特にネットワーク基盤の管理経験が浅いメンバがおり，障害の切り分けに時間がかかる傾向が見られた。
　そこで，品質確保策として，メンバの意見も踏まえて，エスカレーションを含めた障害切り分けプロセスの見直しとマニュアル化を計画立案して実行した。経験のある中堅技術者に参加してもらい，汎用的な障害の調査手順やエスカレーション基準をプロセスフローとしてまとめ，マニュアル化した上で，タブレットPCを活用して現場で参照しながら作業できることを目指した。

memo

900字
1000字
1100字
1200字
1300字
1400字
1500字
1600字

設問ウ

memo

3－1　品質確保策の実行において把握した問題

障害の切り分けプロセスのマニュアル化作業の実行において把握した問題は，プロセスの網羅性の不足である。

プロセスフローの作成では，複数の経験者にヒアリングを行って，チェック項目や方法を抽出した。障害箇所を特定できない場合は，運用グループのマネージャへの二次エスカレーション，あるいはハードウェアベンダ等への三次エスカレーションになる。しかし，項目数が少ないために，作成したプロセスに従ってそのまま切り分けの作業をした場合，エスカレーション率が高くなることが想定された。その結果，切り分け時間を含む障害対応時間の目標品質の達成が難しくなると考えた。

3－2　問題を把握した経緯

前項の問題は，作業がある程度進んだ段階で実施したプロトタイプレビューにおいて把握した。B社の運用グループ内のネットワーク上に，過去に発生した障害の模擬環境を生成し，作成したプロセスフローを使って切り分けのシミュレーションを実施した。参加した複数の若手の技術者が，明文化されたチェック項目だけでは，障害箇所を特定できないケースが発生した。

3－3　問題に対して講じた対策

プロセスフローを作成した経験者がシミュレーションの状況をレビューしたところ，実際の障害発生時には，プロセスにないチェック作業を臨機応変に行っていることが分かった。

私は，経験者のノウハウをできるだけ抽出するためにヒアリングに加えて，ロールプレイングを活用した。具体的には，模擬環境において実機操作を行い，作業項目を引き出しやすくした。この対策によって，ヒアリングだけでは得られなかった多くのプロセスを策定することができた。

また，今後の継続的な改善のための管理上の対策として，実際の障害対応作業時における記録の手順を定めた。そして，経験者の記憶に頼るのではなく，記録された切り分け手順をもとにプロセスの見直しを進めることとした。

900字

－以上－

1000字

1100字

1200字

memo

ここに注目！

趣旨にある「管理上の観点」という言葉を使用して明示的に書くと，もっとよくなります。

IPA発表採点講評

外部委託業務において，委託元及び委託先の双方で協議し，合意した品質とその品質の確保策，実行時に把握した問題と対策などについて論述することを求めた。外部委託業務を経験した受験者にとっては取り組みやすかったものと推察される。品質の合意に向けた協議やその品質を確保するための施策に深い洞察の伺える優れた論述がある一方で，合意に至った協議の内容がないもの，品質確保に当たっての課題が不明なものが見受けられた。また，実行時の問題と業務遂行面からの対策についてはほぼ論述できているものの，管理面からの対策について論述したものはほとんど見受けられなかった。担当者として外部委託業務を経験したことのある受験者は多いが，ITサービスマネージャの立場で外部委託業務の品質を確保するという経験のある受験者は限られていると推測される。外部委託業務の品質確保が重要であることは論をまたない。品質確保のために大局的な視点から主体的に行動することを期待したい。

Memo

第3章

パフォーマンスの評価及び改善

令和４年度　問２
ITサービスの運用品質を改善する取組について ・・・・・・・・・・・・・・・・・・・・・・・・・ 296
論文事例１：岡山　昌二・・・・・・・・・・・・・・・・・・・・・・・・297
論文事例２：庄司　敏浩・・・・・・・・・・・・・・・・・・・・・・・・302

令和元年度　問１
環境変化に応じた変更プロセスの改善について ・・・・・・・・・・・・・・・・・・・・・・・・・ 308
論文事例１：岡山　昌二・・・・・・・・・・・・・・・・・・・・・・・・309
論文事例２：森脇　慎一郎・・・・・・・・・・・・・・・・・・・・・・314

平成 30 年度　問２
ITサービスの運用チームにおける改善の取組みについて ・・・・・・・・・・・・・・・・ 320
論文事例１：岡山　昌二・・・・・・・・・・・・・・・・・・・・・・・・321
論文事例２：粕淵　卓・・・・・・・・・・・・・・・・・・・・・・・・・326

平成 29 年度　問１
ITサービスの提供における顧客満足の向上を図る活動について ・・・・・・・・・ 332
論文事例１：長嶋　仁・・・・・・・・・・・・・・・・・・・・・・・・・333
論文事例２：鈴木　久・・・・・・・・・・・・・・・・・・・・・・・・・338

平成 29 年度　問２
継続的改善によるITサービスの品質向上について ・・・・・・・・・・・・・・・・・・・・・・・ 344
論文事例１：岡山　昌二・・・・・・・・・・・・・・・・・・・・・・・・345
論文事例２：長嶋　仁・・・・・・・・・・・・・・・・・・・・・・・・・350

平成 27 年度　問１
ITサービスに係る費用の最適化を目的とした改善について ・・・・・・・・・・・・・ 356
論文事例１：岡山　昌二・・・・・・・・・・・・・・・・・・・・・・・・357
論文事例２：粕淵　卓・・・・・・・・・・・・・・・・・・・・・・・・・362

令和４年度 ▼ 問２
ITサービスの運用品質を改善する取組について

IT サービスの運用チームは，サービスの運用を通じて，信頼性の高い IT サービスを安定的に提供する。サービスレベルの向上を図り，顧客の期待に応えるために，IT サービスマネージャには，IT サービスの運用品質の改善目標を定めて，運用品質の改善に取り組むことが求められる。

IT サービスの運用品質の改善目標には，例えば，作業ミス件数の 20%削減やサービスデスクにおける受付から回答までの時間の 30 分短縮といった具体的な目標値を設定し，達成期限も設ける。

次に，改善目標を達成するための方策を立案して実施する。次のような観点から方策の内容を設定する。なお，複数の方策を立案して実施することもある。

・プロセス：手順の見直し，標準化の推進など
・ツール：ツールを使った自動化など
・人：運用チームのメンバのスキル向上，役割と責任の明確化など

そして，方策の管理指標を定め，定期的に方策の実施状況を確認する。

方策の実施に当たっては，運用チームのメンバによる議論を促して取組への動機付けを行うなど，運用チームの力を結集するための工夫を行うことも大切である。

改善の取組においては，方策の管理指標の達成状況及び改善目標の目標値の達成状況を評価する。未達の場合は原因を分析し，必要に応じて，方策などを見直す。

あなたの経験と考えに基づいて，設問ア～ウに従って論述せよ。

設問ア　あなたが携わった IT サービスの概要と，運用チームの構成，及び IT サービスの運用品質の改善目標とその設定根拠について，800 字以内で述べよ。

設問イ　設問アで述べた改善目標を達成するための方策について，方策の内容及び管理指標を，運用チームの実態を踏まえて工夫した点を含めて，800 字以上 1,600 字以内で具体的に述べよ。

設問ウ　設問イで述べた方策の管理指標の達成状況，改善目標の目標値の達成状況及び改善の取組全体の評価について，良かった点，悪かった点，今後の改善点を含めて，600 字以上 1,200 字以内で具体的に述べよ。

論文事例1

令和４年度　問２

岡山　昌二

設問ア

memo

第１章　ITサービスの概要及び運用品質の改善目標

１．１　ITサービスの概要

　ITサービス会社のＡ社は，自社のデータセンタを使ってクラウドサービスを顧客に提供している。Ａ社のITサービス部は，クラウドサービスを運用するとともに，クラウドサービスで稼働する20社の顧客の情報システムを対象として，24時間365日のシステム運用サービスを提供している。クラウドサービスを提供する同業他社が多いため，ITサービスの特徴としては，サービス品質の低下が顧客離れに直結するという点を挙げることができる。

１．２　運用チームの構成

　ITサービス部はクラウドサービスの管理を担当するクラウドサービスグループ，顧客の情報システムの運用監視を担当するオペレータグループで構成されている。オペレータグループは５チームあり，各チームはチームリーダと５名のオペレータで構成され，それぞれ４社の顧客の情報システムを運用している。

１．３　運用品質の改善目標

　Ａ社では，サービスに対する計画外の中断や，顧客へのサービスに影響のあるサービス品質の低下事象をインシデントとして定義している。直近の３か月でヒューマンエラーに起因するインシデントの増加傾向が判明した。サービス品質の低下が顧客離れに直結するため，インシデントの低減が早急の課題となった。そこで私は，ITサービス部に所属するITサービスマネージャの立場で，インシデント低減策を策定し実施することにした。

　改善目標は“ヒューマンエラーに起因するインシデント発生件数を月間１件以内に抑える”である。目標値はインシデントが増加した直近３か月を除く，直近１年間の平均値を基に算出した。この値が達成できれば，ITサービスの運用品質がインシデント増加以前に戻ると考えた。

設問イ

memo

第２章　改善目標を達成するための方策

２．１　改善目標を達成するための方策の内容と管理指標

インシデント報告書をレビューした結果，直近３か月のインシデントの増加は，ヒューマンエラーに起因することが確認できた。そこで私は，インシデントは氷山の一角であると考え，インシデント扱いになっていない事象（以下，ヒヤリハットという）を含めて，ヒューマンエラー件数を集計することにした。

その結果，ヒューマンエラーの12%がインシデントに発展することが判明した。そこで私は管理指標を，ヒヤリハットを含めたヒューマンエラー件数とし，その目標値を月間８件以内とした。このように設定した根拠を次に説明する。

ヒューマンエラーの12%がインシデントに発展する点を踏まえると，インシデントの発生件数を月間１件以内に抑えるためには，８×0.12＝0.96から，ヒューマンエラー件数は月間８件以内に抑えることが目標となる。ヒューマンエラー件数が９件になると0.12を掛けたときに1よりも大きくなるからである。したがって，インシデント増加傾向以前のヒューマンエラーに起因するインシデント件数が月間平均１件であることから，ヒューマンエラーの発生を月間８件以内に抑えることで，増加傾向以前のサービス品質に戻ったと判断できると考えた。

更に詳細に，オペレータグループの５チームごとにヒューマンエラーの発生状況を集計すると，⑴チームの稼働率が高いチームに“不注意”によるヒューマンエラーが多発していること，⑵チームの稼働率が低いチームに“不慣れ”によるヒューマンエラーが多発していることが判明した。なお，稼働率は勤務時間における実働時間の割合である。

ヒューマンエラーへの対応策としては，操作の自動化

の推進が有効である。そこで私は，インシデントが発生した手順の自動化をチームリーダに指示した。ただし，自動化を推進してもヒューマンエラーを完全になくすことはできない点に留意した。なぜならば，例えば自動化手続を起動する際には，少なくともヒューマンエラーが発生する余地があるからである。具体的には，サーバの再起動の自動化手続には対象となるサーバ名を指定する必要があり，これがヒューマンエラーの原因になり得る。
　次に私は，ヒューマンエラーが発生する原因の一つであるチーム間の稼働率の偏りに着目した。稼働率の高いチームから低いチームに，チームが担当する顧客を移動させて，チーム間の稼働率の平準化を実現した。ただし，これだけでは“不注意”と“不慣れ”というヒューマンエラーを確実には解消できない。そこで私は，①自動化の推進，②チーム間の稼働率の平準化に加えて，③OJTの実施，という方策を講じた。

2.2　運用チームの実態を踏まえて工夫した点

　しかし，OJTを実施しただけでは，十分な効果は期待できない。なぜならば，OJTの成否は教育担当者のスキルレベルに依存するからである。そこで私は，運用品質の高いチームと低いチームが混在しているという運用チームの実態を踏まえて，運用チームの力を結集するために運用品質の低いチームからオペレータを一時的に運用品質の高いチームに異動させて，スキルレベルの高い教育担当者に，OJTによる教育を実施させることにした。なぜならば，スキルレベルの高い教育担当者が交代でOJTを行うことで，俗人的であるというOJTの欠点を補えると考えたからである。

900字 1000字 1100字 1200字 1300字 1400字 1500字 1600字

memo

ここに注目！
OJTに関わる論文ネタとして準備しておきましょう。

設問ウ

memo

第3章　管理指標と改善目標の達成状況，評価と改善点

3．1　管理指標の達成状況

　OJTでは，(1)“不注意”が多いチームについては複数オペレータによる二重確認を徹底することを，(2)“不慣”が多いチームについては，運用品質にかかわる考え方とともに実際に作業する手本を見せることを，スキルレベルの高い教育担当者に指示した。その結果，ヒューマンエラー件数が月間8件以内という目標値を設定した管理指標については，2か月目にして目標を達成し，月間のヒューマンエラー件数は6件になった。

3．2　改善目標の目標値の達成状況

　月間のヒューマンエラー件数は6件であり，その12%が，ヒューマンエラーに起因するインシデント件数という推測値であった。その推測値は，ほぼ的中して，実際のヒューマンエラーに起因するインシデント件数は2か月目にして月間0件となり，月間1件以内という目標値を達成することに成功した。

3．3　改善の取組全体の評価と今後の改善点

　方策を講じて2か月目で改善目標を達成できたことを根拠に，良かった点としては，①自動化の推進，②チーム間の稼働率の平準化，③欠点を補ったOJTの実施，という多角的な施策を講じた点を挙げることができる。

ここに注目！
悪かった点をしっかりと論じて，採点者に問題把握能力をアピールしている点がよいです。

　悪かった点としては，自動化の推進などの複数の対策を講じたが，対策ごとの効果を収集できなかった点である。今後の改善点としては，対策ごとの効果を収集し，以後のITサービスマネジメントの参考になる情報を収集することである。

　加えて，悪かった点としては，今回は2か月目にして改善目標を達成できたが，これが2か月で達成できなかった場合の計画が不十分であったという点である。具体的には，OJTによる教育計画において，教育担当者のスキルレベルの高さを信じ過ぎたため，PDCAサイクルのチ

ェックとアクションの部分が不十分であったと反省する。
　今後の改善点としては，0JTによる教育計画を，特にチェックとアクションに重点を置いてレビューし，教育目標を確実に達成できる計画にブラッシュアップする点を挙げることができる。

－以上－

memo

900字
1000字
1100字
1200字

論文事例２

令和４年度　問２

庄司　敏浩

設問ア

memo

1．サービスの概要と運用品質の改善目標

1．1　ITサービスの概要と運用チームの構成

　当社は情報システムの開発・運用を請け負っている。私は大手保険会社S社のITサービスマネジメントを担当している。S社から請け負っているITサービスマネジメント業務の一つにサービスデスク業務がある。私はこのサービスデスク業務の責任者である。

　当社が運用しているシステムは保険契約を処理するシステムであり，S社の社員の他に全国の代理店も利用している。システムに問題があったり操作が分からなかったりすると，代理店も含めた全国の利用者からサービスデスクに問合せがくる。S社の顧客満足度を維持するためには，タイムリーに問合せ対応することは非常に重要である。

　サービスデスクの対応時間は8時から22時までである。当社のコールセンター内でサービスデスク業務を行っており，2交替で対応するようチームを構成している。

1．2　運用品質の改善目標と設定根拠

　保険契約業務は年々複雑化しており，それに対応してシステムも複雑になっている。そのため，利用者が通常の操作について問合せを行う回数も増えてきた。システムが複雑化したので，当社のオペレータも迅速に回答できない問合せが増えてきた，それが利用者からのクレームにつながるようになってきた。特に，代理店からのクレームが多く，S社はこの状況を改善したいと考えた。

　平均すると通常回答に15分程度を要しており，これが代理店業務の生産性悪化につながっている。S社で実施した利用者からのアンケートで，平均すると8分以内であれば納得するという回答が得られた。この数字をベースに，1年以内に回答時間を50%短縮するという改善目標を設定し，S社と合意した。

ここに注目！

目標値の設定根拠をしっかりと説明している点がよいです。

設問イ

memo

２．改善目標を達成するための方策
２．１　改善目標を達成するための方策と管理指標
　私はこの改善目標を達成するには，人的努力では限界があると判断した。いくら教育を充実させたとしても，複雑なことをミスなく効率的に行うことは困難だからだ。同一人物が長期間対応するのであれば，知識を蓄積させながら習熟度を高めていくこともできる。しかし，サービスデスク業務に携わるオペレータは平均して４，５年で入れ替わる。したがって，新たな就業者が継続的に発生する中で，新人にも一定レベルでのオペレータ業務を実践できるようになってもらわないと，要員の確保もおぼつかなくなる。
　このような状況を前提に，私はAIを活用したAI回答支援システムを導入して，オペレータの業務を支えることを考えた。通常の操作に関する質問への回答は，マニュアル化できるものが多い。ただし，それを全てマニュアルにするとかなりのボリュームになる。それでは覚えるのも困難だし，参照するにも時間がかかる。しかし，AIであれば大量の情報を覚えるのも容易だし，それを迅速に検索して示すことも容易である。その情報を基にオペレータに回答させるようにする。
　ただし，正しい質問でなければ正しい回答が導けない。問合せを行う利用者は，Web のFAQに載っているような分かりやすい形で質問をしてくるわけではない。人によっては，かなり質問が分かりづらく，何を問われているのかを判別すること自体に時間がかかることもある。熟練したオペレータは，そのようなあいまいな問合せに対して短時間で回答することができる。AIも，ある程度あいまいな問いに回答することができるものの，それは学習次第というところがある。教師データを作成し覚え込ませることで質問内容の認識度を高めないと，AIで正しく回答を導き出せない。

100字 200字 300字 400字 500字 600字 700字 800字

memo

　このようなAIの特性を鑑みた上で，AIで質問への適切な回答を１回で探せる割合を１年で60％以上にするという管理目標を設定した。60％の回答をAIで導き出せたら，全体の平均回答時間を半分に短縮できると机上で計算できたので，この数字を管理指標とした。そして，チームからメンバを選抜して，教師学習データを作成しAIに覚え込ませるAI学習担当者を決め，対応させた。

２．２　運用チームの実態を踏まえて工夫した点

　AI学習担当者をアサインしたことで，サービスデスク業務に対応するメンバが一時的に減ることになる。それでは業務に支障が出るため，私は上司に交渉して新たなメンバを追加してもらった。一時的にコスト増にはなるが，AIが有効に機能したら回答効率もあがりコスト削減効果が期待できるので，２年で投資が回収できるビジネスプランを作り，提示した。１年で60％という管理目標を設定したが，その後もより効果を高めることを意図し，継続的に教師学習データをインプットする作業工数もビジネスプランには含めた。

　また，AI回答支援システム完成直後は担当者がこのシステムに慣れていないことを考慮し，システム利用開始前にオペレータの操作教育を行うことにした。初回は全員が参加するので，集合研修で行うことにした。その後は少人数の継続的な入替が発生することを考慮し，研修をeーラーニング化し，随時受講できるように配慮した。個々のオペレータの負担が増えないよう配慮したことで，この取組にオペレータも前向きに協力してくれた。

ここに注目！

集合研修を行うことで，趣旨にある「運用チームの力を結集するための工夫」に沿って論じていることを，さらに採点者にアピールしてもよいでしょう。

設問ウ

3．評価と今後の改善点

3．1　達成状況の評価と取組全体の評価

　AI回答支援システムは6か月で利用開始することができた。利用開始までに，AI学習担当者となったメンバが教師データを作成し，適切な回答が導けるかを何度も試行した。最初は精度があまり高くなかったようだが，試行する中で教師データの作り方のコツも徐々に身に付けてくれた。そのような努力もあり，サービスデスク業務の実務に利用できるレベルになり，利用開始に至った。

　利用開始当初は，AIの回答が正しいかを判別するのにむしろ時間がかかることもあり，オペレータにも戸惑いがあったようである。そのため，精神的な負荷が高まってしまった。そこで，全面的にAI回答支援システムを使わせるのではなく，1日のうちでAIを使う時間を一定に抑え，徐々に慣れさせていくことにした。段階的に利用時間を増やしていくことで，オペレータも無理なくAIを自分の業務に適用できるようになった。その結果として，1年後にはAIで質問への適切な回答を1回で探せる割合が60%を超えるようになった。そして，通常質問への回答時間の平均は7分弱にまで短縮された。

　目標が達成できたことから，回答時間を短縮するためにAIを活用したという私の取組自体は良かったと評価している。

3．2　今後の改善点

　今回は最終的に目標が達成できたが，利用開始当初にオペレータに精神的な負荷をかけさせてしまい，AI回等支援システムの利用時間を見直すことになった。この点は反省すべき点と考えている。事前研修を行ったが，研修の時点で適切に対応できずに不安を隠せない表情を示していたオペレータが何人もいた。その点に十分配慮せずに全面的な利用に踏み切ってしまったのが良くなかったと考えている。

100字 200字 300字 400字 500字 600字 700字 800字

memo

ここに注目！

「利用開始当初は，AIの回答が正しいかを判別するのにむしろ時間がかかる」という論述は臨場感があります。AIに関することも論文ネタとして準備しておきましょう。

memo

オペレーションというのは人が行うことなので，個々人が適応できているかをしっかりと見ていかないといけない。今回は大きなトラブルに発展しなかったが，適応できていなまま実業務を行わせると，トラブル発生につながることもあり得る。今後はそのような点にもしっかりと目配せをした上で，オペレーションを変更する場合には，無理なく進められるようにしていきたいと考えている。

900字
1000字

－以上－

1100字
1200字

IPA発表採点講評

多くの受験者は定量的な改善目標と実施した方策については具体的に論述できていたが，方策の管理指標の記職がない論述，改善目標に対する直接効果を方策の管理指標としている論述，管理指標が不適切で方策が計画どおり実施できたかを客観的に評価できない論述が散見された。また，メンバーで協力して方策を実施するための工夫が全く見られない論述も見受けられた。

ITサービスマネージャは，改善の取組において，方策の管理指標の達成状況，及び改善目標の目標値の達成状況を評価するとともに，改善目標が未達の場合，原因を分析し，方策を見直すことが求められる。

Memo

令和元年度 ▼ 問1
環境変化に応じた変更プロセスの改善について

IT サービスマネジメントを実践する組織では，品質の確保に留意しつつ，緊急変更を含む変更管理プロセス並びにリリース及び展開管理プロセス（以下，変更プロセスという）を既に構築・管理している。

しかしながら，俊敏な対応を求める昨今の環境変化の影響によって，既存の変更プロセスでは，例えば，次のような問題点が生じることがある。

① アジャイル開発で作成されたリリースパッケージの稼働環境へのデプロイメントにおいて，変更プロセスの実施に時間が掛かる。

② 新規のサービスをサービスデスクで作業可能とする変更要求の決定に時間が掛かる。

IT サービスマネージャには，このような問題点に対し，変更プロセスの改善に向けて，例えば，次のような施策を検討することが求められる。

① アジャイル開発チームへの権限の委譲，プロセスの簡略化などによるデプロイメントの迅速化

② サービスデスクでの標準変更の拡大を迅速に行うためのプロセス見直しと利害関係者との合意

改善に向けた施策の決定に当たっては，変更要求への俊敏な対応と品質の確保の両面に配慮する必要があり，俊敏な対応を重視するあまり，品質の確保が犠牲にならないように工夫することが重要である。

あなたの経験と考えに基づいて，設問ア～ウに従って論述せよ。

設問ア あなたが携わった IT サービスの概要と，既存の変更プロセスに影響を与えた環境変化の内容について，800 字以内で述べよ。

設問イ 設問アで述べた環境変化によって影響を受けた変更プロセスの概要，変更プロセスに生じた問題点とその理由，改善に向けた施策及び施策の期待効果について，800 字以上 1,600 字以内で具体的に述べよ。

設問ウ 設問イで述べた施策の実施結果と評価について，俊敏な対応と品質の確保の観点を含め，600 字以上 1,200 字以内で具体的に述べよ。

論文事例1

令和元年度　問1

岡山　昌二

設問ア

memo

第1章　ITサービスの概要と環境の変化

1．1　ITサービスの概要

論述の対象とするITサービスは，中堅の玩具製造・販売会社であるA社が提供する，インターネット配信サービス（以下，配信サービスという）である。100字

配信サービスでは，インターネット上においてライブ活動を行うライバーが，ライブの観客であるリスナーに対して動画を提供する。リスナーは配信サービス内でア 200字 イテムを購入してライバーに提供する。この購入額が，配信サービスの収入源となっている。一方，ライバーはアイテムをリスナーから受け取ることで，受け取ったアイテムの金額に応じてA社から収入を得ている。300字

この配信サービスでは，リスナーによるアイテム購入が利益構造の根幹となっている。したがって，顧客であるリスナーの顧客満足度の低下が利益の減少に直結するというITサービスの特徴を挙げるができる。400字

1．2　環境の変化

配信サービスのサービス開始時点では高い利益を得ることができた。しかし，類似したサービスを提供する競合他社が参入するにつれ，顧客離れが進行して利益が減 500字 少する状況が続いた。このような状況において顧客離れが進んだ原因の一つに，新機能の提供開始に時間が掛かる，という点がある。A社では顧客満足度の低下を防ぐために，顧客が好む新機能の提供の迅速化が課題となっ 600字 た。そのためには，開発部門ではアジャイル開発手法の徹底を行った。一方，変更プロセスの迅速化も課題となった。

私は，A社のITサービス部門のサービスデスクと技術 700字 課を管理するITサービスマネージャの立場で，ITサービスの品質を低下しないように留意して，次に述べるように新機能のデプロイメントを迅速化した。

800字

設問イ

memo

第2章　変更プロセスの改善

2．1　影響を受けた変更プロセスの概要

変更プロセスでは，1週間に1回実施している変更審査会の前々日までに申請が必要であり，変更審査会で承認を受けてから，翌日以降にサービスデスクでの対応が可能となる。したがって，1回で承認を得た場合でも，変更要求の申請が提出されてからデプロイメント可能になるまで，10日間が必要になることもある。

2．2　変更プロセスに生じた問題点とその理由

顧客満足度の低下が配信サービスの利益の減少に直結するITサービスの特徴を踏まえると，競争優位に立つためには，顧客への新機能の早期提供が理想である。そこで変更プロセスに時間が掛かるという問題点が生じた。理由は，変更要求を実施するためには変更審査会の承認が必要であり，変更審査会はデータベース管理者など多方面の専門家で構成されており，招集に時間が掛かるからである。

2．3　改善に向けた施策及び改善の期待効果

新機能のデプロイメントを迅速化するためには，変更審査会の承認を不要とすることが不可欠であると考えた。ただし，開発部門によるテストや影響範囲調査などの妥当性を客観的にレビューする必要があると考え，変更審査会の承認に代わるものとして，サービスデスクの承認で代替することとした。改善の期待効果は，テスト完了からサービスデスクでの承認を得てデプロイメント可能となるまでの期間を10日間から2日以内に短縮する，である。

改善策の実施によって見込むことができる効果を測定するために，デプロイメントの総件数に占める，デプロイメント可能になるまでの期間を2日間に短縮できた件数の割合をKPIとして設定し，目標値を80%とした。目標値を設定した根拠は，過去の変更審査会の議事録を集

計した結果，変更プロセスの問題ではなく，開発側の不備によって変更審査会が変更要求を承認できないケースが，20%ほどあったためである。

変更要求の俊敏な対応と品質の確保は，トレードオフの関係にあり，俊敏な対応だけでは，ITサービスの品質に問題が生じると考え。私は次の施策を講じた。

(1)当該システム開発に参画と0JTの実施

新機能にかかわるテスト結果のレビューなどを高い品質で行うためには，配信サービスにかかわる知識やスキルを習得する必要があると考えた。そして，サービスデスクの要員を当該システムの開発段階から参画させて必要に応じて0JTによる教育を受けるように体制作りをした。

(2)開発に参画する要員への教育の計画・実施

開発段階からサービスデスクの要員を参画させた場合，必要となる専門知識やスキルが当該要員に不足している可能性が高い。そこで私は，開発部門とは別組織の，私が管理している技術課員にスキルアップ教育計画を策定させて実施させた。

以上が品質の確保が犠牲にならないように工夫した点である。

900字 1000字 1100字 1200字 1300字 1400字 1500字 1600字

memo

ここに注目！

趣旨にある「品質の確保が犠牲にならないように工夫する」という記述に沿って論じている点を確認してください。

設問ウ

memo

第３章　施策の実施結果と評価

３．１　実施結果と評価

俊敏な対応という観点から，実施結果については，デプロイメント可能になる時点からデプロイメント実施までは，２日間の余裕があるため，新機能のデプロイメントが遅れる事態は発生していない。

俊敏な対応という観点からの評価については，KPIの目標値80%を達成したことを根拠に，成功であったと判断する。ただし，サービスデスクでの承認に時間を要したために，デプロイメント可能となるまで２日以内という期待効果を満足できない事態が発生したこともあった。具体的には，サービスデスクによるテスト結果のレビューに時間を要したことが判明した。

品質の確保の観点からの実施結果については，サービスデスクの変更要求へのレビューに時間を要するという問題がある。ただし，品質面に起因したインシデントは発生していないという結果であった。

品質の確保の観点からの評価については，サービスデスクによるレビューが原因でインシデントが発生していないことを根拠に品質の確保は“成功”と判断する。

テスト結果のレビューに時間を要したことについては，改善すべき課題であると認識した。そこで私は，技術課の協力を得て，テスト結果のレビューについてサービスデスクへのヒアリングや，特に時間を要したレビュー結果をサンプリングして，レビュー内容のウォークスルーを実施した。その結果，テスト結果のレビューに時間を要した件については，サービスデスクの要員のスキル不足が原因であることが判明した。そこで私は，必要なスキルを洗い出し，PDCAサイクルを基に教育実施計画を策定することにした。

ここに注目！

OJT関連の論文ネタとして準備しておきましょう。

ITサービスの現場ではOJTによる教育の比重割合が多い傾向がある。ただし，OJTでは教育の品質面で，教育

memo

レベルが教育担当者に依存してしまう傾向がある。すなわち，教育が俗人的になる傾向がある。そこで私は，OJTにおける教育担当者のジョブローテンションを実施すること，及び，当初，教育計画を策定・実施した技術課員にフォローアップさせることを盛り込んだ計画を策定した。 900字

－以上－

1000字

1100字

1200字

論文事例2

令和元年度　問1

森脇慎一郎

設問ア

memo

1．私が携わったITサービスと変更プロセスに影響を与えた環境変化

1．1　私が携わったITサービス概要

G社は，東海地方に本社を置き，全国に200店舗を構える中規模スーパーである。G社では，8年前からインターネット経由で商品の販売・配達ができるネットスーパーを開設しており，30万人を超える会員数を獲得している。ネットスーパーは実店舗で販売している商品に加えて実店舗で取り扱っていない書籍や電化製品も販売しており，商品購入は24時間365日受け付け，配達は翌日9時から21時まで対応している。

G社ネットスーパーは，G社の情報システム担当が開発，保守，運用を一元的に実施している。私は，G社の情報システム担当に所属しており，主に変更管理とリリース管理業務をリーダとして任されている。

1．2　変更プロセスに影響を与えた環境変化

情報システム担当では，従前よりウォータフォール型の開発手法を採用している。これまでネットスーパーの開発に当たっては，アンケート等で収集したお客様からの改善要望を3か月から6か月ごとにとりまとめて，緊急度や影響度を踏まえて開発に着手していた。また，開発した機能についてはサービス品質の確保に重点を置き，十分な時間を確保して確実に本番環境にリリースする方針であった。

しかし，近年はネットスーパーも乱立して競争が激化しており，決済方法やお客様からの要望も非常に多様化している。そのような中，情報システム担当の幹部はこれまでの開発スパンでは厳しい競争に対応できないと判断し，新たにアジャイル型の開発手法を採用することとした。これによって，開発スパンを短期化し，多様化するお客様の要望にタイムリーに対応していく方針に転換することとなった。

設問イ

memo

2．変更プロセス概要と発生した問題への対策

2．1　影響を受けた変更プロセスの概要

これまでの変更管理，リリース管理の方法は品質を重視し，ウォータフォール型の開発手法を前提とした方法となっている。 100字

変更管理については，とりまとめた改善要望を要件定義して優先順位を付けて開発者がRFCを作成し，変更管理者である私が承認することで開発に着手するという流れとなっている。また，リリース管理については，変更管理で承認された変更に対してリリース担当者がリリース計画を立て，リリース手順の作成，リハーサルを実施する。その上で，リリース管理者でもある私の承認を得て，影響を最も小さく抑えられる日程・時間で本番環境にリリースするという流れで導入される。 200字 300字

それぞれの工程は短くても1か月程度が必要であり，改善要望のとりまとめから本番環境へのリリースまでは9か月程度を要していた。ただし，セキュリティに関する緊急度の高い事案については緊急変更手順を別に定めており，数日から1週間程度で本番環境に適用できるようにルールを整備している。 400字 500字

2．2　生じた問題点とその理由

今回の方針変更によってアジャイル型の開発手法を採用すると，一つの開発を小さな機能単位に細分化し，1か月以下の短いスプリントという開発を繰り返して，スプリントごとにリリースを実施することになる。また，複数のスプリントを並列して進める体制となる上，リリースされた機能の改善要望もこれまでよりも早くキャッチアップされることになる。そのため，次の問題が生じると想定され，対策が必要となった。 600字 700字

(1)リリースサイクルの短縮

複数のスプリントが並行して進みリリースされるため，リリースサイクルを短縮しなければリリースが積滞する。 800字

memo

⑵変更承認プロセスの短縮

　リリースサイクルの短縮によってお客様からのフィードバックが早くなるため，変更の承認プロセスを短縮しなければお客様の要望にタイムリーに応えられない。

　これら2点の問題について，私は変更管理とリリース管理のリーダとして対策を検討した。

2．3　改善に向けた施策及びその期待効果

　それぞれの問題点に対する対策として，費用対効果と実現性，実施期間等を踏まえて次の対策を実施した。

⑴リリースプロセスの標準化と簡略化

　プログラム改修だけの小規模開発，ハードウェア・ミドルウェアの設定変更が伴う中規模開発，ハードウェア・ミドルウェアの追加が必要な大規模開発に開発を分類し，小規模開発においてはリリース方法を標準化した上でリリース手順書とリハーサルを省略してリリースするようプロセスを簡略化する。これによって，小規模開発であれば開発完了した日の夜間作業でリリースができることが確認できた。過去実績から開発の8割は小規模開発であると想定されるため，リリースサイクルの大幅な短縮が期待できる。

⑵変更承認プロセスの簡略化

　当初の改善要望を変更しないバグフィクスや見栄えの変更などの軽微な修正については，既存の緊急対応時と同様に変更管理者の承認を待たずに開発に着手し，2週間ごとの定期報告で一覧報告すればよい運用とする。また，RFCの様式の見直しも行い，単一機能の修正など影響範囲が限られた軽微な改善は，記載項目を5割程度まで減らし，書類提出だけで審査するプロセスに変更した。これによって，開発の8割を占める小規模開発においては，変更承認プロセスにかかわる稼働と期間を半分以下に軽減することができ，お客様等からの改善要望にタイムリーに対応できるようになることが期待できる。

ここに注目！

「品質の確保が犠牲にならないように工夫する」という趣旨にさらに寄せて論じてもよいでしょう。

設問ウ

3．施策の実施結果と評価

　私は，これらの対策を整備し，半年間運用したところで対策の妥当性評価と今後の見直しのために振り返りを実施した。

　リリースプロセスの短縮に関する対策については，小規模開発について期待した効果を得ることができており，約2週間間隔でのリリースを実現することができた。しかしながら，複数のスプリント間の影響を確認するテストの不足から，切戻しが発生するケースがあった。期待した効果は得られたものの，品質の確保を犠牲にしては本末転倒であるため，この対策には改善が必要と評価した。更なる改善対策として，リリース担当者を同じタイミングでリリース予定のスクラムメンバに加え，早期に相互影響の把握とテスト観点の充足化を進められる体制に変更することとした。

　変更プロセスの短縮に関する対策については，バグフィクス等の軽微な変更に関して早期に変更承認を進められるようになり，お客様アンケートでも対応速度に満足という回答が従来の40％増となった。また，この変更によるトラブルや手戻りは発生しておらず，品質面においても影響を出さずに改善できたと評価している。

　一方で，ハードウェアの増強やミドルウェアの変更が必要になるような中規模以上の開発では変更プロセスの短縮が図れていないこともあり，他社に比べて新機能のリリース頻度が少なく更なる見直しの必要性を感じている。今後は開発による影響度調査の簡素化や開発担当者に一定の予算までの権限委譲を検討し，更なる短縮を考える。

－以上－

memo

100字
200字
300字
400字
500字
600字
700字
800字

ここに注目！
設問文に沿って，“俊敏な対応の観点から”，“品質の確保の観点から”として論じてもよいでしょう。

論文事例２

令和元年度　問１

memo

900字

1000字

1100字

1200字

IPA発表採点講評

俊敏な対応を求める環境変化の影響によって変更プロセスに生じた問題点及び改善に向けた施策，並びに施策の実施結果と評価などについて，俊敏な対応と品質の確保の観点を含めて論述することを求めた。アジャイル開発への対応やサービスデスクにおける標準変更の拡大といったことを実務で経験している受験者にとっては取り組みやすいテーマであったようで，具体的なツールの活用や承認プロセスの見直しといった事例が挙げられ，適切に論述されていた。内容としては，競合他社との競争激化といった環境変化を背景に，新規サービスやサービス変更の迅速化をテーマにした論述が多くみられた。一方，施策の論述において，具体性に欠け，主体性が伺えないものも少なからず見られた。IT サービスマネージャとして，日頃の改善への主体的なマネジメント活動が望まれる。

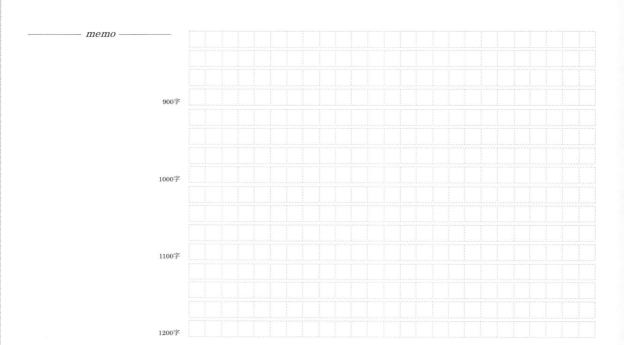

Memo

平成 30 年度 ▼ 問 2
IT サービスの運用チームにおける改善の取組みについて

IT サービスマネージャは，運用チームの業務記録の内容，運用しているサービスの管理指標の傾向を把握・分析し，課題を明確にした上で改善に取り組むことが求められる。

例えば，次のような改善の取組みによって，作業生産性の向上，作業品質の向上，顧客満足の向上などを実現する。

・故障対応時間の短縮が課題の場合には，故障対応のスキル不足を解消するために，実地訓練に取り組む。
・作業手順の誤りや漏れをなくすことが課題の場合には，作業手順について，有識者とのレビューを義務付ける。
・サービスデスクの応対に対する利用者からの不満を解消することが課題の場合には，コミュニケーション力を向上させるための教育を行う。

改善の取組みに当たっては，目標達成に向けて運用チームの力を結集することが大切である。そのために，IT サービスマネージャは，次のような工夫を行う。

・課題を明示することでチームメンバの議論を促して取組みへの動機付けを行う。
・達成状況を“見える化”して改善に意欲的に取り組めるようにする。

また，改善の取組み後は，設定した目標に無理はなかったか，動機付けは十分であったかなどを振り返り，改善の取組みを評価する。

あなたの経験と考えに基づいて，設問ア〜ウに従って論述せよ。

設問ア　あなたが携わった IT サービスの概要と，運用チームの構成，及び運用チームの課題とその根拠について，800 字以内で述べよ。

設問イ　設問アで述べた課題を達成するために，どのような改善の取組みを行ったか。課題に対して，設定した目標，運用チームの力を結集するために工夫した点を含めて，800 字以上 1,600 字以内で具体的に述べよ。

設問ウ　設問イで述べた改善の取組みの結果はどうであったか。目標の達成状況，及び取組みの評価について，良かった点，悪かった点を含めて，600 字以上 1,200 字以内で具体的に述べよ。

論文事例1

平成30年度　問2

岡山　昌二

設問ア

memo

第1章　ITサービスの概要と運用チームの概要

1．1　ITサービスの概要

論述の対象とするITサービスは，情報サービス会社O社における，ストレージサービスなどのITインフラ群を顧客企業に提供するIaaS形態のクラウドサービスである。 100字

IaaS形態のクラウドサービスでは，競合他社に対する競争優位を保つため，新サービスのリリースに加え，運用コストの削減やサービスの可用性の向上が重要となる。 200字 したがって，ITサービスの特徴としては，サービスマネジメントを含む運用業務の自動化の継続的な推進が必須という点を挙げることができる。

1．2　運用チームの構成及び運用チームの課題とその根拠 300字

O社の運用チームの構成については，技術課13名，サービスデスク12名とクラウドサービスの運用スタッフ24名で構成され，3交代制で24時間サービスを提供している。 400字 私は運用チームをマネジメントするO社のITサービスマネージャである。

定期的に実施する利用者へのサービス報告としてインシデントの解決時間について調査したところ，一次解決 500字 目標時間については，インシデントの優先度に応じた目標達成時間，例えば，優先度“高”の場合は2時間以内，というように目標を達成していた。ただし，二次解決所要時間については，目標達成はしていたが，エスカレー 600字 ションの際にサービスデスクが指定した回答期限に遅れることがあった。私は，サービスデスク内で解決する一次解決率が向上すれば，エスカレーション先の技術課の作業負荷が軽減でき，その結果，エスカレーション時に 700字 迅速なインシデント対応が可能と考え，これを根拠に，一次解決率を向上させるという課題を設定した。

800字

設問イ

memo

第2章　改善の取組み

2.1　課題に対して設定した目標

一次解決率を向上させるという課題に対して設定した目標として，インシデント発生回数に対するサービスデスクでの解決割合である一次解決率をKPIとして設定した。目標は1年間で一次解決率80％の達成である。算出根拠は，現状の60％から80％に向上させることで，エスカレーション先の技術課の作業時間は，40（＝100－60）から20（＝100－80）へ，すなわち，単純計算で件数を半減することで作業時間の累計も半減できると考えたからである。技術課におけるエスカレーション時の作業時間を半減させることができれば，技術課におけるインシデント対応も優先順位を上げることができると考えた。

2.2　改善の取組み

一次解決率80％という目標を達成するために，私は技術課のメンバにヒアリング及びエスカレーションしたインシデントの履歴の分析を行った。その結果，エスカレーションされたインシデントのうち30％は，サービス内容の変更直後に，短期間に集中して発生したインシデントであることが判明した。IaaSの新機能の設定にかかわるエラーの回避方法など，想定できるインシデントであれば事前に解決手順を設定してサービスデスクに開示することで一次解決率が向上すると考えた。そこで私は，サービス変更前までに想定できるインデントとその解決手順を整備して，技術課とサービスデスクが協力して，インシデントの解消手順が登録してあるKEDBに登録することとした。

2.3　運用チームの力を結集するために工夫した点

KEDBの整備については，運用チームである，技術課とサービスデスクの相互協力が必要である。しかし，サービスデスクでは，“技術課ではインシデント対応の優先度が低い”など，少数ではあるが不満をもっているメン

memo

バがいた。そこで私は，運用チームの力を結集させるために，メンバ全員が分かりやすい目標と目標値の設定，すなわち，目標達成状況の可視化，目標達成に必要なサービスデスクと技術課における作業の定義とメンバごとの作業分担の明確化を実施した。更に，次に述べるメンバ間の相互協力体制の整備にかかわる活動も行った。

KEDBへのインシデント解消手順の登録では，登録された手順の分かりやすさ，手順の正確性など，品質の確保が難しい。登録の際のレビューによって品質の確保は可能であるが，作業効率性を確保するためには，作成段階での品質の作り込みも重要である。ただし，運用チームのメンバは，経験レベル，専門知識レベルが異なり，それぞれのメンバの特性も異なっていたため，効率的なチーム力の結集は難しい状況であった。そこで私は，メンバ間で専門知識を教え合い，相互のスキルを高める仕組みの構築が重要と考え，メンバの特性を評価し，その特性を生かした相互協力体制を整備することにした。具体的には，IaaS環境に詳しい技術者と，サービスデスクにおいてエスカレーションの判断するチームリーダを組ませて，インシデント解消手順の作成，あるいはレビューを行うなどである。これによって，専門知識をもつ者同士の業務を通じた交流の活発化や，登録内容の品質にかかわる作り込みの推進を期待しながら運用チームの力を結集した。

900字 1000字 1100字 1200字 1300字 1400字 1500字 1600字

ここに注目！

“～と考え～”という展開を盛り込むことで，専門家としての考えをアピールしています。

設問ウ

memo

第３章　改善の取組みの結果

３．１　目標の達成状況

KPIについては，１か月ごとに評価を行い，可視化して運用チームのミーティングで発表することにした。開始から半年後の評価では72％まで向上させたことが確認できた。

ただし，残り半年で80％まで向上させる必要がある。そこで私は追加の施策として，エスカレーションしたインシデントを分析することにした。その結果，KEDBにおける解消手順の事前登録の件数を増やしても，カバーできるインシデントが少なくなり，費用対効果の面から，メリットがないことが判明した。結局，１年では目標80％に対し75％の一次解決率という結果になった。

３．２　取組みの評価

１年間では一次解決率の目標は達成できなかった。ただし，技術課のエスカレーションにかかわる作業量は目標の50％減に対して55％減を達成している。加えて，エスカレーション時に設定された技術課の回答期限は100％遵守された。

良かった点としては，二次解決所要時間に問題があるという状況において，一次解決率が低いという真の問題を識別できた点を挙げることができる。一次解決率を改善することで，技術課のエスカレーション時の作業を減らし，エスカレーション時に迅速なインシデント対応が可能となった。これが二次解決所要時間の短縮につながった。

悪かった点としては目標値の設定に無理があった点である。開始から半年後のKPIの評価において，エスカレーション時の技術課における作業の削減量を基に，KPIの目標値を見直すべきであったと評価する。なぜならば，達成可能で適正な目標値を設定することで，メンバの士気が高まり，目標達成意欲を確実にするからである。今

ここに注目！

目標値を達成できなくとも，悪かった点をしっかりと論じることで，採点者に問題把握能力をアピールして合格を目指しています。

後は，適正な中間目標の設定及び最終目標の設定が改善点として挙げることができる。

－以上－

memo

900字

1000字

1100字

1200字

論文事例2

平成30年度　問2

粕淵　卓

設問ア

memo

1．私が携わったITサービスの概要と運用チームの課題

1．1　私が携わったITサービスの概要

K大学は，中堅の総合大学である。私はT社の情報処理センターに勤務するITサービスマネージャである。

情報処理センターでは，学生及び教職員向けのITサービス提供を任されている。運用チームでは，利用者からの問合せを受け付けるサービスデスクや，利用者からのトラブル，つまりインシデント管理などが日々の中心的な業務である。トラブル例としては，パスワードを忘れた，ネットワークに接続できない，などの基本的なものが多い。

運用チームは，リーダの私と，経験豊富なサブリーダ1名，派遣社員を含めて経験が浅い若手メンバ4名の合計6名で構成されている。

1．2　運用チームの課題とその根拠

ITサービスマネージャである私は，日々のインシデント対応を管理システムに記録するようにチームメンバに指示をし，対応内容及び，対応完了までの時間を管理している。

サービスの管理指標として，利用者からの「ネットワークに接続できない」などの問合せを受けてから，対応完了までの平均時間を1時間以内という目標を設定している。

運用チームの課題は，対応完了までの目標時間の順守である。その根拠となるデータがある。管理システムの記録では，約70%の事案で1時間を超え，翌日に持ち越すこともあり，平均4時間も掛かっているからである。現在では，対応までに時間が掛かり過ぎることから，授業や業務への影響が出るというクレームを何度も受けている。

設問イ

memo

2．課題を達成するための改善の取組み

2．1　改善の取組み

ITサービスマネージャの私は，対応完了までの平均時間を1時間以内にすることを目標としてメンバに再認識してもらい，この目標を達成するために改善の取組みをすることにした。 100字

管理システムの記録を見ると，サブリーダが対応した場合の平均対応時間は1時間を切っており，迅速であった。このため，他のメンバは，知識や経験不足によって，対応時間が長くなっていることが容易に理解できた。 200字

私は，スキル不足を解消するために，実地訓練を含む研修をすることにした。ネットワークにつながらない場合のトラブルは，原因が多岐にわたる。メンバは，無線LANの基本知識，OSI参照モデル，ネットワークの基本的なコマンドやパケット解析の知識がなく，ネットで調べるという付け焼き刃の対応をしていた。ネットワークの基礎知識及び対応技術を実務研修によって，スキル向上につなげ，対応時間の短縮を図ろうと考えた。 300字 400字

2．2　運用チームの力を結集するための工夫

メンバが高い意識をもって参加してもらわなければ，研修効果は低い。実際，「トラブル対応が蓄積していて，研修を受けている場合ではない」という否定的な声も上がった。 500字

そこで，私は二つのことを行った。 600字

一つは，日常業務に影響が出ないようにしながら，研修のための時間を確保することである。具体的には運用チームの責任者である私の上長と交渉して，メンバに過度の負担を掛けている毎月1回の運用報告書の作成を2か月間なくしてもらった。代わりに，私が口頭で状況を説明することにした。さらに，メンバに対して研修のために3回の休日出勤をお願いし，後日，代休を取得してもらうようにした。 700字 800字

memo

ここに注目！

設問で問うている「運用チームの力を結集するために工夫した点」に，より注力して論じてもよいでしょう。

　もう一つは，メンバへの動機付けである。研修を受けてもらう目的は，対応時間の短縮によって，利用者への満足度を高めるだけではない。知識やスキルをつけることが，メンバのためにもなることを明確に伝えた。加えて，ネットワークの知識・経験を増やして，ネットワークスペシャリストの国家資格取得も目指すように動機付けをした。

　また，研修に際しては，サブリーダからの一方的な講義ではなく，メンバが持ち回りで，自分の得意分野の講師役をするようにした。これによって，自発性を促し，かつ，チームの結束を高められるようにした。

設問ウ

3．改善の取組み結果と評価

(1)改善の取組み結果

研修の効果は非常に高かった。取組みを実施してから2か月後，平均対応時間は4時間から2時間と，大幅に短縮された。ネットワークの基礎知識，コマンドやツール利用の習熟によって，的確な対応ができるようになった。加えて，メンバが自信をもって対応できるようになったと感じた。

(2)取組みの評価

私が実施した改善の取組みに関して，良かった点と悪かった点を整理する。

①良かった点

動機付けと同時に，実際の研修時間を確保できた点が良かった。いくら動機付けをしても，業務に忙殺されていては，研修に集中できない。私が上長にかけあって毎月1回の運用報告書をなくしたことも，私の研修に対する本気度がメンバに伝わった要因の一つであった。

また，メンバが持ち回りで講師を実施したことは，聞いているだけの受動的な研修にとどまらず，メンバの知識向上に，特に意欲面で大きく寄与できた。

②悪かった点

対応完了までの平均時間を1時間以内にするという目標設定であるが，期日を明確にすべきであった。

4時間を1時間にするというのは，非常に大きな目標であり，研修を受ければ簡単に達成できるものでもない。段階的に，いつまでに3時間，いつまでに2時間，いつまでに1時間にする，という段階的な期日を定めておくべきであった。

現在，2時間まで短縮できたことは大きな成果である。この調子で，半年後には1時間にしようと目標を再設定し，メンバとともに課題の改善に取り組んでいる。

－以上－

memo

ここに注目！

目標設定において期日を設定することは重要です。加えて，目標を達成できたか，達成できなかったか，関係者ならば誰にでも分かるように目標を設定することも重要です。

memo

900字

1000字

1100字

1200字

IPA発表採点講評

IT サービスの運用チームの改善の取組みについて問うた。具体的には，運用チームの課題とその根拠，改善の取組みと設定した目標，運用チームの力を目標達成に向けて結集するために工夫した点，目標の達成状況と改善の取組みの評価について，論述を求めている。受験者にとって身近なテーマであったようで，課題，改善の取組み，目標設定については具体的で充実した論述が多かった。一方，取組みについて具体性に欠ける論述，ツールの改善・導入が中心の論述，チームの力を結集するための工夫が読み取れないような論述もあった。また，運用チームの力を目標達成に向けて結集するために工夫した点については，表面的な内容にとどまっている論述が多かった。変化に対応し，IT サービスマネージャとして適切なチームマネジメントを行うように努力してほしい。

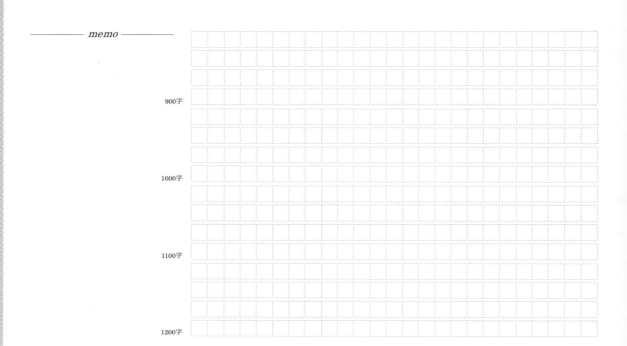

Memo

平成 29 年度 ▼ 問 1
IT サービスの提供における顧客満足の向上を図る活動について

提供している IT サービスに対する顧客満足の向上を図る活動は，IT サービスマネージャの重要な業務である。顧客満足の向上を図るためには，顧客とのコミュニケーションによって顧客の期待・要求事項を正確に理解し，顧客との良好な関係を維持することが必要である。

顧客とのコミュニケーションの仕組みとしては，サービスの報告プロセスで実施する定例サービス報告会などが挙げられる。

サービスの報告では，次のような内容を顧客に報告し，レビューを行う。

・SLA で定義したサービス目標の達成状況，課題，及び課題への対策
・インシデント，変更など重大なイベントに関する情報
・顧客満足度測定の分析結果

コミュニケーションの仕組みを使って，サービスの価値，費用なども含めた顧客の期待と満足の状態を把握することが望ましく，顧客満足を得られていない内容については，顧客満足の向上のための活動計画を策定し，確実に実施していく必要がある。

あなたの経験と考えに基づいて，設問ア～ウに従って論述せよ。

設問ア　あなたが携わった IT サービスの概要と，顧客とのコミュニケーションの仕組みについて，800 字以内で述べよ。

設問イ　サービスの報告でレビューしたサービス目標の達成状況，課題，及び課題への対策について，800 字以上 1,600 字以内で具体的に述べよ。

設問ウ　設問アで述べたコミュニケーションの仕組みを使って把握した顧客の期待と満足の状態，及び顧客満足の向上のために策定した活動計画と実施状況について，600 字以上 1,200 字以内で具体的に述べよ。

ITサービスの提供における顧客満足の向上を図る活動について（1/5）

論文事例1

平成29年度　問1

長嶋　仁

設問ア

memo

１－１　携わったITサービスの概要

私が携わったITサービスは，保険会社のＢ社向けに納入した契約管理システムの運用管理サービスである。本システムは，私が所属するＥ社のソリューション部門が開発し，Ｅ社IDCのホスティング環境で稼働している。

ITサービスマネジメントの対象は，サービスデスク，インシデント管理，変更管理，キャパシティ管理，サービスレベル管理，セキュリティ管理などであり，ホスティング環境とモバイル利用のためのネットワーク基盤を運用管理する。

ITサービスの顧客はＢ社のIT企画部である。IT企画部を所管する管理本部長がＢ社のCIOを兼務している。利用者は営業職を中心とする600名程度である。私がリーダを務める運用サービスチームは，７名のメンバで構成されており，１年半前からITサービスを提供している。

１－２　顧客とのコミュニケーションの仕組み

コミュニケーションの仕組みは，定例サービス報告会とサービスデスクにおけるサービス要求管理の二つである。

定例サービス報告会については，２か月ごとに開催し，IT企画部の担当者とサービスレビューを行う定例報告会と，１年に一度開催し，Ｂ社のCIOが出席する年度報告会の二種類を実施している。この他に，サービスの大きな変更時や重大インシデント発生時には，必要に応じて臨時の会議を開催する。

サービスデスクでは，インシデントや問合せの受付窓口機能を提供している。そして，サービス要求管理として，顧客であるIT企画部に加えて，営業職やその管理者などの利用者からのシステムへの改善要求や苦情を，常時，受け付けている。

設問イ

memo

2　サービスの報告でレビューしたサービス目標の達成状況，課題，及び課題への対策

(1)サービス目標の達成状況

２か月ごとの定例報告会では，SLAに基づいてサービスのレビューを実施する。契約管理システムの運用管理サービスでは，管理指標と目標値を合意してサービスレベル管理を行っている。その一部を抜粋すると次のような項目がある。

①キャパシティ管理（通常時の平均応答時間８秒以内）
②バッチ処理時間順守率（95%）
③サービスデスク（一次窓口解決率70%）

本論文で述べる課題への対策にかかわる定例報告会の際には，合意したサービス目標は，①～③以外の項目も含めて全て達成できていた。なお，平均応答時間の目標値の「通常時」というのは，モバイル利用では通常のインターネット回線を利用するため，利用するネットワーク環境に障害などが発生している場合には，評価の対象外にするという意味である。

(2)レビューしたサービス目標の課題

サービス目標値は達成しており，SLAとしては問題がなかった。しかし，私は目標値の達成だけでなく，顧客満足の向上の観点から，サービス品質をレビューすべきと考えている。その理由は，目標値はサービス品質を総体的に評価する目安となるが，必ずしもビジネス観点のKPIと一致しているとは限らないからである。

契約管理システムの導入目的の一つには，Ｂ社の商品の購入見込客への対応強化がある。具体的には，商品の内容や見積りを随時作成しながらの説明を実現する。そして，KPIとして見込客先における成約件数が設定されていた。

そこで私は，このＢ社のKPIの観点から意見交換を行って，要求事項を達成した，しないに加えて，顧客の期

待に応えているかを確認した。そして，見積作成の処理において，応答時間が長くなり，結果的に見込客先からの持ち帰り対応になるといった業務上の課題があることが分かった。

⑶課題への対策

私は，チームのメンバとともに，局所的な応答時間の遅延の原因を分析した。その結果，B社の営業職は見込客の業務終了後の17〜19時頃に見込客に対応することが多く，この時間帯のサーバ側での処理集中が主たる要因だと判断した。

解決策として，当初はサーバリソースのオートスケール化を検討した。しかし，この施策の実現には大幅な変更が必要になる。さらに分析した結果，この時間帯に実行するバッチ処理の影響があることが分かり，バッチ処理のスケジュール見直しで対応できると考えた。実際には，バッチ処理の運用変更とサーバのメモリ増設の併用策を施すことによって，応答時間の遅延を改善することができ，顧客満足の向上につながった。

900字
1000字
1100字
1200字
1300字
1400字
1500字
1600字

memo

ここに注目！

“応答時間が長くなり”とありますが，設問イのはじめに述べた“通常時の平均応答時間8秒以内”というサービス目標との関係を鮮明にしておいてもいいかもしれません。

設問ウ

memo

3－1　把握した顧客の期待と満足の状態

顧客とのコミュニケーションの仕組みのうち，サービスデスクにおけるサービス要求管理は，顧客の期待や満足の状態の把握を目的として取り組んでいる。

本論文では，営業部門の管理者からのサービス要求の「ITコスト削減」について述べる。営業部門にはITコストが配賦されるため，営業部門は間接的な顧客でもあり，部門の利益率向上のためにはITコスト削減は当然の要求といえる。サービス費用の単純な削減は難しく，私は，定例報告会の機会にこの要求について顧客の期待を掘り下げることにした。

要求を挙げた管理者と協議をする中で，契約管理システムが思うように売上増加につながらないという思いがあることが分かった。つまり，顧客の真の期待は，現状におけるITコストの削減ではなく，IT活用の有効性向上だという共通認識をもつに至った。

3－2　顧客満足の向上のために策定した活動計画と実施状況

(1)活動計画

私は，IT活用の有効性向上のために，次の二つのステップの活動計画を策定した。

①事務作業の合理化については顧客満足度が高い一方で，売上増加に十分つながらない原因を分析する。

②原因分析に従って，システムの機能面，利用者の運用面，ITサービスの提供面などの多角的な観点で解決策を検討，実施する。

(2)実施状況

①の原因分析の結果として，本システムで新たに追加された営業情報が十分に参照・活用されていないことが，従来業務と変わらないと捉えられる主たる原因であると整理した。

②の解決策の検討において，私はサービスデスクのサ

ービス強化が有効であると考え，施策を提案した。具体的には，導入後１年のタイミングで，サービスデスクが主催する運用説明会を再実施した。背景として，導入時の説明会は，新システムの操作方法の説明が中心となっており，情報活用については十分に理解が進んでいなかったと考えたからである。説明会では，既に情報活用に積極的に取り組んでいる利用者に協力を要請した。

900字

　サービスデスクでは，その後も継続して，情報活用の事例を利用者に情報発信することによって，従来とは異なるIT活用が進みつつあり，顧客満足の向上に成果を出している。

1000字

－以上－

1100字

1200字

memo

ここに注目！

サービスデスクのサービス強化が有効であると考えた根拠を含めてみてもよいでしょう。

論文事例2

平成29年度　問1

鈴木　久

memo

設問ア

1．携わったITサービスの概要と顧客とのコミュニケーションの仕組み

1．1　携わったITサービスの概要

私は，食品製造販売会社のC社の情報システム部に所属するITサービスマネージャである。情報システム部では，業務部門にITサービスとして各種アプリケーションサービスを提供している。全体のITサービスマネジメントを統括するとともに，サービスデスクマネージャとしてもサービスデスクを直接管理している。サービスデスクを中心としたアプリケーションサービスのマネジメントも任されている。提供するアプリケーションは，全社共通のメールやグループウェアのシステムから，製造部門，営業部門，物流部門など個々の業務向けのアプリケーションなど多岐にわたっている。

1．2　顧客とのコミュニケーションの仕組み

ITサービスの顧客はC社の各部署であり，内部顧客である。サービスデスクには日常的に問合せがあり，各部署のユーザやマネージャとは，やり取り，接触が，常にある。それでも体系的にITサービスについて協議する場を設け，組織的にコミュニケーションをフォーマルな形で実施し，明確なメリハリのある対応を心がけている。四半期に1回，報告会を設け，インシデントや変更に関する情報交換，SLAの遵守状況，顧客満足度などについて確認を行っている。

設問イ

2．サービスの報告でレビューしたサービス目標

2．1　サービス目標の達成状況

　サービスデスクにおいて，ユーザ部門との間でSLAを締結している。その項目は，一次窓口解決率60%，平均応答時間20秒である。平均応答時間を遵守するためサービスデスクでは従来よりもオペレータを増員するようにしてSLAの達成を維持している。その一方，オペレータのスキルが十分でない場合，一次窓口解決率は苦戦している。

　これらサービス目標は達成できているが，全社平均として，一部の部署に対しては満たせない場合も出てきている。

2．2　課題及び課題への対策

　総じて，営業部門に対してのパフォーマンスは一次窓口解決率も平均応答時間も相対的に劣っている。その傾向は顕著になるばかりであるため，営業部門への対応を課題としてとらえ，取り組むことにした。

　営業部門への対応の記録を精査したところ，他部署に比べてユーザにサービスデスクへの依存傾向が見られることが分かった。ユーザに対するFAQは社内のイントラネットに掲載されており，それを確認すればユーザが自己解決できる問合せもある。しかし，確認もせずサービスデスクに問い合わせてくる割合が高く，問合せ件数が増えている。

　また，部門内の文書の内容に関する問合せという，部門内の管理担当者でしか対応できないものも「ITだから」という安易な理由でサービスデスクに問い合わせ，煩雑さの原因になっていることも分かった。

　私は，このことを営業部門のマネージャと協議し，営業部門でのサービスデスクへの問合せの切分けを依頼した。ユーザの自己解決が増えることでサービスデスクでの作業負荷が軽減され，その分，オペレータの能力向上

memo

ここに注目！
自己解決を支援するための施策についても論じると，更によくなります。

memo

を実現させることを約束した。

　サービスの提供側とユーザ側がそれぞれ努力するということで営業部門の理解を得て，SLAの維持向上を目指すことにした。

900字

1000字

1100字

1200字

1300字

1400字

1500字

1600字

設問ウ

3．把握した顧客の期待と満足の状態，及び顧客満足の向上について

3．1　把握した顧客の期待

営業部門は，現在のサービスデスクの一次窓口解決率も平均応答時間も満足しておらず，顧客満足度としては低かった。日々の業務処理において，アプリケーションサービスの問合せは重要であるため，サービスデスクに対する期待も高いものであった。さらに，マネージャのレベルでは，自己解決意識が相対的に低く，サービスデスクに負荷を与えていたことへの認識は不十分であった。報告会を通じ，サービスデスクのパフォーマンス向上への期待は一層高まっていた。この期待に応えるためにサービスデスク内部での工夫努力が重要となった。

3．2　顧客満足向上のために策定した活動計画と実施状況

ベテランのオペレータによる，コツやノウハウの新人オペレータへの伝授，マニュアルの整備，サービスデスク内FAQの充実など，二次部門にエスカレーションしない，できるだけベテランに相談しないでオペレータ独力で解決できる仕組みや教育を整備した。こうしたものはベテラン社員は属人的に知識や資料をもっていたので，集約・共有化する方向で整備を行った。こうした一連の活動によって，サービスデスクのサービス目標値は安定し，営業部門に対するパフォーマンスも特筆して悪い状況は解消されている。営業部門での問合せ切分けの試みもうまく運用できていて，これからもユーザ部門の協力を引き出して，円滑にサービスを管理していきたいと考えている。

－以上－

memo

ここに注目！

“活動計画を策定し，確実に実施していく必要がある”という趣旨に沿って，“確実な実施”についてもう少し事例の詳細を論じてみてもよいでしょう。

論文事例2

平成29年度　問1

memo

900字

1000字

1100字

1200字

IPA発表採点講評

サービスの報告でレビューしたサービス目標の達成状況，課題，及び課題への対策，並びに，顧客とのコミュニケーションの仕組みを使って把握した顧客の期待と満足の状態及び顧客満足の向上のために策定した活動計画と実施状況について論述することを求めた。IT サービスマネージャとして，サービス目標の達成状況などについては，日頃から顧客と定期的に報告会を行うなどを経験している受験者にとっては取り組みやすかったようで，課題に対して適切な対策を検討している良質な論述が多かった。しかし，コミュニケーションの仕組みを使って把握した顧客の期待と満足の状態については，真に顧客が期待している内容を深掘りする論述は少なかった。また，顧客とのコミュニケーションの仕組みについても，独創的な内容や工夫点がうかがえる論述は少なかった。IT サービスマネージャとして，顧客との良好なコミュニケーションを維持し，顧客満足の向上を図る取組みに努めてほしい。

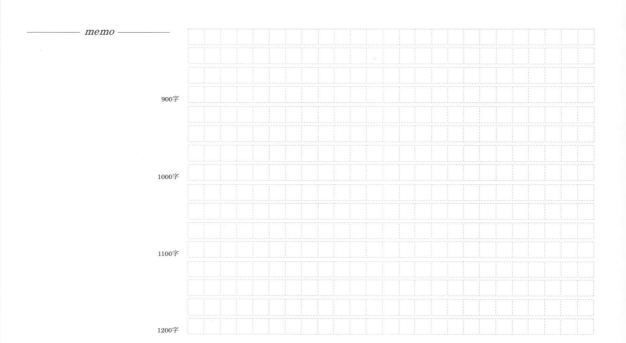

Memo

平成 29 年度 ▼ 問 2
継続的改善による IT サービスの品質向上について

IT サービスの品質を向上するには，サービス品質の目標を設定し，目標達成に向けた改善活動を継続的に実施することが求められる。

サービス品質の目標として具体例を挙げると，稼働率の改善，インシデント発生件数の削減，サービス要求のリードタイム短縮などがある。また，目標達成のための方策としては，内部プロセスの改善，要員の技能向上などがある。

サービス品質の目標達成に向けた改善活動の取組みは，PDCA サイクルを適用して次のように進めていく。

① 現状のサービス品質を把握した上で，サービス品質の目標及び目標値を設定する。

② 目標値達成のための方策を立案し，実施する。方策を立案する際は，方策の実施状況を把握するための管理指標を設定する。また，実施費用及び実施期間にも留意する必要がある。

③ 管理指標の達成度合いを把握し，サービス品質の目標値の達成状況を確認する。

④ ①〜③の活動を振り返り，評価した上で目標達成に向けての活動を見直し，次の取組み計画を策定し，継続的改善に取り組む。

このような活動の実施に当たっては，重要業績評価指標（KPI）を定め，定期的に評価し，目標達成に向けた継続的改善活動を行うことも有効である。

あなたの経験と考えに基づいて，設問ア〜ウに従って論述せよ。

設問ア あなたが携わった IT サービスの概要及び特に重要と考えたサービス品質とその目標及び目標値について，800 字以内で述べよ。

設問イ 設問アで述べたサービス品質の目標値を達成するために立案した方策について，管理指標と方策立案時の考慮点を含め，800 字以上 1,600 字以内で具体的に述べよ。

設問ウ サービス品質の目標達成に向けた改善活動を振り返り，評価した結果を次の取組み計画にどのように生かし，継続的改善活動を行ったかについて，600 字以上 1,200 字以内で具体的に述べよ。

論文事例1

平成29年度　問2

岡山　昌二

設問ア

memo

第1章　ITサービスの概要とサービス品質及び目標値
1．1　ITサービスの概要

　論述の対象とするITサービスは，国内旅行の企画商品を販売するA社のサービスデスクである。A社では，販売システムによる販売サービスを全国100か所の営業店舗及びA社の法人顧客に提供して，販売業務を行っている。A社のITサービス部に設置されているサービスデスクでは，営業店舗及び法人顧客からの障害対応依頼を含む問合せを受け付けて回答している。

　問合せについては，列車や旅客機の迅速な予約が必要であるため，サービスデスクにおけるITサービスの特徴としては，問合せについても迅速な完了が顧客から要求されるという点を挙げることができる。

1．2　特に重要と考えたサービス品質及び目標値

　サービスデスクでは，継続的改善において，あらかじめ方針を決定し，その中で顧客満足度10段階中8以上をKPIとして，継続的改善を行っている。継続的改善の開始時点の顧客満足度は6であった。KPIの達成のために，特に重要と考えたサービス品質として，回答完了時間を改善することにした。根拠は，問合せがクローズした段階で採取したアンケートの中に“回答時間がかかり過ぎる”というコメントが散見されたからである。

　現在の回答完了時間は，問合せ管理票から平均5時間であることが判明していた。そこで，問合せの迅速な完了が顧客から要求されるというITサービスの特徴を踏まえて，「優先度の高い問合せ」の回答完了時間を40%改善することとし，目標値として3時間以内を設定することにした。

　私は，サービスデスクを管理するA社ITサービス部のITサービスマネージャの立場で，KPIとして顧客満足度10段階中8以上という継続的改善の方針に基づいて，次に述べる継続的改善を実施した。

100字 200字 300字 400字 500字 600字 700字 800字

設問イ

第2章　サービス品質の目標値を達成するための方策

2．1　サービス品質の目標値を達成のための方策と考慮点

「優先度の高い問合せ」の回答完了時間を3時間以内とする目標値を達成するために，問合せ管理票を基に分析を行った。まず，現行の平均値である回答完了時間の5時間を超える問合せを抽出して，問合せの根本原因についてパレート図を活用して分析した。その結果，ネットワークの障害が原因で問合せをするケースが全体の30%ほどを占めることが判明した。

そこでネットワーク障害の一例をピックアップして，回答完了時間が長くなる原因を分析することにした。その結果，当該問合せ事例では，サービスデスクから，システム開発課，ネットワーク管理課と問合せがエスカレーションされ，回されることが判明した。この事例を基に関係者へのヒアリングを行った結果，サービスデスクにおいて，問合せの状況を詳しく調査して原因を絞り込むことができれば，サービスデスクからネットワーク管理課へのエスカレーションだけで，システム開発課へエスカレーションは不要となること，及び，当該事例では回答完了時間が半分になることが判明した。

そこで私は，回答完了時間の3時間以内を達成するために，障害状況に応じた調査マニュアルを整備するという方策を講じることにした。

ただし，方策立案時の考慮点として，調査マニュアルの全面的な整備では，実施費用と実施期間がかかり過ぎることが判明した。そこで整備対象を過去に発生した5時間以上の回答完了時間の問合せ事例をパレート分析して絞り込んだ。最終的には，実施費用と実施期間を抑えるために，ネットワーク分野と端末分野を対象にすることを決定した。シミュレーションの結果，6か月の実施期間で二つの分野で改善が見られ，どうにか目標達成が

memo

ここに注目！

趣旨にある“実施費用及び実施期間にも留意する必要がある”という記述に沿って設問の“方策立案時の考慮点”について論じています。

memo

可能であることの確証を得た。

2．2　実施状況を把握するための管理指標

　調査マニュアルを整備してサービスデスクで活用することで，回答完了時間が改善されていることを確実に把握するためには，追加の評価指標が必要と考えた。そこで現在実施している回答完了時間のモニタリングに加え，問合せごとにエスカレーション数を管理指標として設定することにした。

　「優先度の高い問合せ」については，達成は厳しいが1.3回のエスカレーションで完了することを目標とした。エスカレーション数については，問合せごとに回答完了時間とともにモニタリングして，サービス品質の達成状況を確認することとした。

900字
1000字
1100字
1200字
1300字
1400字
1500字
1600字

設問ウ

memo

ここに注目！

定量的に評価することで，自画自賛になることを回避します。

第３章　改善活動を評価した結果と次の取組み計画

３．１　改善活動を評価した結果

６か月で調査マニュアルを整備して，次の６か月で改善活動を評価した。その結果，「優先度の高い問合せ」のエスカレーション数は目標1.3に対して平均1.5という実績値，回答完了時間は目標３時間以内に対して，３時間30分という実績値であった。目標達成度は75%という結果になった。そこで，目標達成に必要な追加策を検討することにした。しかし，実施費用や実施期間の関係から，費用対効果の面で，効果的かつ効率的な方策は見つからなかった。

目標を達成することはできなかったが，継続的改善の方針に基づいて，顧客満足度のKPIを測定した。その結果，前回の6.5から0.5ポイントアップして７であることが判明した。

３．２　次の取組み計画への活用

今回の方策では，目標を達成することはできなかった。しかし，顧客満足度については，0.5ポイントの向上がみられた。以上の結果を振り返り，厳しい目標値を設定してピンポイントで方策を講じるよりも，達成が容易な目標値を数多く設定した上で，幅広く方策を講じることで，顧客満足度の向上をねらい，KPIを達成するという方向に修正することにした。

具体的には，「優先度の低い問合せ」を含めた問合せ全体における一次窓口解決率の向上や，平均応答時間の短縮のために，達成可能な目標値を設定した上で，広い方策を実施するということである。ここで，平均応答時間とは，ユーザからの電話がサービスデスクに着信してから，サービスデスク要員が電話で応対するまでの時間や，ユーザからの電子メールが発信されてからサービスデスク要員が返信するまでの時間である。

このように，今回の活動結果を振り返り，次の取組み

memo

では，幅広く多くの方策を講じることで，顧客満足度の向上をねらう点に留意して計画するように改善した。

－以上－

900字

1000字

1100字

1200字

論文事例2

平成29年度　問2

長嶋　仁

memo

設問ア

1－1　携わったITサービスの概要

ITサービスを提供するM社に所属する私が携わったのは，製造業のC社向けのオンサイト型IT運用管理サービスである。C社では，情報システム部が社内システムを運用管理しているが，情報システム部では，業務の多様化や増加に対して部員が不足している。そこで，運用管理業務の代行に加えて，IT運用管理の継続的改善や部員の育成支援を目的として，M社が2年前からオンサイトのITサービスを提供している。

ITサービスの対象は，C社内のIT基盤の構築・運用・監視業務の支援及び改善指導，各種のサービスマネジメントの支援及び改善指導，社内で利用している端末の展開及び保守業務の支援である。

私がリーダを務める運用サービスチームでは，ローテーションを組みながら，常時2名がC社においてオンサイトの業務に従事している。

1－2　特に重要と考えたサービス品質とその目標及び目標値

私は，オンサイト型のITサービスの提供開始に先立って，C社におけるサービス品質の状況をヒアリングした。その結果，ITサービスの中断が利用者部門の業務の中断，あるいは効率低下に直結し，情報システム部への改善要求の中で多数を占めていることが判明した。

そこで，インシデント管理にかかわるサービス品質を特に重要と考え，重点目標を，①インシデント発生件数の削減，②インシデントの解決又は回避までの所要時間の短縮，という二つとすることで合意した。

①の目標は，インシデントの未然防止にかかわる事項であり，目標値を従来の1／3の1件／月以下とした。②の目標は，インシデント対応にかかわる事項であり，目標値を重要インシデントについて，従来の1／2の1時間とした。

設問イ

memo

2　サービス品質の目標値を達成するために立案した方策

目標達成のための方策の軸は，業務プロセスの改善と部員の技能向上の二つとした。C社側からは当初，作業ミスの撲滅のために自動化を推進したいという要望が出された。しかし，問題のあるプロセスをそのまま自動化しても根本的な解決にならず，手順や方式などのプロセス改善を先行させるべきと説明して，了承を得た。

プロセス改善を推進するためには，メンバの問題分析や改善策の考案にかかわる技能向上が鍵となる。そこで，私は，M社で数年前から取り組んでいる，なぜなぜ分析の手法を用いた問題分析の活用を提案して承認された。そして，方策として，技能向上を図りながら，プロセス改善を進めることにした。具体的には，C社においてこれまで発生したインシデントを事例として，問題分析手法を習得しながら，実際の業務プロセスの改善を考えるという，OJT方式を採用することにした。

方策の具体的な立案に際しては，問題分析の事例選定，管理指標の設定，実施期間などに留意した。

(1)問題分析の事例選定

サービス品質の目標のうち，インシデント発生件数は，インシデント管理そのものではなく，他の運用管理プロセスにかかわるものである。そこで，C社のインシデントレポートのレビューを行い，インシデントの傾向分析を行った。その結果，C社では，組織変更や社員の異動，さらにセキュリティ対策の強化などに際してのネットワーク基盤の変更が頻繁に実施され，その変更時に障害が多く発生していることが分かった。そこで，変更管理にかかわる領域の事例を優先的に分析することとした。

(2)管理指標

方策の実施状況を把握するための管理指標として，メンバの技能向上に関しては，勉強会の回数と分析担当件

memo

数を設定した。問題の分析や改善の検討はチームで行うが，事例の分析や検討資料の作成は持ち回りで個人が担当することによって，全てのメンバが分析手法を習得できるように考慮した。

　また，プロセス改善に関しては，プロセスの改善件数を管理指標とした。改善内容としては，チェックリストや手順の見直し，ツールの作成や導入など，変更管理プロセスやインシデント管理プロセスにかかわるもの全般を対象とした。

⑶方策立案時の考慮点

　方策の立案においては，メンバが技能向上やサービス品質の向上を実感しやすいように，スモールウィンを意識して実施期間を計画した。具体的には，方策の実施開始から3か月以内に，メンバ全員が分析の担当になって分析作業を行うとともに，プロセスの改善実施は月に1件のペースで取り組み，3か月以内に3件の実施を体験する計画とした。

ここに注目！

“メンバが技術向上やサービス品質の向上を実感しやすいように，スモールウィンを意識して実施計画を策定する”というトピックを，これから論述する論文に流用しやすいように，事例の詳細を整理しておきましょう。

設問ウ

3－1　改善活動の振返りと評価した結果

改善活動においては，3か月ごとに振返りを実施した。活動開始半年で，C社の部員全員が問題分析の担当を経験して，方策の管理指標の目標を達成した。

技能向上の観点では，部員全員が問題分析手法を習得して，業務プロセスの見直しを実践できるようになり，品質向上のための人的な土台を強化できたと考える。

業務プロセスの改善の観点では，インシデントの大きな発生原因である作業ミスについて，後からのチェックよりも，作業手順自体を見直す方が効果的という新しい観点での改善を実践した。また，インシデント解決時間については，切戻し計画の不足という，従来は意識されていなかった問題を明らかにして，業務プロセスの改善につなげた。

活動開始後は，サービス品質の目標値を達成できており，一連の活動は情報システム部からも評価された。その一方で，私は，問題分析によるボトムアップ型の改善は個々の作業改善に限定されるため，運用管理プロセス全体を俯瞰した改善の余地があることが課題と考えた。

3－2　次の取組み計画と継続的改善活動

私は，前記の評価に基づいて，問題分析に基づく改善に加えて，次の取組みとしてトップダウン型の改善活動を提案した。そして，サービス提供時に話が出ていた業務プロセスの自動化に着手することにした。自動化の取組みもスモールウィンを意識した。具体的には，スイッチの設定の自動化をテーマとし，管理指標として自動化件数を設定した。自動化のために必要な技能は，機器ベンダが開催する研修を活用して習得することとした。このように，継続的な改善活動を開始し，現在も推進している。

－以上－

100字 200字 300字 400字 500字 600字 700字 800字

memo

ここに注目！

“ボトムアップ型の改善には限界があるのでトップダウン型の改善活動を提案する”というトピックについても，事例の詳細を整理しておくとよいでしょう。

memo

900字

1000字

1100字

1200字

IPA発表採点講評

提供しているITサービスにおいて，サービス品質の目標と目標値を設定し，目標達成のための方策を立案し，活動結果を評価し，次の取組みを実施したか，いわゆるサービス品質向上のPDCAサイクルを適用した活動を論述することを求めた。ITサービスマネージャとして，PDCAサイクルを意識した論述もある一方で，課題と対策という視点で一過性の方策だけに終始する論述も散見された。また，本文で"方策の実施状況を把握するための管理指標を設定する"としているが，目標の達成状況を把握するための指標として管理指標を論述するものも多数見られた。ITサービスマネージャとして，サービス品質の向上に向けて，PDCAサイクルに従った改善活動の実践に努めてほしい。

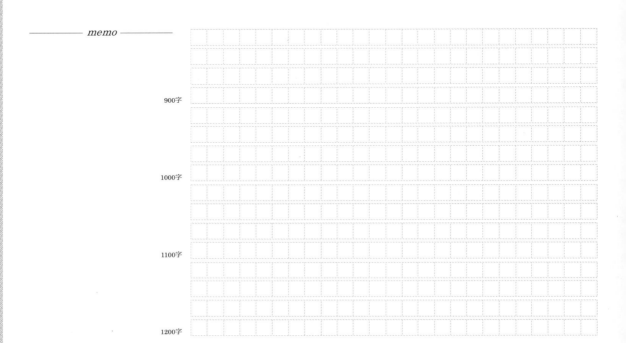

Memo

平成 27 年度 ▼ 問 1
IT サービスに係る費用の最適化を目的とした改善について

IT サービスに係る費用の最適化を目的として，IT サービスマネージャは，顧客の要求事項，サービス提供者の経営環境，技術の変化などに応じ，顧客と合意したサービス目標に照らして，適切な費用改善策を立案し，実施する必要がある。

適切な費用改善策を立案し実施するためには，まず，現状のサービスを提供するために要している費用の状況を把握し，改善目標を設定する。次に，パレート図，特性要因図などを用いて，非効率な活動がないか，必要な資源の選定・活用において改善の機会がないかなどについて分析する。その上で，運用効率や生産性の向上に向けて，次のような観点から施策を検討する必要がある。

・サービス管理手順の簡素化，自動化ツールの活用など，プロセスの見直し
・他サービスとの要員配置の調整，外部要員の活用など，体制の見直し
・外部の供給者に委託しているサービスのサービス時間や費用など，契約内容の見直し

IT サービスマネージャは，関係部門とも協議し，費用対効果，実行可能性などを十分に検討した上で費用改善策を決定し，実施することが重要である。

費用改善策を実施した後は，改善目標を達成できたかどうかを監視・分析する必要がある。また，様々な環境の変化に応じて，費用の最適化に向けた継続的な取組みを推進していくことも重要である。

あなたの経験と考えに基づいて，設問ア～ウに従って論述せよ。

設問ア　あなたが携わった IT サービスの概要と，IT サービスに係る費用の最適化を目的とした改善を行うに至った背景について，800 字以内で述べよ。

設問イ　設問アで述べた背景を契機として実施した費用改善策と，改善策を立案し実施する上で検討した内容について，800 字以上 1,600 字以内で具体的に述べよ。

設問ウ　設問イで述べた費用改善策を実施した後，改善目標を達成できたかどうかを監視・分析した内容と，費用の最適化に向けた継続的な取組みについて，600 字以上 1,200 字以内で具体的に述べよ。

論文事例1

平成27年度　問1

岡山　昌二

設問ア

memo

第1章　ITサービスの概要と改善を行うに至った背景

1．1　ITサービスの概要

　A県の県庁では，政策・施策を実現するために取り組む事業に対応して，各ITサービスを主管する部署（以下，主管部署）が定められており，50のITサービスを提供している。一方，情報統括課は，全ITサービスの統括部署であり，それぞれの主管部署を統括している。したがって，ITサービスの特徴としては主管部署の，情報統括課の下位にある主管部署ごとにITサービスが提供されているという点を挙げることができる。

　ITサービスには，ITサービスの重要性に基づいた，可用性レベルが設定されており，情報システムは，可用性レベルに基づいたシステム構成などが採用されている。しかし，「重要性の低いITサービスであるにもかかわらず，過剰に高い可用性を提供するITサービスがある」などの意見があり，過剰な仕様がITサービスに係る費用が高い要因になっている。

1．2　改善を行うに至った背景

　A県では，一般会計予算が減少する中，情報システム関連費用の削減も求められている。以前から，①ITサービスを，パブリッククラウドサービスを活用して提供する，②OSやミドルウェアを，オープンソースソフトウェアを含めて標準化して，ライセンス費用を集約して低減させる，などの動きがあり，これらによってITサービスの費用を削減する活動をしていたという，改善を行うに至った経緯がある。

　私は，A県から情報サービスにかかわる業務を委託される，情報サービス企業であるB社のITサービスマネージャである。A県のITサービスの特徴を踏まえ，私は次のようにして，ITサービスに係る費用の最適化を目的とした改善を実施した。

100字 200字 300字 400字 500字 600字 700字 800字

設問イ

memo

第2章　検討した内容及び費用改善策

2．1　改善を立案し実施する上で検討した内容

　B社における費用効果の実績である運用コスト20%削減，という実績を踏まえ，仮想サーバを導入してサーバ統合を実施したケースを想定し，年間10%の費用削減目標を設定した。目標値がB社の実績よりも10%低い理由は，庁内にITサービスが50あり，1年という期間内で効率的に作業を行うため，全ITサービスのうち，効果的な改善対象を絞り込んで改善を行うという方針を立てたからである。

　現状のITサービスを提供している状況を把握して，削減目標を設定するために，まず，各主管部署に対して，当該部署が主管するITサービス費用を，年間のハードウェア保守費用，運用要員費用，ソフトウェアライセンス費用に分けて報告してもらい，費用の概要を把握することにした。

　1年という期限が設定されている改善活動という方針の下に，どのITサービスを改善対象とするかについて，ITサービスとその費用を，パレート図を用いて分析した。その結果，全ITサービス数の15%で，全体の費用の60%を占めていることが判明した。すなわち，全ITサービスの費用の60%の部分を，20%削減できれば12%削減されたことになり，ITサービス全体では目標である10%削減を達成できることになる。

　仮想サーバを導入してサーバを統合するに当たって，運用効率の向上に向けて，「重要性の低いITサービスであるにもかかわらず，過剰に高い可用性を提供するITサービスがある」などの意見を踏まえて，実際のITサービスの重要性と可用性の整合性が確保されているか，という観点で検討を開始した。

2．2　実施した費用改善策

　策定した費用改善策は次の二つである。

①ITサービスの重要度の見直し
　私は，ITサービスを提供している主管部署と協議して，当該ITサービスの重要度の見直しについて説明し，関係部署の同意を得るようにした。 900字
②見直し後のITサービスの重要度に応じた仮想サーバへの集約
　ITサービスの費用を削減させるという課題に対しては，A県の「各種の費用削減策を実施している」というITサービスの特徴を踏まえると，次の⑴，⑵案が考えられる。 1000字
⑴IaaS，PaaSなどのパブリッククラウドサービスを活用した費用削減
⑵仮想サーバによる物理サーバの集約による費用削減 1100字
　今回は1年という期間で効果を出す必要もあり，調達可能な作業工数を踏まえると，これらの案を並行して実施することは難しい。そこで私は，⑵を選択して実施することにした。なぜならば，主管部署ごとにITサービスを提供しているというITサービスの特徴を踏まえると，サーバの統合後は情報統括課が主管部署となることで，運用要員費用の削減など，高い費用対効果が期待できると考えたからである。 1200字 1300字
　ただし，実行可能性について，B社の要員が，物理サーバ及び論理サーバの運用を行う方向で検討する必要があった。私は，仮想サーバ導入後の運用経験をもつ，B社の運用要員が，現行のサーバ運用担当者にヒアリングすることで，実現可能性について確認を行い，結果，「可能」という判断に至った。 1400字

1500字

1600字

memo

ここに注目！
設問で問われている"検討した内容"に，複数の案を挙げることで答えています。

memo

設問ウ

第3章　監視・分析した内容及び継続的な取組み

3．1　改善目標を達成できたかを監視・分析した内容

　10%の費用削減という改善目標に対して，達成率を計算するために，仮想サーバへの移行時の削減費用を監視するようにした。具体的には，仮想サーバに統合したサーバのハードウェア保守費用，ソフトウェアライセンス費用，運用要員費用を削減額として監視した。

　物理サーバ導入時のイニシャルコスト，ランニングコストを耐用年数5年で平準化して費用を算出して，（削減額－費用）÷前年度年額費用の式から得られる削減目標の達成度を求めて目標10%に対して11%と，目標が達成されたことを確認した。

3．2　費用の最適化に向けた継続的な取組み

　今回の改善を次の改善につなげるために，①，②の取組みを推進する必要がある。

①ベースラインの記録

　1年間という期間で終了したプロジェクトは，目標を達成したが，サーバ統合にかかわる改善は残っている。そこで，今後も継続して改善を浸透させるために，現状のITサービスの費用，品質を記録してベースラインとして，今後の改善の目標設定や，改善効果の測定に役立てる必要がある。

②ITサービスの重要度に応じた可用性のガイドラインの作成と周知徹底

　改善を推進して，ITサービスの費用を削減するためには，ITサービスを設計する際のガイドラインを整備する必要ある。更に，「ITサービスの重要性と可用性の整合性がとれていること」が重要であることを関係部署に説明し，合意形成する必要がある。

　ただし，関係部署からは，「重要性にかかわるレベルが見直されてレベルが落とされると，障害発生時には責任がもてなくなる」という意見が出て，見直し後の重要

ここに注目！

“ただし，～”という展開を盛り込んで，掘り下げています。

度についての反対意見が出される可能性がある。そのような場合は，暫定的に高い重要度にして，1年後に見直すという対処を行う方針とした。なぜならば，費用削減にはサーバの集約が不可欠であり，それを実現することを最優先すべきと考えたからである。

このようにして，私は，A県において一般会計予算の削減など様々な環境の変化に応じて，継続的な取組みができるようにした。

－以上－

memo

900字
1000字
1100字
1200字

論文事例2

平成27年度　問1

粕淵　卓

設問ア

memo

1．私が携わったITサービスの概要と費用の改善

1．1　私が携わったITサービスの概要

C社は親会社Xの情報システム部門が独立して設立された情報システム会社である。X社は本社を名古屋として全国に7拠点をもつが，C社は名古屋だけに事務所を構えている。私はC社のITサービスマネージャである。

C社では，X社のシステムの提案・設計・構築，及び運用保守を担っている。X社に納入しているシステムは，X社のネットワーク，サーバ，パソコン，アプリケーションなど，ほぼ全ての情報システムである。X社に提供しているITサービスの一つに，これらのシステムの可用性管理やサービス継続性管理がある。可用性のSLAは，99%と定められている。

1．2　ITサービスに係る費用の改善を行った背景

個人情報保護法やマイナンバー制度の開始，サイバー攻撃の高度化の進展によって，セキュリティ対策が強く求められる今日である。X社からも，「情報漏えい事故を起こさないことは，ITサービスを提供する会社として当然の義務だ」と，対策を強く要請されていた。

しかし，X社から受け取るITサービスの費用は単金化されており，機器の台数に応じて一律で費用が決められる。当然の義務と思われているセキュリティ対策をしたからといって，金額が増えるわけではない。そこで，セキュリティ対策の費用を捻出するために，今あるITサービス業務における費用を改善してコストを削減する必要があった。C社はX社の100％子会社であるため，安定した収益を確保していることから，費用管理が大まかであった。これを見直すいい機会でもあった。

設問イ

memo

2．費用改善策について

2．1　このような背景を契機として実施した費用改善策

ITサービスに係る費用の最適化を目的として，ITサービスマネージャである私は，リーダシップを発揮して関係部門とも協議した。費用対効果，実行可能性などを十分に検討した結果，①外部の供給者に委託している契約の見直し，②保守体制の見直し，を実施した。

①外部の供給者に委託している契約の見直し

現在，システムは全て二重化した上で，24時間365日のオンサイト保守契約を，外部の供給者と締結している。それを，システムの優先度を考慮した上で，24時間365日の保守契約から，X社の業務が主に行われている平日の9時から20時までの契約にする。また，故障が少ないレイヤ2スイッチなどのネットワーク機器に関しては，オンサイト保守契約を解除してセンドバック契約に変更する。

②保守体制の見直し

全ての故障対応をC社で行うのではなく，X社の社員にも，保守対応をサポートしてもらうようにした。利用者にはITに詳しい人材も数人おり，例えば，予備機への機器交換などの作業を実施してもらうのである。その際，手順をマニュアル化したり，利用者保守作業時の手順を簡素化したりするために，設定を流し込む自動設定のツールを作成した。

2．2　改善策を立案し実施する上で検討した内容

このような改善案を立案し，実施する上で検討した内容について述べる。まず，現状のサービスを提供するために要している費用の状況を把握した。目に付きがちな外注費用だけでなく，人件費や設備費なども含めて把握した。その際，外部の派遣SEの費用が大きいことが分かった。

100字
200字
300字
400字
500字
600字
700字
800字

memo

　次に，改善目標を設定するに当たり，セキュリティ対策の費用を見積もった。その結果を踏まえ，現在の運用管理費用を20％減らすという目標を掲げた。

　費用削減目標を達成するために，外部の供給者に委託費用を値下げしてもらう交渉も試みた。しかし，３％程度しか削減が見込めなかった。そこで，抜本的な改善をするために，「“なし”にできないか」，「簡素化できないか」，「手順を改善できないか」などという考えで，プロセスや体制の見直し案をメンバと一緒に列挙した。

　その際に役立ったのが，障害傾向の分析結果である。どこで障害が起こっているのかを過去の実績から分析したのである。すると，障害において，明らかな傾向があることが分かった。例えば，ネットワーク障害はほとんどなく，特に台数が多いレイヤ２スイッチでは，３年間で故障は２件だけであった。

　この現実を踏まえて，実情に応じた障害対策をするべきという結論に至った。費用削減としては，まずは，契約内容の変更を行った。例えば，故障の頻度や復旧作業の手間，機器が二重化されているかなどに応じて，オンサイト契約をセンドバック契約に変更できないか，又は，予備機を準備する対応ができないかという検討である。

　併せて，保守体制の見直しも検討した。派遣SEの人件費負担が重いことから，この部分も見直す必要があると考えた。対策として，X社との復旧作業の役割分担ができないかを検討した。特に遠方の拠点での現地対応に関しては，X社のメンバに一部の作業を実施してもらうことで，旅費や稼働費の大きな削減が可能になる。

ここに注目！

検討した内容を明示的に論じている点がよいです。

設問ウ

3．費用の最適化に向けた継続的な取組み

(1)改善目標を達成できたかどうかを監視・分析した内容

　費用改善策を実施した後は，改善目標を達成できたかどうかを監視・分析する必要がある。今回の対策によって，契約条件の見直し及び外部委託の人件費の削減によって目標の20％を達成することができた。X社からは，X社の社員が実施する稼働に応じた人件費に関しても分析するように依頼を受けた。施策の実施後，半年間でのトータルの費用を綿密に計算した結果，X社の費用を含めても目標が達成できていることを確認できた。

　また，今回の施策は，費用削減のために保守体制の見直しなどを実施している。この変更によって，サービスレベルが低下しては意味がない。SLAの遵守度合いを含めた，サービスレベルが保たれているかどうかも分析した。

(2)費用の最適化に向けた継続的な取組み

　今回の費用の見直しは，子会社ということでこれまで大まかに管理されていた費用を見直すいい機会であった。今の業務プロセスや契約などを見直すことの重要性を感じた。この営みを継続的なものにするため，小集団活動として，毎月，チーム単位で費用削減の改善案を考える場を設けた。また，X社の現場で運用をサポートしてもらうメンバにも議論に参加してもらった。

　個々に策を考えるように指示をしても，なかなか意見は出てこない。このように，定期的，かつチーム単位で案を挙げてもらうことが功を奏し，1年で三つの改善策を実施することができた。今後も，今がベストな方法だとは考えずに，継続的な取組みを続けていきたい。

―以上―

memo

ここに注目！

“小集団活動”について，前もって調べておいてもいいでしょう。

memo

900字

1000字

1100字

1200字

IPA発表採点講評

IT サービスに係る費用の改善に至った背景，並びに費用改善策及び改善策を立案し実施する上で検討した内容などについて論述することを求めた。IT サービスマネージャとして費用改善を実施した経験のある受験者にとっては取り組みやすかったようで，改善策の策定とその確実な実施のための深い検討がうかがえる良質な論述が多かった。しかし，パレート図や特性要因図などの言葉だけで費用構造の分析を具体的に述べていないものや，適切な分析もせずにツールを用いて作業を効率化するなど対策が先にありきと推察されるもの，改善策の決定に当たって費用対効果や実行可能性の検討が不十分なもの，などが見受けられた。これらは実務経験が不足しているために踏み込んだ論述ができなかったものと推察される。また，設問ウの継続的な取組みについては，改善策における課題についての論述がほとんどで，施策の有効性を一時的なものにしないという視点からの論述が少なかったのは残念である。費用の最適化は IT サービスマネージャにとって重要なテーマであり，常日頃からの積極的かつ継続的な取組みを期待したい。

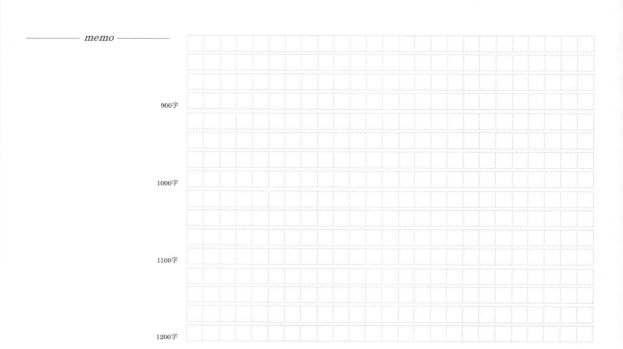

第4章

サービスの運用

令和元年度　問2
重大なインシデント発生時のコミュニケーションについて ・・・・・・・・・・・・・・ 368
論文事例1：岡山　昌二・・・・・・・・・・・・・・・・・・・・・・・・369
論文事例2：長嶋　仁・・・・・・・・・・・・・・・・・・・・・・・・・・374

平成26年度　問2
ITサービスの障害による業務への影響拡大の再発防止について ・・・・・・・・・ 380
論文事例1：岡山　昌二・・・・・・・・・・・・・・・・・・・・・・・・381
論文事例2：森脇　慎一郎・・・・・・・・・・・・・・・・・・・・・・386

令和元年度 ▼ 問2
重大なインシデント発生時のコミュニケーションについて

IT サービスマネージャは，重大なインシデントが発生した場合には，あらかじめ定められた手順に従い，インシデント対応チームを編成して組織的な対応を行う。重大なインシデントの対応手順は，通常のインシデント対応手順に“何が重大なインシデントに当たるか”といった定義や必要な活動を加えて規定される。手順の中には，例えば，インシデントの発生や解決に向けた対応の経過状況を解決に関わる内部メンバだけでなく，適切な人に適切な方法で通知するなどの利害関係者とのコミュニケーションの活動が規定されている。

具体的には，次のような利害関係者とのコミュニケーションを行う。

① 顧客に対しては，適切な要員からインシデントの発生や対応結果を連絡する。

② サービスデスクに対しては，利用者からの問合せ対応に必要となる回復計画や回復時間などについての情報共有を行う。

③ 外部供給者に対しては，専門的技能及び経験を保有する要員の人選と解決に向けた活動の依頼を行い，支援を受ける。

重大なインシデントへの対応では，目標時間内での解決のために緊急な手順の実施が必要とされることもあり，インシデント対応チームのメンバ及び利害関係者とは正確かつ迅速な情報共有が重要となる。

また，IT サービスマネージャはサービスの回復後，重大なインシデントへの対応についてのレビューを行い，コミュニケーションにおける課題を明らかにすることも必要である。

あなたの経験と考えに基づいて，設問ア～ウに従って論述せよ。

設問ア　あなたが携わった IT サービスの概要と，発生した重大なインシデントの概要及び利害関係者について，800 字以内で述べよ。

設問イ　設問アで述べた重大なインシデントへの対応で実施した手順の内容を述べよ。また，対応に当たって，利害関係者とどのようなコミュニケーションを行ったか。情報の正確性と対応の迅速性の観点を含め，800 字以上 1,600 字以内で具体的に述べよ。

設問ウ　設問イで述べた重大なインシデントへの対応で明確になったコミュニケーションにおける課題と改善策について，600 字以上 1,200 字以内で具体的に述べよ。

論文事例１

令和元年度　問２

岡山　昌二

設問ア

memo

第１章　ITサービス及び発生したインシデントの概要

１．１　ITサービスの概要

　論述の対象となるITサービスは，スマートフォン関連の通信業者Ｂ社におけるWeb販売サービスである。Ｂ社では，スマートフォンを購入する顧客に対して，クーポンを発行するなどして，マーケティング部が主体となって販売促進を行っている。スマートフォン自体が高価であるため，クーポンの額も高額となっている。したがって，ITサービスの特徴としては，販売促進作業にミスが発生した場合，高額の損失になる可能性があるため，販売促進活動では正確性が要求されるという点を挙げることができる。

１．２　発生した重大なインシデントの概要

　スマートフォン本体を購入した顧客に対して，週次処理で電子メールを介してクーポンを送っている。あるクーポンを購入者に向けて送信した２日後，マーケティング部の担当者から，引き換えられるクーポンの量が想定した件数よりも多いという連絡がサービスデスクに入った。サービスデスクでは，重大なインシデントと直ちに認識し，当該ITサービスを担当する開発部門にエスカレーションすることにした。エスカレーションした結果，クーポン対象者を選択するSQL文に誤りがあり，本来の５倍の顧客にクーポンを送信したことが判明した。

１．３　利害関係者

　利害関係者は，①マーケティング部に勤務する利用者側のマーケティング担当者，②当該ITサービスを担当する開発部門の開発担当者，③サービスデスク担当者，④クーポンを管理している外部供給者，そしてITサービス部門のITサービスマネージャの私である。

　私は，利害関係者を含めたインシデント対応チームを組織して，次のようにして利害関係者とコミュニケーションを取り，重大なインシデントに対応した。

100字 200字 300字 400字 500字 600字 700字 800字

memo

ここに注目！
この事例は１万円分のポイントが過剰に顧客に配布されたインシデントを基に作成しています。

設問イ

第２章　実施した手順及びコミュニケーション

２．１　実施した手順の内容

　サービスデスクから“重大なインシデント発生”の連絡を受け，インシデント対応手順にある“重大なインシデント手順”従い，次の手順を実施した。

①原因の究明と原因についてインシデント対応チーム内での合意形成

　インシデントの原因について開発担当者に確認した上で，開発部門のマネージャ，Ｂ社のCIOと，原因について合意形成し，原因について間違いのないことを確認した。

②インシデントの影響と対応策の策定

　インシデントの影響について，マーケティング担当者，開発担当者と話合い，対応策についてはインシデント対応チーム内で合意形成した。具体的には，(a)過剰に発行した分に限定して，クーポンを直ちに使用不可にする，(b)クーポンの誤配信を告知するメールの配信，という対応策である。なお，対応策についてはＢ社のCIOの承認を得た。

　ミスによって発行された過剰なクーポンについては，対応策の決定時点から２時間以内に使用不可にする，という目標を設定した。

③クーポンを管理している外部供給者からの技術支援

　クーポン管理を行う担当者と連絡を取り，クーポンを直ちに使用不可にする方法について，技術支援を受けた。支援内容に沿って対応策を開発担当者が対応策を実施した。

④サービスデスクに向けた，利用者からの問合せ対応にかかわる指示

　送られてきたクーポンが利用できないという利用者からの問合せに対応する必要があると考え，利用者への対応内容を指示した。

　以上が実施した手順である。

2．2　利害関係者とのコミュニケーション

　インシデントの対応が遅れると，クーポンが使われてしまい，損失が増大すると考えた。ただし，従来どおりのメールを使った伝達では記録は残るがニュアンスが伝わりにくい，電話では視覚情報が伝わりにくい，というインシデント対応チーム内での難しい状況が想定できた。そこで私はスマートフォンで利用可能なリモート会議システムの活用を考えた。昨今，リモート会議が頻繁に行われている状況なので，アプリケーションの利用にかかわる制約もないと考えた。そこで，利害関係者にメールを送り，対応の迅速性の観点から，情報共有はリモート会議システムを利用することにした。

　ただし，リモート会議システムでは，会議に参加していないと，正確な情報を得られない可能性がある。そこで私は，情報の正確性の観点から，利害関係者が，移り変わるインシデントへの対応状況をリアルタイムで正確に把握できることが重要と考え，インシデント対応の状況を，白板を使って表現してリモート会議システムの画面に表示することにした。

900字
1000字
1100字
1200字
1300字
1400字
1500字
1600字

memo

ここに注目！

困難な状況からのブレークスルーを表現して，工夫を採点者にアピールしています。

memo

ここに注目！
設問イにおいて，“情報の正確性の観点”と“対応の迅速性の観点”から論じているので，設問ウでは，これらを観点から課題を論じています。

設問ウ

第3章　コミュニケーションにおける課題及び改善策

3．1　コミュニケーションにおける課題

　インシデントの解消後，インシデント対応手順に従って，重大インシデント発生のレビューを実施した。参加者はマーケティング担当者，開発担当者，サービスデスク担当者と私である。

　迅速性の観点からリモート会議システムを活用して情報共有を行うという対応については，クーポンの利用を対応策が決まってから2時間以内に停止するという目標を達成できたことを根拠に，利害関係者が多い状況で迅速に情報共有できたと判断する。

　ただし，クーポンを管理している外部供給者については，外部供給者側のセキュリティ上の理由からリモート会議システムに参加できない状況であった。今後の課題としては，外部供給者を含めてリモート会議システムを活用する，という点を挙げることができる。

　正確性の観点から，白板を使ってインシデントへの対応状況を示し，その画像をリモート会議システムに表示させて，情報共有における情報の一元管理化を実現して情報の正確性を確保した。今回は対応手順が少ないため，現状の解像度であっても白板で対応できた。対応手順が多い場合，白板では書き込める情報量に限界がある。今後の課題としては，対応手順が多いケースにおいても対応状況を正確に情報共有する，という点を挙げることができる。

3．2　改善策

　対応手順が多いケースにおいても対応状況を正確に情報共有するという課題について先に論じると，従来型のリモート会議システムを最新型のコミュニケーションツールに置き換えて活用することが有効であると考えている。

　重大インシデントは発生時間帯を選ばないために，関

係する要員が漏れなくコミュニケーションツールに慣れておく必要がある。加えて，外部供給者との情報共有については，事前に覚書などで，情報開示面の問題に対処しておくべきと考えている。具体的には，担当者をアサインしてこれらのコミュニケーションツールの操作方法について，関係者は漏れなく日ごろから操作面で慣れておくことで，インシデント発生時に時間を無駄に経過させないように改善する計画である。

外部供給者を含めてリモート会議システムを活用するという課題については，事前に外部供給業者と交渉して，標準的なコミュニケーションツールの利用という方向性で，情報セキュリティの面からも評価した上で，改善したいと考えている。

－以上－

memo

900字
1000字
1100字
1200字

論文事例2

令和元年度　問2

長嶋　仁

設問ア

memo

1－1　ITサービスの概要

私が携わったITサービスは，様々な顧客のWebサイトと連携する予約管理サービスである。本サービスは，当社が運用管理する予約管理システムを用いて，SaaSとして提供されている。

利用者が顧客のWebサイト上で予約のメニューを選択すると，本サービスにアクセスし，予約や支払などの処理を実行できる。顧客の管理者は，管理者メニューを操作して利用者情報や予約情報を管理する。予約の機能は，顧客の業態に応じてカスタマイズ可能である。

1－2　発生した重大なインシデントの概要

予約処理の大幅な遅延とサービスの停止が発生した。当社では，60分以上のサービス停止，あるいは停止のおそれがある事象を重大インシデントと定めている。

インシデントは，利用者から顧客へ，さらに顧客からサービスデスクへの問合せによって検知された。事象を確認したサービスデスクからエスカレーションを受けた基盤運用グループでは，重大インシデントと判断して対応を実施した。

インシデントの原因は，移行したDBMSの設定漏れで，5時間に及ぶインシデント対応後に完全復旧した。

1－3　インシデントに関連する利害関係者

本インシデントの利害関係者は次のとおりである。

①顧客

飲食店や各種のスクールなどの事業を営み，各社のWebサイトを運営する多様な事業者。

②サービスデスク

顧客のWebサイトの管理者との連絡及び報告の窓口。サービスデスクグループが担当している。

③外部供給者

ハードウェアの技術支援及び調達先のE社と，DBMS等のソフトウェアの技術支援及び調達先のF社。

設問イ

memo

2－1　インシデント対応で実施した手順の内容

私が所属する基盤運用グループでは，インシデント対応手順に従い，次のように対応した。

(1)インシデントの分類と目標復旧時間の設定

予約管理サービスは動作していたが，遅延が多大になっており，サービスデスクはサービス停止に分類した。

私は，前日に実施された物理サーバとDBMSの移行作業の影響を考えた。そのため，状況の調査が必要で，短時間での復旧ができずに60分以上のサービス停止となる可能性があると判断した。目標復旧時間は，過去の類似の事案を基に6時間と設定した。

(2)上位マネジメントへの報告と顧客及び利用者対応

重大インシデントは，事業責任者へ即時報告することになっている。私は，予約サービスの事業責任者にインシデントの状況と対応方針を報告した。また，サービスデスクにおける顧客対応のための定期的な報告，加えて利用者対応のための予約ページ上での案内を開始した。

(3)インシデント対応チームの編成

通常のインシデント対応では，対応メンバを割り当てて対応作業に着手する。私は，ハードウェア，あるいはDBMSが原因であることを想定し，内部メンバに加えて，外部供給者の支援が必須と考えた。そこで，重大インシデント対応のチームを編成することとし，E社及びF社の技術部門に連絡して協力を要請した。同時に，E社及びF社の技術者を確保するために，運用部門の上位マネジメントに階層的エスカレーションを実施した。

(4)インシデントの調査，対応，クローズ

対応チームでは，システムの状況と移行作業の内容を精査した。その結果，移行後のDBMSで追加された新たなパラメタの設定漏れが原因と判明した。デフォルトの設定を正しく変更し，インシデント発生から5時間でサービスが復旧した。

100字 200字 300字 400字 500字 600字 700字 800字

memo

ここに注目！

正確性に留意した理由をアピールしている点がよいです。

2－2　利害関係者とのコミュニケーション

　私は，正確性や迅速性に留意し，重大インシデントを考慮したコミュニケーションを次のように行った。

(1)サービスデスクとのコミュニケーション

　特に正確性に留意した。その理由は，サービスデスクとやり取りをする顧客は，復旧見込みに関する正確な情報を重要と考えるからである。私は，移行の戻し処理を実施する最遅の場合を含め，複数の復旧見込み時間を定期的に報告した。

(2)外部供給者とのコミュニケーション

　通常のインシデント対応と異なり，複数のベンダの協力を得て，正確かつ迅速に原因究明や対応策を決定するためのコミュニケーションに留意した。具体的には，オンラインホワイトボードなどのツールを活用して，一元的に集約した情報を共有するコミュニケーションを行った。

(3)階層的エスカレーション

　前述の階層的エスカレーションでは，インシデント対応を迅速に進めるために，特に外部供給者の上位マネジメントへの協力要請の要否判断を仰いだ。

設問ウ

3－1　コミュニケーションにおける課題
　インシデントのクローズ後，インシデントへの対応のレビューを実施した。コミュニケーションにおける課題として，次の2点が挙げられた。 100字
①利用者対応のコミュニケーションの課題
　顧客のWebサイトの利用者に対しては，前述のとおり，予約ページ上でサービス停止中である旨を案内した。案内では，手順に従って30分ごとに案内を更新した。しか 200字
し，案内時刻が更新されるだけで，案内の内容が同じままであったため，不信感をもった利用者がSNSに投稿する事態が発生した。
②外部供給者とのコミュニケーションの課題 300字
　情報を可視化して共有することで，コミュニケーションは全体としてはスムーズに進んだと振り返った。しかし，対応過程において，設定の確認や変更の作業自体に漏れが発生し，作業を繰り返す状況が発生した。 400字
3－2　コミュニケーションの改善策
　私は，前述の課題について，次の改善策を考え今後の対応を見直すことを決定した。
①利用者対応のコミュニケーションの改善策 500字
　利用者への案内について，単に「停止中」というサービスの状況に加えて，対応の進捗状況の説明を載せる。さらに，Web予約以外の予約方法について，顧客のWebサイトと連携して案内する機能を追加するように開発グ 600字
ループと協議する。
②外部供給者とのコミュニケーションの改善策
　情報をより正確に共有するために，情報を抜粋せずに全体を伝えるように見直しする。具体的には，パラメタ 700字
等の設定であれば，予約サービスに固有の設定を抽出するのではなく，現状の全ての設定を一覧化して提示して共有することとする。

－以上－ 800字

memo

ここに注目！

どこかで“～と考え”などと展開して専門家としての考えをよりアピールしてもよいでしょう。

memo

900字

1000字

1100字

1200字

IPA発表採点講評

重大なインシデント発生時に，利害関係者に対して，どのようにコミュニケーションを行ったかの論述を求めた。インシデント対応は多くの受験者が経験しており，取り組みやすいテーマであったようで，インシデントへの対応手順については適切な論述が多かった。通常のインシデントでは，階層的なエスカレーションやトップマネジメントとの連携は少ないと考えられるが，重大なインシデントでは，様々な利害関係者との積極的なコミュニケーションと復旧に向けての正確な情報の共有が求められる。解答の中には，通常のインシデントと同様の対応をとっていると思われる論述が多く見られたが，重大なインシデントの対応に当たっては，インシデント対応チームを迅速に編成して対応を行う必要があり，ITサービスマネージャとして，コミュニケーションを適切に行ってほしい。

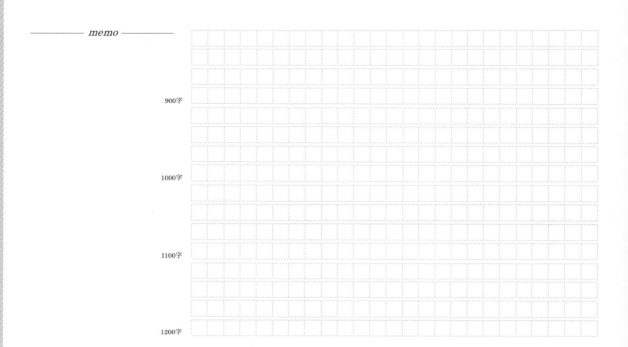

Memo

平成 26 年度 ▼ 問 2
IT サービスの障害による業務への影響拡大の再発防止について

近年，複数のシステムが仮想化されたサーバで運用されたり，企業内外のシステムがネットワークで密接に連携したりするなど，システム環境は複雑化している。

このような複雑化した環境への理解不足や障害に対する検討不足があると，IT サービスの障害時に，例えば次のような事態を引き起こして，業務への影響が拡大することがある。

・優先して回復すべき IT サービスへの対応が後回しになる。
・ネットワークで連携しているシステムへの連絡が遅れる。
・回復作業において他の IT サービスに影響を与える。

このような事態が発生した場合には，障害回復後，改めて障害対応の経過を整理した上で，例えば次のような視点から業務への影響が拡大した原因を分析して，再発防止策を立案する。

・障害対応手順などはシステム環境に即していたか。
・情報収集や判断を含めた指揮命令は迅速かつ的確に行えたか。
・業務に及ぼす影響は正しく把握できていたか。

また，再発防止策を実施した後，業務への影響が拡大した事例を組織内で共有する，システム環境や業務の変化に応じて再発防止策を見直すなど，再発防止を確実にするための活動を行うことも重要である。

あなたの経験と考えに基づいて，設問ア～ウに従って論述せよ。

設問ア　あなたが携わった IT サービスの概要と，IT サービスの障害による業務への影響が拡大した事例について，800 字以内で述べよ。

設問イ　設問アで述べた事例の再発防止策について，業務への影響が拡大した原因の分析の視点及び判明した原因を含め，800 字以上 1,600 字以内で具体的に述べよ。

設問ウ　設問イで述べた再発防止策を実施した後，再発防止を確実にするために行った活動について，工夫した点を含め，600 字以上 1,200 字以内で具体的に述べよ。

論文事例1

平成26年度　問2

岡山　昌二

設問ア

memo

第１章　ITサービスの概要と障害事例

１．１　ITサービスの概要

旅行代理店のA社では，国内旅行の企画商品を販売するシステム（以下，販売システムという）を運用している。全国100箇所の営業店舗では，店舗に設置された端末から販売システムを利用して販売業務を行っている。論述の対象は販売システムによるITサービスである。

販売システムは可用性の低下が，そのまま売上に影響する。そのため，システム構成面では冗長構成を採用するなどにより，サービスレベル目標である稼働率99%という目標値を設定し達成している。

サーバ構成としては，仮想化された物理サーバを２台運用などの冗長構成を採用している。この冗長構成により，本番系の物理サーバに障害が発生した場合，待機系の物理サーバに切り替えてサービスを継続することができる。

１．２　ITサービスの障害で業務への影響が拡大した事例

ITサービスの提供中において，本番系の物理サーバの障害が検知され自動的に待機系切替処理が起動された。この処理は，待機系の物理サーバを稼働させ，オンライン処理が開始させた。しかし，開始の直後にオンライン処理に障害が発生して待機系もサービス提供の停止となった。

このとき，ITサービスの提供側において対処方法の決定までに多くの時間を要した。最終的に，障害発生から４時間後に，本番系の物理サーバにおいて，ハードウェア故障の部品を交換して，本番系の物理サーバを立ち上げて処理を再開させた。本来なら自動切替されて，ITサービスの停止を最小限に抑えるが，業務への影響が４時間というITサービスの停止に拡大してしまった。

設問イ

memo

第2章　業務への影響が拡大した原因の分析の視点及び判明した原因と再発防止策

2．1　業務への影響が拡大した原因の分析の視点及び判明した原因

障害を検知して自動的に起動された待機系切替処理が正常に終了している点を踏まえ，私は，システム環境に即した障害対策を行っているか，という視点で，原因の分析を行うことにした。障害が発生した待機系のオンライン処理の障害原因を分析した結果，待機系のオンライン処理をする仮想サーバ関連のパラメータ設定に誤りがあることが判明した。

誤りの原因を更に究明すると，以前，本番系のオンライン処理に障害が起きた際の緊急対応時に，本番系のオンライン処理をする仮想サーバ関連のパラメータ設定変更を行った。その後，待機系にも同様の対応をする必要があったにもかかわらず，この作業を怠ったことが判明した。

更に，本番系のオンライン処理のパラメータを基に，待機系のパラメータを修正しようとしたが，本番系と待機系で独自に設定するパラメータが分からなかったため，修正に時間がかかり，待機系のオンライン処理を起動できなかった。結果的に，稼働系のハードウェア復旧を行ってから，稼働系で再立ち上げを行ったため，復旧に大幅な遅れが出てしまった。

2．2　判明した原因と再発防止策

根本的な原因は，待機系システムを本番運用の重要な機能であるとの認識が不足している点であった。そのため，ITサービスにおいて待機系システムの検証を適切に実施していない状況が生じていると判断した。

再発防止策としは，次を実施した。

①本番系及び待機系を含む仮想サーバ関連のパラメータ確認の徹底

　通常の運用において本番系及び待機系の仮想サーバ関連のパラメータ確認を徹底した。ただし，徹底するためには，そのための仕組みも必要である。そこで私は，⑴通常運用のプロセスの中で，本番系と待機系のサーバ関連のパラメータに矛盾がないことを確認する，⑵チェックプログラムを作成し，日常バッチ処理で各サーバの構成定義のチェックを行う，ようにした。

②切替え失敗を想定して復旧のための手順の明確化

　当該障害事例では，待機系への切替えができなかったケースを考慮する必要がある。そこで私は，手動で障害から復旧する場合も考慮して，いろいろなシナリオを想定した手順書を作成しておくことにした。それに基づいて，障害復旧テストを行い，各シナリオについての所要時間を計測した。これによって，障害対応時において，以前よりも精度を高めた，復旧するまでの残り時間を利用者にアナウンスできると考えた。

　待機系への切替えは，本番運用であることを認識し，本番系と同じ運用を待機系でも行うことを考えた運用計画，リスク対策を立てることが重要である。

900字 1000字 1100字 1200字 1300字 1400字 1500字 1600字

memo

ここに注目！

設問で問われている再発防止策を箇条書きのタイトルにすることで，視覚的にも施策をアピールしています。

設問ウ

memo

第３章　再発防止策を確実にするために行った活動

３．１　工夫した点を含めた活動

　再発防止策では，情報共有や，運用環境などの変化に応じた再発防止策の見直す仕組みが重要となる。そのため，私は次の活動を行い，障害の再発防止を徹底した。

①定期的な障害訓練の実施

　情報を共有するためには，待機系への切替えの運用を経験することも重要であると考えた。そこで私は，待機系への切替えの障害訓練を，今後２年間は以前よりも頻度を増して行うようにした。その際，サーバ系のみならずネットワーク機器の切替え訓練も行うようにした。

　障害訓練を効率的に実施するためには，障害訓練手順書の整備が重要である。ただし，訓練の結果が手順書に反映されていないと，次回の訓練時において，より効率的に訓練を実施することができない。そこで，障害訓練時における実際の人の動きなどを考慮して，次回の障害訓練に向けて手順書を整備するように標準化した。

　なお，実際の障害訓練では，待機系に切り替えた後に本番処理を起動するなど，システム障害を引き起こす可能性がある。具体的には，例えば，処理を本番系と待機系の両方で実行してしまい，二重処理になるケースである。そこで私は，事前準備として，訓練開始時の本番環境のデータ保存手順書及び訓練終了後の戻し手順書についての検証を明確化して標準化した。

②計画的な待機系システムの使用

　障害訓練を規定しても，なんらかの理由により訓練が延期されることがある。それでは再発防止を徹底することは難しいと考えた。そこで私は，計画的に待機系システムを本番システムとして使用するようにした。定期的に本番稼働するシステムを交互に使うことにより，本番系と待機系システムの同期が取れている確証が得られると，考えたからである。更に，障害発生によって切り替

ここに注目！

「具体的には」と書くことで，“これから前で述べた内容を具体的に書きます”ということを表現します。

えても日常運用の一環であり，ITサービス部にとって負担とならない。また，急な保守作業が入って，片系を止めるような運用にも迅速に対応することが容易にできると考えた。 900字

　これらの活動によって私は，障害の再発防止を徹底させた。

－以上－

1000字

1100字

1200字

memo

論文事例２

平成26年度　問2

森脇　慎一郎

設問ア

memo

1．ITサービスの概要と業務への影響が拡大した事例

1．1　私が携わったITサービスの概要

　地方自治体Nは，行政業務のIT化を積極的に進めており，入札，契約管理，財務会計，決裁管理などほとんどすべての行政業務がIT化されている。これらのシステムは，コスト削減のために仮想化されたクラウド環境に構築されており，全庁約5,000人の職員が日々利用している。

　クラウド環境の設計，構築，運用，保守は，地方自治体Nより委託を請けてITサービスプロバイダO社が実施している。O社は，地方自治体Nとの契約に基づきインシデント管理，システム監視，障害復旧対応，サービスデスク，変更管理，使用状況レポートなどのサービスを提供している。私は，O社の社員であり，ITサービスマネージャとして地方自治体Nに提供しているITサービス全般を統括している。

1．2　ITサービスの障害による業務への影響が拡大した事例

　ある日，地方自治体Nに提供しているクラウド環境を構成するサーバのディスク故障が発生した。サーバのディスクは冗長化されているため，この障害によりクラウド環境上のシステムが停止することはなく，直接的な業務影響はなかった。

　ディスクの故障交換は，念のため当該サーバ上の仮想サーバを別の物理サーバへ移行したうえで実施することとした。しかし，交換作業開始後に財務会計システムにアクセスできない，決裁管理システムの応答が遅いといった問合せの電話がサービスデスクへ殺到した。ディスク交換作業は30分程度の作業であったためそのまま実施し，移行した仮想サーバの配置を作業前状態に戻したことでサービス回復し，問合せは解消した。

設問イ

memo

2．原因分析により判明した原因と再発防止策

　ディスク交換作業により一部業務システムにアクセスしづらくなった問題について，原因究明と再発防止策を立案するためにO社システム運用担当の有識者を集めて検討を行った。

　ディスク交換作業では，事前作業として故障が発生した物理サーバ上で動作していた財務会計システムを，決裁管理システムが動作する物理サーバへ移行した。このことから，財務会計システムと決裁管理システムについて，交換作業時間中のアクセス状況，リソース状況，応答時間を監視システム等から収集して確認，分析を実施した。解析の結果，財務会計システムと決裁管理システムが同一物理サーバとなったことでCPUリソースが枯渇し，両システムの処理能力低下を引き起こしていたことが判明した。問合せのあったシステムはこの２システムのみであったことも踏まえ，私はこれが本問題の発生原因であると判断した。

　しかし，私は今回の問題の根本原因を探る必要があると考え，さらに一歩踏み込んで，なぜリソースが競合するシステム同士を同じ物理サーバに収容してしまったかについて深掘りすることとした。なぜなら，根本原因を解消しなければ，場当たり的な対応となってしまい，まったく同じ問題以外には対応できないためである。この更なる問題分析の結果，仮想サーバの移行ルールを策定しているが，移行先物理サーバの選定については仮想サーバ数の少ない物理サーバを選定することとなっており，実際の使用リソース量を意識しないルールとなっていることが分かった。そのため，今回のように仮想サーバ数は少ないが，リソースの枯渇が発生する場合があり，私はこの移行ルールが問題の根本原因であると考えた。

　分析結果を踏まえ，私は問題の再発防止策として仮想サーバの移行ルールの見直しを検討した。今回の問題の

memo

ここに注目！

物理サーバのキャパシティ管理について言及すると，もっとよくなります。

ポイントは，移行する際に使用するリソース量を考慮していない点であった。そのため，見直し後の移行ルールでは，移行元仮想サーバが使用しているリソース量を確認し，当該仮想サーバを収容することが可能な空きリソースのある物理サーバを移行先に選定するよう移行ルールを変更した。

　ただし，この移行ルールを運用する場合，十分な空きリソースを確保できるサーバがない場合も考えられる。そのため，業務影響の少ないサーバを他の物理サーバに移行することで空きリソースを確保するルールも追加した。また，これらの移行作業の実施にあたっては，地方自治体Nの承認を必要とするルールを追加し，作業者の判断で実施できないように変更した。

　私は，地方自治体Nの了承を得て，新移行ルールの運用を開始した。

設問ウ

3．再発防止を確実にするために行った活動

O社は社内全体で仮想化技術を使用したクラウドサービスを展開している。そのため，今回の問題および再発防止策については，O社の他の案件においても展開が必要なものであると判断し，私は社内のナレッジデータベースを活用して事例の社内共有を実施した。これにより，同じ問題の発生を全社的に抑制でき，O社全体の再発防止策へと昇華させることができると考えたからである。また，地方自治体Nの事例が他の案件に展開できるということは，他の案件の事例も地方自治体Nに活用できるとも考えられた。そのため，私はO社内の意見交換の場を作り，各自の案件で発生している事案を吸収し，必要に応じて地方自治体Nの運用マニュアル，移行ルール等の見直しを行うこととした。

また，移行ルールが確実に運用されているかを確認するために，仮想サーバの移行作業報告書の提示および確認した使用リソース量，移行作業前後のリソース量確認結果，地方自治体Nの承認結果書類などのエビデンスをまとめ，月例の報告時に報告を義務付けた。これにより，移行ルールが徹底されていることを確認するとともに，さらなる問題点がないかの確認を行い，必要に応じてルールの再見直しをはかることができると考えたからである。

これらの工夫によって，今回の移行ルールの定着化だけでなく，仮想サーバの移行作業におけるトラブルを大幅に抑制することができたと考えている。

－以上－

ここに注目！

再発防止策の見直しという点で趣旨に沿っていてよいです。

memo

900字

1000字

1100字

1200字

IPA発表採点講評

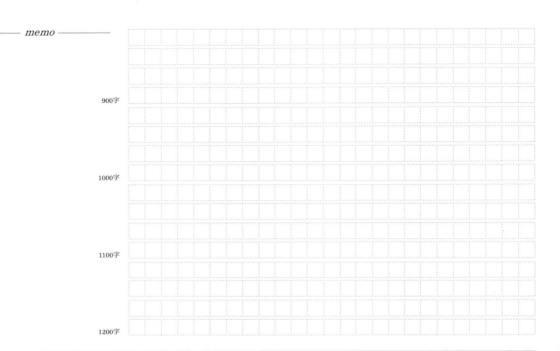

業務への影響が拡大した原因の分析と再発防止策，再発防止を確実にするための活動について論述することを求めた。IT サービスの障害時に不測の事態が生じ業務への影響が拡大したという経験は多くの受験者にあるようで，多角的な視点から原因を究明し，再発防止策の立案・実施に注力する様子のうかがえる優秀な論述が多かった。一方で，単純な手順書不備や知識不足，作業ミスなどを原因として，その改善策にとどまる論述も見受けられたが，そのような状況となっている根本原因を究明し対策を立てるということに踏み込んでほしかった。これは，IT サービスマネージャとしての問題把握能力及び問題分析能力が十分でないことに起因するものと推測される。また，再発防止策を業務への影響拡大に対してではなく，障害の発生に対するものと混同した論述が散見された。設問ウの再発防止を確実にするための活動では，取り巻く環境を踏まえるなど創意工夫のうかがえる活動についての論述を期待したが，問題文中の例をなぞった程度のものがほとんどであった。安定した IT サービスの提供に向けた積極的な取組みを期待したい。併せて，日頃の業務を通じて，問題把握能力・問題分析能力の向上に励むことを期待したい。

事例作成者の紹介と一言アドバイス

岡山　昌二（おかやま　しょうじ）

外資系製造業の情報システム部門に勤務の後，1999 年から主に論文がある情報処理試験対策の講師，試験対策書籍の執筆を本格的に開始する。システムアーキテクト，IT サービスマネージャ，プロジェクトマネージャ，IT ストラテジスト，システム監査技術者試験の対策の講義とともに，コンサルティングを行いながら，（株）アイテックが出版しているシステムアーキテクト試験の「専門知識＋午後問題」の重点対策，総仕上げ問題集を執筆。システム運用管理技術者，アプリケーションエンジニア，プロジェクトマネージャ，IT ストラテジスト，システム監査技術者，元 EDP 監査人協会（現 ISACA）東京支部　広報・出版担当理事。

論文問題攻略のためのワンポイントアドバイス

章立てや論述内容を決める論文設計は，論文を書き始める前に必ず行いましょう。論文設計では，問題の趣旨に追加で論文ネタを，設問文に章立てを書き込むようにして，メモ用の白紙ページではなく，問題が書かれたページを使うようにしましょう。

粕淵　卓（かすぶち　たかし）

1972 年生まれ。保有資格は，IT サービスマネージャ，テクニカルエンジニア（システム管理），システム監査技術者，プロジェクトマネージャ，ネットワークスペシャリスト，技術士（情報工学）など多数。著書には，「IT サービスマネージャ　専門知識＋午後問題　の重点対策」（アイテック）などがある。

論文問題攻略のためのワンポイントアドバイス

IPA が発表する評価の視点は「設問で要求した項目の充足度，論述の具体性，記述内容の妥当性，論理の一貫性，見識に基づく主張，洞察力・行動力，独創性・先見性，表現力・文章作成能力など」です。特に最初に述べられている，「項目の充足度」「論述の具体性」「記述内容の妥当性」が重要だと考えます。「文字数」という評価の視点がないので，文字数の多い少ないは合否に影響しないでしょう。

「項目の充足度」に関しては，試験会場にて設問に忠実に答えるしかありません。しかし，「論述の具体性」や「記述内容の妥当性」に関しては，具体的で妥当性のある論文ネタを事前に準備することができます。そのための教材が本書であります。この本の書かれている論文を参考にして，論文ネタを集めましょう。そして，自分の経験を加えて，自分なりの論文ネタを用意することが合格への近道です。特にインシデント又は障害に関する論文ネタを準備しておくことをお勧めします。

庄司　敏浩（しょうじ　としひろ）

横浜国立大学経営学部卒。日本アイ・ビー・エム㈱にて SE，PM を経て，2001 年から IT コーディネータとして独立。中小企業の IT 活用，ビジネスアナリシス，情報セキュリティマネジメント，プロジェクトマネジメントのコンサルティングを行うとともに，情報処理技術者教育に携わる。

著書には，「プロジェクトマネージャ　専門知識＋午後問題　の重点対策」（共著，アイテック），「PMP 試験合格虎の巻」（共著，アイテック），「空想プロジェクトマネジメント読本」（共著，技術評論社）などがある。

論文問題攻略のためのワンポイントアドバイス

論文は事例紹介ではありません。あくまでも自分が受験対象資格にふさわしい力量をもっているかを判断するための手段です。したがって，実際に起こった事実を淡々と述べるだけでは，合格にたどり着くことは困難です。求められている人材像を十分に把握して，どのような行動や考え方をすべきなのかを明確に頭の中に描いた上で，理想の人材像にふさわしい行動・考え方ができていることを論文の中で表現しましょう。

特に，自分の力量を示すためには，自分が工夫したことをアピールすることが重要です。通常は，自分が工夫したことは設問イの中で表現することになります。まず自分が実施したことを述べて，その中で工夫したことを述べる流れになりますが，工夫した点は，自分が実施したことの紹介と同等かそれ以上の記述量を持たせるようにしましょう。採点者は，そこを最も読みたいのですから，工夫点があまり書かれていない論文には高得点は与えないでしょう。

鈴木　久（すずき　ひさし）

1963 年　静岡県生まれ。専門分野は応用統計学，オペレーションズリサーチ，コンピュータ科学（工学部出身）。国内大手・外資系電機メーカに勤務，生産管理，品質管理，マーケティング，商品開発，情報システムの業務に携わり，利用部門の立場で業務とシステム化のかかわりに従事。独立後，システムの企画段階のコンサルティングや分析業務を手がけるかたわら，情報処理技術者試験の論文対策指導を長年行っている。「システムの供給側と利用側がいかに協力できるか」が指導の中心である。

論文問題攻略のためのワンポイントアドバイス

細かい表現を模倣するのではなく，全体の流れをしっかりととらえることが重要です。誰でも自分独自の文体や書き味があるのでそれを生かしつつ，いかに文章を良くするかに集中してもらいたいと考えます。

まず，設問要求に対してシンプルに文章を展開することが重要です。採点する人は短時間で採点・評価を行っていると考えられるので，とにかく分かりやすい文章とすることが大前提となります。

また，施策の報告の列挙では論述として不十分です。自分の考えや主張を述べて客観的な理由説明を行い論述展開して，いかに自分の専門能力が高いかアピールしましょう。そして，施策を行った過程にも注目して，どのような努力や苦労があったのかをアピールして，臨機応変な行動力があることを示しましょう。こうしたアピールは，対象システムの状況や特徴を基に妥当性・正当性を高めるようにしましょう。

長嶋　仁（ながしま　ひとし）

業務アプリケーションの開発・カスタマサポート領域の SE 業務を経て，研修講師と学習コンテンツ制作を中心に活動中。情報処理技術者（テクニカルエンジニア〔システム管理，情報セキュリティ，ネットワーク，データベース〕，システム監査，システムアナリスト，上級システムアドミニストレータなど），情報処理安全確保支援士，技術士（情報工学）。

論文問題攻略のためのワンポイントアドバイス

論文を添削してきた経験から，合否を分ける大きなポイントは「設問の要求事項の充足度」です。設問では全部で 5～7 個程度の事項が要求されます。要求事項から見出しを作成し，全ての事項を網羅することが重要です。論文を 3 本準備すれば，転用可能な問題が出題される確率が高くなります。ただし，そのままでは要求事項を充足できませんので，準備した論文に含まれない要求事項を何としても絞り出します。この絞り出しは，答案用紙に論文を書き出す前の論文設計時に行います。後付けで考えると，一貫性が崩れやすいからです。

もう 1 点補足です。単に実施した作業を列挙する業務報告のような論文も目立ちます。問題文で求められているように，SM としての「自分の考え」を明示的に表現することもポイントです。

森脇　慎一郎（もりわき　しんいちろう）

中学生でゲーム制作に興味を持ち，学生時代にプログラミング技術を習得。卒業後は通信会社に入社し，法人向けのシステムエンジニアとして，大小様々なシステムの開発・保守・運用を手掛ける。初級 SE 向けの勉強会なども実施しており，社内外での人材育成に精力的に活動している。主な保有資格は，応用情報技術者，データベーススペシャリスト，IT サービスマネージャ，システム監査技術者，プロジェクトマネージャなど。

論文問題攻略のためのワンポイントアドバイス

論文問題で合格ラインの評価を得るためには，自分がどういった立場で業務に関わっているかを意識して論述することが重要です。言い換えれば，自分にどのような権限があるのかということを正しく理解する必要があるということです。例えば，インシデント管理や問題管理を行う立場であれば，問題解決のためのシステムの変更は変更管理マネージャに引継ぎしなければなりません。実際の現場では一人で何でもこなすマネージャもいると思いますが，この点を正しく理解し論述しなければ，妥当性に欠ける論文になってしまいます。自然と正しい論述ができるよう，普段から意識して業務に従事することが肝要です。

■参考文献

・IPA　独立行政法人　情報処理推進機構；試験要綱，2022年
・株式会社日経BP；日経コンピュータ，2019～2022，日経SYSTEMS，2013年～2018年
・Project Management Institute, Inc.；プロジェクトマネジメント知識ガイド第6版，2017年
・寺田 佳子著；学ぶ気・やる気を育てる技術，日本能率協会マネジメントセンター，2013年
・株式会社日経BP　IT Pro；IT資格ゲッターの不合格体験記，2006年
・古郡延治著；論文・レポートの文章作法，有斐閣，1992年
・木下是雄著；理科系の作文技術，中央公論新社，1981年
・樋口裕一著；ホンモノの文章力－自分を売り込む技術，集英社，2000年
・出口汪著；「論理力」最強トレーニング－「考える力」を鍛えれば，あなたの仕事も2倍速くなる！，ベストセラーズ，2003年
・Kim Heldman著，PMI東京（日本）支部監訳；PMP教科書　Project Management Professional，翔泳社，2003年
・アイテック情報技術教育研究所　編著；〈午後Ⅱ〉論文の解法テクニック改訂新版，㈱アイテック，2006年

アイテックが刊行している「総仕上げ問題集シリーズ」，「重点対策シリーズ」，「合格論文シリーズ」の各書籍も参考文献として掲載します（2022年8月現在）。

詳しくはアイテックのホームページ（https://www.itec.co.jp/）を参照してください。

・総仕上げ問題集シリーズ……最新の試験分析，3期分の試験問題と解答解説，実力診断テストを収録

ITストラテジスト　総仕上げ問題集
システムアーキテクト　総仕上げ問題集
ITサービスマネージャ　総仕上げ問題集
プロジェクトマネージャ　総仕上げ問題集
システム監査技術者　総仕上げ問題集

・重点対策シリーズ……午後の試験の突破に重点を置いた対策書

ITストラテジスト　「専門知識＋午後問題」の重点対策
システムアーキテクト　「専門知識＋午後問題」の重点対策
ITサービスマネージャ　「専門知識＋午後問題」の重点対策
プロジェクトマネージャ「専門知識＋午後問題」の重点対策
システム監査技術者　「専門知識＋午後問題」の重点対策

・合格論文シリーズ……本書を含めた次の5冊には専門家による合格論文，論述のヒントが満載

ITストラテジスト　合格論文の書き方・事例集　第6版
システムアーキテクト　合格論文の書き方・事例集　第6版
ITサービスマネージャ　合格論文の書き方・事例集　第6版
プロジェクトマネージャ　合格論文の書き方・事例集　第6版
システム監査技術者　合格論文の書き方・事例集　第6版

■著者

岡山　昌二
粕淵　　卓
庄司　敏浩
鈴木　　久
長嶋　　仁
森脇慎一郎

ITサービスマネージャ　合格論文の書き方・事例集　第6版

監修・著者■　岡山　昌二
著者■　粕淵　　卓　　庄司　敏浩　　鈴木　　久
長嶋　　仁　　森脇慎一郎
編集・制作■　山浦菜穂子　　三浦　晴代　　田村美弥子
DTP・印刷■　株式会社ワコープラネット

発行日　2022年10月11日　第6版　第1刷
発行人　土元　克則
発行所　株式会社アイテック
〒143-0006　東京都大田区平和島6-1-1　センタービル
電話　03-6877-6312
https://www.itec.co.jp/

703501-10WP
ISBN978-4-86575-304-2 C3004 ¥3000E

【訓練1 風の文章を書いてみよう

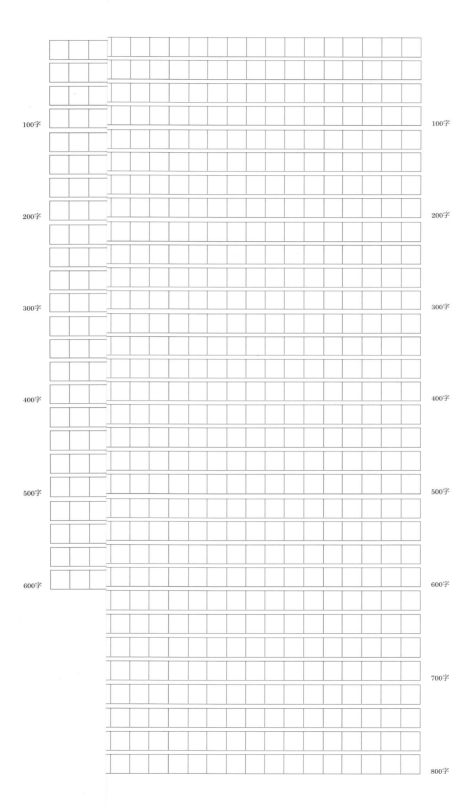

100字
200字
300字
400字
500字
600字
700字
800字

巻末ワークシート2

【3】問題文にトピックを書き込む（演習問題）

境の変化に応じた変更プロセスの改善について

ービスマネジメントを実践する組織では，品質の確保に留意しつつ，緊急変更
変更管理プロセス並びにリリース及び展開管理プロセス（以下，変更プロセス
を既に構築・管理している。
ながら，俊敏な対応を求める昨今の環境の変化の影響によって，既存の変更
スでは，例えば，次のような問題点が生じることがある。
アジャイル開発で作成されたリリースパッケージの稼働環境へのデプロイメ
トにおいて，変更プロセスの実施に時間が掛かる。
新規のサービスをサービスデスクで作業可能とする変更要求の決定に時間が
かる。
ービスマネージャには，このような問題に対し，変更プロセスの改善に向けて，
次のような施策を検討することが求められる。
アジャイル開発チームへの権限の委譲，プロセスの簡素化などによるデプロイメン
の迅速化
サービスデスクでの標準変更の拡大を迅速に行うためのプロセスの見直しと利害
係者との合意
に向けた施策の決定に当たっては，変更要求の俊敏な対応と品質の確保の両面に配
る要があり，俊敏な対応を重視するあまり，品質の確保が犠牲にならないように工
る要がある。
たの経験と考えに基づいて，設問ア～ウに従って論述せよ。

あなたが携わったITサービスの概要と，既存の変更プロセスに影響を与え
た環境の変化の内容について，800字以内で述べよ。

設問アで述べた環境の変化によって影響を受けた変更プロセスの概要，変更
プロセスに生じた問題点とその理由，改善に向けた施策及び施策の期待効果に
ついて，800字以上1,600字以内で具体的に述べよ。

設問イで述べた実施結果，評価，及び今後の改善点について，俊敏な対応と品質
の確保の観点を含めて，600字以上1,200字以内で具体的に述べよ。

【訓練１】作文を書いてみよう

100字

200字

300字

400字

500字

600字

【訓練１】論文風の文章を書いてみよう

100字

200字

300字

400字

500字

600字

700字

800字

【訓練2】トピックを詳細化して段落にする

結論 ＿＿＿＿＿＿＿＿＿＿

Why ＿＿＿＿＿＿＿＿＿＿

Where ＿＿＿＿＿＿＿＿＿＿

When ＿＿＿＿＿＿＿＿＿＿

What ＿＿＿＿＿＿＿＿＿＿

Who ＿＿＿＿＿＿＿＿＿＿

How ＿＿＿＿＿＿＿＿＿＿

How many ＿＿＿＿＿＿＿＿＿＿

100字

200字

300字

400字

【訓練3】問題文にトピックを書き込む（演習問題）

問 環境の変化に応じた変更プロセスの改善について

ITサービスマネジメントを実践する組織では，品質の確保に留意しつつ，緊急変更を含む変更管理プロセス並びにリリース及び展開管理プロセス（以下，変更プロセスという）を既に構築・管理している。

しかしながら，俊敏な対応を求める昨今の環境の変化の影響によって，既存の変更プロセスでは，例えば，次のような問題点が生じることがある。

① アジャイル開発で作成されたリリースパッケージの稼働環境へのデプロイメントにおいて，変更プロセスの実施に時間が掛かる。

② 新規のサービスをサービスデスクで作業可能とする変更要求の決定に時間が掛かる。

ITサービスマネージャには，このような問題に対し，変更プロセスの改善に向けて，例えば，次のような施策を検討することが求められる。

① アジャイル開発チームへの権限の委譲，プロセスの簡素化などによるデプロイメントの迅速化

② サービスデスクでの標準変更の拡大を迅速に行うためのプロセスの見直しと利害関係者との合意

改善に向けた施策の決定に当たっては，変更要求の俊敏な対応と品質の確保の両面に配慮する必要があり，俊敏な対応を重視するあまり，品質の確保が犠牲にならないように工夫する必要がある。

あなたの経験と考えに基づいて，設問ア～ウに従って論述せよ。

設問ア あなたが携わったITサービスの概要と，既存の変更プロセスに影響を与えた環境の変化の内容について，800字以内で述べよ。

設問イ 設問アで述べた環境の変化によって影響を受けた変更プロセスの概要，変更プロセスに生じた問題点とその理由，改善に向けた施策及び施策の期待効果について，800字以上1,600字以内で具体的に述べよ。

設問ウ 設問イで述べた実施結果，評価，及び今後の改善点について，俊敏な対応と品質の確保の観点を含めて，600字以上1,200字以内で具体的に述べよ。

【訓練４】ワークシートに記入する

設問ア

第１章

（前半）

特徴の明示　（“IT サービスの特徴としては，～を挙げることができる”）

（後半）

問われている内容の明示　（“（問われている内容）は～”，あるいは，“（問われている内容）としては～”）

設問イ

第２章

“～ということが課題となった。”

“～と考え～”

“なぜならば，～”

“～という課題があった。そこで私は(1)～，(2)～という案を検討した。その結果，(1)を選択した。なぜならば，～と考えたからである”

“～という難しい問題に直面した。そこで私は～”，あるいは，“～という困難な状況であった。そこで私は～”

“～という IT サービスの特徴を踏まえると～”

“～（問われている内容）は～”，あるいは，“（問われている内容）としては～”

“ただし，～という新たな課題が生じた。そこで私は～”

自由記入欄１

自由記入欄２

自由記入欄３

工夫をアピールする展開

活動案１

活動案２

選択した活動と選択した根拠や考え　（なぜならば，～と考えたからである）

能力をアピールする展開

選択した活動により生じる新たな課題・リスク　（ただし，～という新たな課題が生じた）

新たな課題・リスクを解消するための活動

設問ウ

第３章

（設問ウ前半）

“～の実施結果（実施状況）については～”

“～という期待効果を達成度～で達成した。したがって，～という施策は～と評価する”

“もし，～という施策を実施しなかった場合，～となっていたと推測できる。したがって，～という施策は～と評価する”

“～という施策については，～を根拠に，～と評価する”

自由記入欄４

活動評価　（達成度を踏まえた評価，実施しなかった場合と対比して評価，施策ごとに評価，可能ならば定量的な評価）
成功要因　（“成功要因としては，～を挙げることができる”）
今後の課題（“今後の課題としては，～を挙げることができる”）

（設問ウ後半）

改善点

改善点　（“～という課題については～，今後の改善点として～を挙げることができる”）

【訓練４】ワークシートに記入する（記入例）

設問ア

第１章　ITサービスの概要と環境の変化の内容

（前半）

１．１　ITサービスの概要

特徴の明示　（“ITサービスの特徴としては，～を挙げることができる”）

健康管理サービスでは，ITサービスの特徴としては，機能の追加・変更が頻繁に発生するという点を挙げることができる。

（後半）

１．２　既存の変更プロセスに影響を与えた環境の変化の内容

問われている内容の明示　（“（問われている内容）は～”，あるいは，“（問われている内容）としては～”）

環境の変化の内容としては，競合他社との競争が激化したため，健康管理サービスにおいて機能の追加・変更が頻繁に発生するアジャイル開発という開発手法を採用したことである。

設問イ

第２章　変更プロセスの改善

“～ということが課題となった。”

“～と考え～”

“なぜならば，～”

“～という課題があった。そこで私は(1)～，(2)～という案を検討した。その結果，(1)を選択した。なぜならば，～と考えたからである”

“～という難しい問題に直面した。そこで私は～”，あるいは，“～という困難な状況であった。そこで私は～”

“～というITサービスの特徴を踏まえると～”

“～（問われている内容）は～”，あるいは，“（問われている内容）としては～”

“ただし，～という新たな課題が生じた。そこで私は～”

２．１　変更プロセスの概要

自由記入欄１

変更管理プロセスでは，変更要求を主にリスク面から評価して，リスクが低減されていることを確認した上で，リリースパッケージを安全に本番環境に移行する。そのため，変更管理プロセスでは，リリース管理及び展開管理をコントロールしている。

２．２　変更プロセスに生じた問題点とその理由

自由記入欄２

機能の追加・変更が頻繁に発生するというITサービスの特徴を踏まえると，頻繁に発生する変更プロセスに時間がかかることが理由で，アジャイル開発手法の長所を活かせないという問題点が生じる。具体的には，アジャイル開発ではイテレーションと呼ばれる一連の開発サイクルが１週間から２週間と短いため，変更プロセスにおいて最長で１週間待たされると，アジャイル開発自体に支障が生じるからである。変更プロセスに時間がかかるためにアジャイル開発手法の長所を活かせないという問題点に対して，変更プロセスの時間短縮が課題となった。

２．３　改善に向けた施策及び施策の期待効果

自由記入欄３

(a)標準変更の適用
私は，アジャイル開発ではレグレッションテストが自動化されていることからテスト不足がリスク要因となるインシデント発生のリスクが少ないリリースパッケージがあると考え，標準変更を適用という施策を講じることとした。その際，標準変更を実施する部署をどこにするかという課題が生じた。

(b)標準変更を適用できるリリースパッケージのチェック項目の標準化
標準変更を適用できるリリースパッケージをチェックし，標準変更可となったリリースパッケージだけを標準変更として扱うことにし，その際のチェック項目を標準化した。なぜならば，例えばリスクの大きいシステム間連携部分の変更があるため，アジャイル開発からのリリースパッケージのすべてが，リスクが少ないわけではないと考えたからである。

工夫をアピールする展開

活動案１
(1)サービス要求としてサービスデスクにおいて対応する。

活動案２
(2)アジャイル開発グループに権限を委譲してアジャイル開発グループでリリースパッケージのリリースとデプロイを実施する。

選択した活動と選択した根拠や考え
（なぜならば，～と考えたからである）
(1)を採用することにした。なぜならば，サービスデスクがリリース・デプロイというサービス要求を処理していることで，サービスデスクでの対応が円滑に進み，品質の確保面では優れていると考えたからである。期待効果としては，変更プロセスの所要日数を最長１週間から最長２日間に短縮することを設定した。

能力をアピールする展開

選択した活動により生じる新たな課題・リスク
（ただし，～という新たな課題が生じた）

ただし，チェックリストの作成が新たな課題となった。チェックリストの粒度をどのように設定したら，効果的かつ効率的になるのか分からないという難しい問題に直面した。

新たな課題・リスクを解消するための活動

そこで私は，ITサービスの品質への影響をモニタリングしながら徐々にチェックリストの有効性を高めればよいと考え，過去のアジャイル開発に関わるインシデント履歴などを基に，チェックリストを作成することにした。期待効果として，標準変更の適用率は90%を目標にした。

設問ウ

第３章　施策の実施結果，評価，及び今後の改善点

（設問ウ前半）

“～の実施結果（実施状況）については～”

“～という期待効果を達成度～で達成した。したがって，～という施策は～と評価する”

“もし，～という施策を実施しなかった場合，～となっていたと推測できる。したがって，～という施策は～と評価する”

“～という施策については，～を根拠に，～と評価する”

（この問題では使わない）

自由記入欄４
（この問題では使わない）

３．１　施策の実施結果，評価

活動評価　（達成度を踏まえた評価，実施しなかった場合と対比して評価，施策ごとに評価，可能ならば定量的な評価）
成功要因　（“成功要因としては，～を挙げることができる”）
今後の課題（“今後の課題としては，～を挙げることができる”）

(a)標準変更の適用
俊敏な対応の観点から，もし標準変更の適用という施策を実施しなかった場合，頻繁に通常変更を実施する手続をしたとしても，リスクを評価する必要があるため，少なくとも３日間は待たされることになる。これではアジャイル開発における効率性が低下して，開発が遅延するなどの問題が生じていたと考える。施策の実施結果として，期待効果どおりに変更プロセスの所要日数を最長１週間から最長２日間に短縮できた。これを根拠に，俊敏な対応の観点から施策は成功であったと評価する。
ただし，品質面についても重視したため，サービスデスクが標準変更としてリリースパッケージをデプロイしている。そのため，アジャイル開発グループにリリースパッケージのデプロイを委譲した場合と比較して，手続の簡略化が不十分である。これはITサービスの品質面で確保を重視した結果である。今後の課題としては，品質面を確保しながら，アジャイル開発グループにデプロイ権限を委譲して，俊敏な対応を推進することである。
(b)標準変更を適用できるリリースパッケージのチェック項目の標準化
期待効果として，標準変更の適用率は90%を目標にした。実施結果としては，実際の適用率は92%であった。したがって，俊敏な対応の観点から，達成率102%で成功であったと評価する。
二つの施策を総合して評価すると，品質の確保の観点からは，インシデントの発生状況が他のITサービスと同等なことを根拠に，十分な品質を確保できたと評価する。
今回の施策の成功要因としては，俊敏な対応を目指しながらITサービスの品質の確保を疎かにしなかった点を挙げることができる。

（設問ウ後半）　改善点

３．２　今後の改善点

改善点　（“～という課題については～，今後の改善点として～を挙げることができる”）

俊敏な対応を推進するという課題についての今後の改善点は，次のとおりである。
(a)インシデントの発生状況を踏まえて，標準変更適用の可否を判断するリリースパッケージへのチェックリストを整備する。(b)整備したチェックリストを基に，アジャイル開発グループにデプロイ権限を委譲してもよいリリースパッケージのチェックリストを作成する。(c)チェックリストを基に品質が確保されていると判断されたリリースパッケージについては，アジャイル開発グループにデプロイ権限を委譲する。

2時間で書ける分量に絞ったワークシート（記入例）

設問ア

第1章　ITサービスの概要と環境の変化の内容

（前半）

1．1　ITサービスの概要

特徴の明示　（“ITサービスの特徴としては，〜を挙げることができる”）
健康管理サービスでは，ITサービスの特徴としては，機能の追加・変更が頻繁に発生するという点を挙げることができる。

（後半）

1．2　既存の変更プロセスに影響を与えた環境の変化の内容

問われている内容の明示　（“（問われている内容）は〜”，あるいは，“（問われている内容）としては〜”）
環境の変化の内容としては，健康管理サービスにおいて機能の追加・変更が頻繁に発生するアジャイル開発という開発手法を採用したことである。

設問イ

第2章　変更プロセスの改善

“〜ということが課題となった。”
“〜と考え〜”
“なぜならば，〜”
“〜という課題があった。そこで私は(1)〜，(2)〜という案を検討した。その結果，(1)を選択した。なぜならば，〜と考えたからである”
“〜という難しい問題に直面した。そこで私は〜”，あるいは，“〜という困難な状況であった。そこで私は〜”
“〜というITサービスの特徴を踏まえると〜”
“〜（問われている内容）は〜”，あるいは，“（問われている内容）としては〜”
“ただし，〜という新たな課題が生じた。そこで私は〜”

2．1　変更プロセスの概要

自由記入欄1
変更管理プロセスでは，変更要求を主にリスク面から評価して，リスクが低減されていることを確認した上で，リリースパッケージを安全に本番環境に移行する。そのため，変更管理プロセスでは，リリース管理及び展開管理をコントロールしている。

2．2　変更プロセスに生じた問題点とその理由

自由記入欄2
機能の追加・変更が頻繁に発生するというITサービスの特徴を踏まえると，頻繁に発生する変更プロセスに時間がかかることが理由で，アジャイル開発手法の長所を活かせないという問題点が生じる。この問題点に対して，変更プロセスの時間短縮が課題となった。

2．3　改善に向けた施策及び施策の期待効果

自由記入欄3
標準変更の適用
私は，アジャイル開発ではレグレッションテストが自動化されていることからテスト不足がリスク要因となるインシデント発生のリスクが少ないリリースパッケージがあると考え，標準変更を適用という施策を講じることとした。その際，標準変更を実施する部署をどこにするかという課題が生じた。

工夫をアピールする展開

活動案1
(1)サービス要求としてサービスデスクにおいて対応する。

活動案2
(2)アジャイル開発グループに権限を委譲してアジャイル開発グループでリリースパッケージのリリースとデプロイを実施する。

選択した活動と選択した根拠や考え
（なぜならば，〜と考えたからである）
(1)を採用することにした。なぜならば，サービスデスクがリリース・デプロイというサービス要求を処理していることで，サービスデスクでの対応が円滑に進み，品質の確保面では優れていると考えたからである。

能力をアピールする展開

選択した活動により生じる新たな課題・リスク
（ただし，〜という新たな課題が生じた）
ただし，標準変更を適用できるリリースパッケージのチェック項目の標準化が課題となった。なぜならば，例えば，システム間連携に関わる変更はリスクが高いなど，標準化の際に考慮すべき点が多くあると考えたからである。

新たな課題・リスクを解消するための活動
そこで私は，ITサービスの品質への影響をモニタリングしながら徐々にチェックリストの有効性を高めればよいと考え，過去のアジャイル開発に関わるインシデント履歴などを基に，チェックリストを作成することにした。
期待効果としては“標準変更の適用率を90%とし，適用した場合の変更プロセスの所要日数を最長1週間から最長2日間に短縮する”を設定した。

設問ウ

第3章　施策の実施結果，評価，及び今後の改善点

（設問ウ前半）

“〜の実施結果（実施状況）については〜”
“〜という期待効果を達成度〜で達成した。したがって，〜という施策は〜と評価する”
“もし，〜という施策を実施しなかった場合，〜となっていたと推測できる。したがって，〜という施策は〜と評価する”
“〜という施策については，〜を根拠に，〜と評価する”

（この問題では使わない）

自由記入欄4
（この問題では使わない）

3．1　施策の実施結果，評価

活動評価　（達成度を踏まえた評価，実施しなかった場合と対比して評価，施策ごとに評価，可能ならば定量的な評価）
成功要因　（“成功要因としては，〜を挙げることができる”）
今後の課題（“今後の課題としては，〜を挙げることができる”）

標準変更の適用という施策について，俊敏な対応の観点から，変更プロセスの所要日数を最長1週間から最長2日間に短縮できたことを根拠に，俊敏な対応の観点から施策は成功であったと評価する。
ただし，品質面についても重視したため，サービスデスクが標準変更としてリリースパッケージをデプロイしている。そのため，アジャイル開発グループにリリースパッケージのデプロイを委譲した場合と比較して，手続の簡略化が不十分である。
品質の確保の観点から，インシデントの発生状況を当該ITサービスと，他の類似しているITサービスを比較することにした。その結果，可用性に関わる稼働率が他の類似したITサービスと同等なことを根拠に，十分な品質を確保できたと判断する。
今回の施策の成功要因としては，俊敏な対応を目指しながらITサービスの品質の確保を疎かにしなかった点を挙げることができる。

（設問ウ後半）

改善点

3．2　今後の改善点

改善点　（“〜という課題については〜，今後の改善点として〜を挙げることができる”）
今後の改善点は，インシデントの発生状況を踏まえて，アジャイル開発グループと協同で標準変更適用の可否を判断するリリースパッケージへのチェックリストの精度を上げることである。これによって，ITサービスの品質を向上させることが期待できる。
以上のように，ITサービスの品質を向上させながら，変更プロセスの俊敏な対応を保持することを目指したい。

4

8

12

16 400字

4

8

12

16 800字

巻末ワークシート6

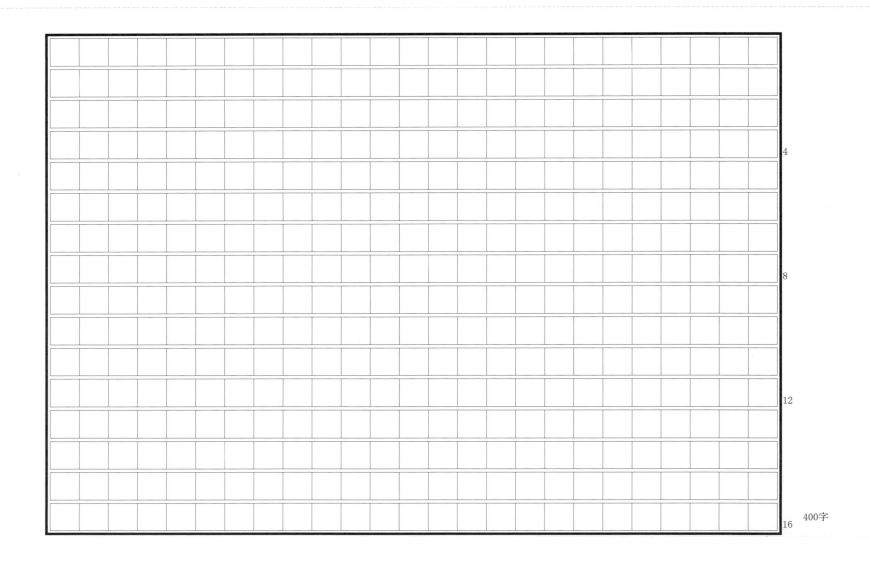

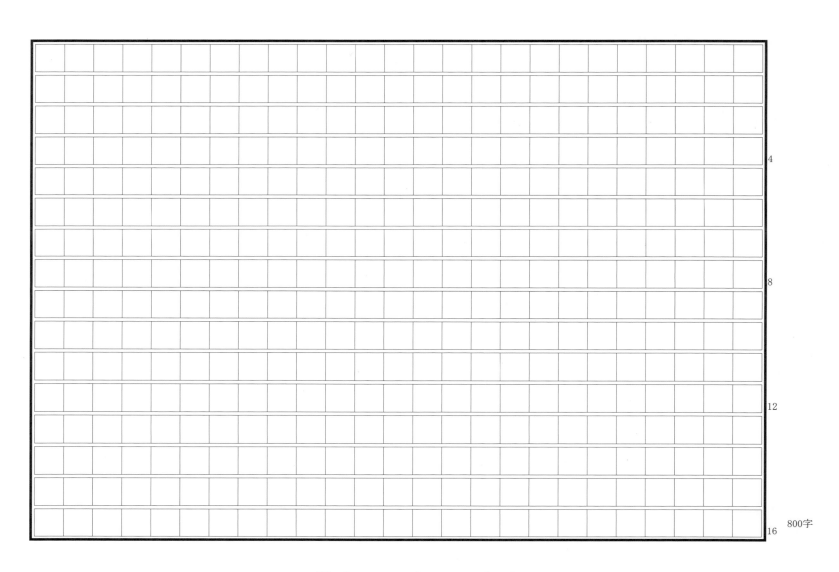